U0607906

名师工程
思想者系列

新课程·新理念·新教学
丛书编委会主任：马立 宋乃庆

心根课堂

让教育随学生心灵起舞

刘云生◎著

西南师范大学出版社
全国百佳图书出版单位 国家一级出版社

图书在版编目（CIP）数据

心根课堂：让教育随学生心灵起舞/刘云生著. —重庆：
西南师范大学出版社，2012.4
（名师工程系列丛书）
ISBN 978-7-5621-5705-2

Ⅰ.①心…　Ⅱ.①刘…　Ⅲ.①课堂教学－教学
研究－中学　Ⅳ.①G632.421

中国版本图书馆 CIP 数据核字（2012）第 059474 号

名师工程系列丛书
编委会主任：马　立　宋乃庆
总策划：周安平
策　划：李远毅　卢　旭　郑持军　郭德军

心根课堂——让教育随学生心灵起舞
刘云生　著

责任编辑：杜珍辉
特约编辑：范　玲
封面设计：回归线视觉传达
出版发行：西南师范大学出版社
　　　　　地址：重庆市北碚区天生路 1 号
　　　　　邮编：400715　市场营销部电话：023-68868624
　　　　　http://www.xscbs.com
经　　销：新华书店
印　　刷：九洲财鑫印刷有限公司
开　　本：787mm×1092mm　1/16
印　　张：15.5
字　　数：230 千字
版　　次：2012 年 5 月　第 1 版
印　　次：2012 年 5 月　第 1 次印刷
书　　号：ISBN 978-7-5621-5705-2

定　　价：30.00 元

《名师工程》

系列丛书

编者的话

当前，以人为本的教育理念正在逐步深化，素质教育以及基础教育课程改革不断推进。在这场深刻又艰苦的教育改革中，涌现了无数甘为人梯、乐于奉献的优秀教师。他们积极探索、更新观念、敢于创新、善于改革，在实践中创造性地发展、总结了很多先进的教育思想、教育理念；创造性地开发了很多新的教学模式、教学内容和教学方法。这些新思想、新模式、新方法在实践中极大地提高了教学质量，是教育改革实践中的新内涵和宝贵财富。这些优秀教师就是我们的名师，这些新内涵就是名师的核心教育力。整理、总结、发展、推广这些教育新内涵，是深化教育改革、完善教育体制、提高教育质量、提升教师水平的一件大事。

教育，是民族振兴的基石；教师，是教育发展的根基。

胡锦涛总书记在全国优秀教师代表座谈会上指出："教师是人类文明的传承者。推动教育事业又好又快发展，培养高素质人才，教师是关键。没有高水平的教师队伍，就没有高质量的教育。"十七大报告又进一步强调了必须加强教师队伍建设，不断提高教师的素质。当今世界，社会进步一日千里，科技发展日新月异，知识更新的周期越来越短。教师作为"文明的传承者"更要与时俱进、刻苦钻研、奋发进取，尽快提升自身素质和能力，为推动教育事业的健康发展贡献自己的力量。

基于以上，西南师范大学出版社策划、组织出版了大型系列教育丛书——《名师工程》。希望通过总结名师的创新经验、先进理念，宣传名师的核心教育力，为广大教师职业生涯提供精神源泉和实践动力，在教育实践层面切实推动从教者职业素养的提升。通过《名师工程》实现"打造名师的工程"。

丛书在策划、创作过程中力求实现以下特色：

一、理念创新，体现教育的人本精神

教师角色在以人为本的教育理念下发生了重大的变化，教师的素质和能力也面临更高的要求。如何弘扬、培植学生的主体性、增强学生的主体意识、发展学生的主体能力、塑造学生的主体人格等问题成为教师在目前教育中亟待解决的难题。丛书以教育管理者和教师为主要读者对象，通过教师综合素质的提高而将人本教育的思想落实到教育实践中，真正实现教育培养人、塑造人、发展人的本质要求。

二、全面构建，系统提升教师的教育能力

丛书选题的最大特点就是系统、全面地针对教师教育能力的提升而展开。施教者的能力决定教育的效果，教育改革的落实、教育效果的提高无不体现在教师身上。丛书针对不同教育能力、不同教学要求、不同教育对象，有针对性地设置选题。棘手学生、课堂切入、引导艺术、班主任的教导力、互动艺术、课堂效率、心灵教育等等，这些鲜明的主题从教育的细节出发，从教育实际情况出发，有针对性地解决问题，让教师在阅读中学有所指、读有所获。

三、科学权威，体现教育的时代前沿性

丛书邀请全国各地著名的教育工作者执笔，汇集在教育改革与实践中涌现的先进理念、成果和方法，经过专家认真遴选、评点总结而成，代表了目前教育实践中先进的教育生产力，具有时代前沿性，是广大一线教师学习、借鉴的好素材。

四、注重实践，突出施教的实用价值

丛书采用了通俗的创作方法，把死板的道理鲜活化，把教条的写法改变为以案例为主，分析、评点为辅，把最先进的教育理念和方法融入有趣的情境中。经典的案例，情境式的叙述，流畅的语言，充满感情的评述，发人深省的剖析，娓娓道来、深入浅出，让教师更充分地领会先进、有效的教育方法。

在诸多教育、出版界同仁的支持与努力下，《名师工程》陆续推出了《名师讲述系列》《教学提升系列》《教学新突破系列》《高中新课程系列》《教师成长系列》《大师讲坛系列》《教育细节系列》《创新语文教学系列》《教育管理力系列》《教师修炼系列》《创新数学教学系列》《教育通识系列》《教育心理系列》《创新课堂系列》《思想者系列》《名师名课系列》《幼师提升系列》《优化教学系列》《教研提升系列》《名校长核心思想系列》《名校工程系列》《高效课堂系列》《班主任专业化系列》等系列，共130多个品种，后续图书也将陆续出版。

丛书在出版创作过程中得到各地、各级教育部门与教育工作者的大力支持与帮助，在此一并表示感谢！

教育事业是全社会共同的事业，本丛书的出版一方面希望能对广大教育工作者有所帮助，共飨先进成果；另一方面也是抛砖引玉，希望更多的教育工作者参与到出版创作中来，百家争鸣、百花齐放，为促进教育事业的发展共同努力！

真正的教育是"根"的教育(自序)

也许因为坐拥巴山，濒临渝水，与绿树作伴的缘故，在教育系统摸爬滚打，我始终迷恋"根"的意象，信奉"根"的哲学，并坚信真正的教育是"根"的教育。

最需要的是扎根

我来自"草根"。1987年从教，被改革的时代浪潮所激发，和10余位热血青年一道到大巴山深处，承包了四面环山、破败不堪的太兴村小，开展农村村小整体改革实验。10年"面壁"，自感就像一位皈依山林的隐者，面对山石、山林和山水，将学习的"根须"伸向古今中外的教育名著和文艺理论，将研究的"根须"伸向山乡孩子的课堂、生活和心灵，和同伴们一起将这所山野村小变成"中国教育改革第一村小"（原国家教育督学、教育部师范司司长孟吉平到学校考察时题词）。

日后的15年，我亲历了从农村到县城，再到都市学校的教育工作过程，从小学到进修学校再到区、市教委，从教师到校长再到教委行政干部等多个角色的转换。每到一处，都将学习之根、改革之根、研究之根深深地扎入脚下的泥土，向一切可学之人学习，向一切可学之事学习，向一切可学之物学习，先后开展了建构现代技术教育模式、学习最优化学校、全场景教育管理等系列教育改革。

"有根株于下，有荣叶于上"（《论衡·超奇》）。我深知，教育工作者最需要的是扎"根"，只有坚持根须远涉，才能真正去追寻教育的真谛，在育

人的事业上做出有价值的业绩。我梦想着，"草根"也能成长为一棵真正的树。耸立时郁郁葱葱，为教育"吸碳吐氧"；倒下时复归于根，为教育奉献"最后的能量"。

最要紧的是寻根

如王阳明所言："为学须有本原，须从本原上用力。"教育的本原到底在哪里？我一直在"打破沙锅问到底"，永不停歇地追寻着教育的"本根"。20余年来，在我的书柜里叠放了上百本研究笔记，这些研究笔记记录着我上课、听课、座谈，甚至是闲聊中的所见所闻、所思所感。那布满笔记本每一页左侧三分之一处的文字，记录着教育的细节、案例、现象和他人的言论，右侧三分之二处则记录着我的追问和思考，虽然密密麻麻且有些潦草，但每一处文字都是我对教育"本根"的寻觅。

在寻"根"的道路上，我写下了300多万字的论文和论著。渐渐地，这些追根溯源的文字，都聚焦在"心根"这个词语之上。2006年，我提出了"心根语文"的概念。此论一出，不但著名语文教育专家周一贯老先生亲自撰文《"心根论"：刘云生语文教育的人文情怀》予以推荐，而且《语文教学研究》杂志在梳理2006年的中国语文教育研究时，将其作为四大流派之一予以介绍，关注和响应者甚众。随后，《语文教学通讯》《新课程》等杂志不但将我作为封面人物推出，而且在杂志上开辟了"心根语文"专栏，介绍"心根语文"的研究成果。重庆市教育科学研究院还将"心根语文"作为"十一五"推广课题进行推广与研究。

令我没有想到的是，5年来，"心根语文"实现了向"心根教育"的拓展，"心根"教育的思想不但在语文学科中进一步丰富和发展，而且还在中小学的其他学科中得到试验和推广。现阶段，这些研究主要聚焦于"课堂"，对"什么是心根上的课堂""课堂中怎样滋育学生的心根"等问题进行了理论探讨和实践研究。本书就是这些研究成果的集中呈现。

最核心的是育根

诗人屠岸在《树的哲学》中写道："愈是深深地扎下\愈是高高地伸展

\愈是与泥土为伍\愈是有云彩做伴。"这也是"心根"教育所信奉的哲学。在研究"心根课堂"时,我们力图扎根课堂教学实践,但不拘泥于"课堂"这一方热土,而是站在心灵哲学的高度来思考课堂、建构课堂、创新课堂。"心根课堂"说到底,就是让教育随学生心灵起舞,引导学生深度积蓄心灵能量的课堂。本书从三个方面作了探讨:

第一部分"叩问心灵'小宇宙'",主要是校准心根课堂的坐标。从生命与心灵的演进讲起,分析了行为、大脑和心灵的关系,心理世界的特征,继而指出人的心灵也有"根",心根关涉人的幸福,个体知识是心根的重要组成部分,并对人的心根,尤其是儿童心根的隐秘世界和生长之道等进行了探讨。用生动的实例和故事说明:真正意义上的教育,直抵每个人生命中的心根。

第二部分"神与物游,'课'随心舞",主要是描绘心根课堂的教学图景。课堂抓住了"心根",就抓住了人的精神实质,也就回归到了教育的本源。这部分通过大量的课例,分别阐述了心根课堂的基本图景:外散内聚、亲近和谐、满足需要、注意聚焦、实践体验、复杂充盈、积极生长、全息沟通、独一无二、太极境界。

第三部分"抵达内心,开花结果",主要是勾勒心根课堂的教学路径。围绕"为生命立心,为人生育根"这一终极目的,介绍了课堂教学的路径和方法,要求教师从触摸儿童心灵之根,到打开儿童知觉的大门,再到抵达儿童的心灵深处,呵护心灵胚胎,突破语言之茧,繁衍心灵枝蔓,丰富心灵意象,促使心灵蝶变、促使学生如雏鸟破壳。一点一点积累,一点一点延展;一点一点生长,一点一点开花,一点一点结果。

育根的工作是一项伟大而圣洁的工作,是心灵浸润心灵、灵魂摇动灵魂的工作,需要我们用心、用情、用智去琢磨、去激活、去促进、去提升。广大中小学教师、学校管理者都可以阅读本书,去发现其中的奥妙。当然,这其中的奥妙是难以用语言完全表达的,也并非一个人、一个团体、一代人能完全弄清的,甚至上百年、上千年也难以说尽。尽管本书采用了散文化、故事化等方式来表达我们对心根课堂的粗浅认识,但依然感觉涉及的概念很多,想说的很多,却言不尽意。因此,阅读本书,建议读者沉心静气,慢慢去品味，大胆去想象，重在思想的对话，不在技艺的摘取；重在思维的"奔腾"，不在细节的"敲打"。

　　落笔至此，五年来读读研研、写写停停的经历，连同苦涩和甜蜜的思考，随着暮色远去，成为"历史"。窗外的彩云湖已晨曦初露，一方草坪，一坡绿树，一片湖水，一抹浮桥，一群白鹭，一缕霞光，映入眼帘。"道法自然"的老子有一句话再次在耳边响彻："夫物芸芸，各复归其根。"本书和这眼前的一切景象一样，生于"根"，也终将沉寂于"根"，如果有幸，会演化出新的"根"。我热忱地希望，亲爱的读者能在阅读过程中予以批评、指正，期待有更多的教育者加入这塑"根"的劳作中，培育出更多的参天大树。这是否算作"根"的贪婪？就当是吧！

2011 年 7 月 29 日于重庆彩云湖畔

目 录

CONTENTS

真正的教育是"根"的教育（自序）

第一章　叩问心灵"小宇宙"
——心根课堂的教学坐标

第二章　神与物游　"课"随心舞
——心根课堂的教学图景

第三章　抵达内心　开花结果
——心根课堂的教学路径

第一章

叩问心灵『小宇宙』——心根课堂的教学坐标

人，是世界的"心"。心根，是人心的"心"。心根之于心灵，犹如树根之于树，"根"越强健、越发达、越丰润，则心灵和人生的大树就越枝繁叶茂。人的心根，是存在之"规"、活动之"依"、创造之"源"、立人之"本"、世界之"藏"。不仅是个体生命之"核"，也是世界变革和发展的力量之"泉"。真正意义上的教学，应该瞄准学生生命中的心根。

生命与心灵的演进
——教学的原初点

　　真正鲜活的教育存在于思考之中。教师的思考有多远、多深，其智慧就有多广、多高，其所创生的教育就可能有多活、多美。那么，教师思考教育的原点在哪里？不在某一具体的课堂，不在某一具体的学科，也不在某一具体的教育理论，而在人的生命与心灵，因为我们的教育对象都是有着鲜活生命和丰富心灵的人。由此可见，每一位教师都需要反复琢磨：什么是生命？什么是心灵？教育如何基于生命培养心灵？但在思考这些问题之前，必须对生命与心灵的演进有所了解。有了充分的了解，我们的思考才有"稳固的支架"。

世界最伟大的"三级跳"

　　在时间的长河中，我们赖以生存的这个世界经历了哪些重要的演进呢？形象地说，演进中最为伟大的是"三级跳"。第一次跳跃是"无中生有"。老子曾说，"天下万物生于有，有生于无。"意思是，万物之生，皆源于虚，始于无。世界的诞生同万物一样，也是"生于无"。当然，这个"无"并不是绝对的"空无"，而是另一种形态的"有"。那么，"世界"如何"生于无"，则有"大爆炸""上帝创造"等诸多说法。但不管怎么说，宇宙诞生了。法国哲学家埃德加·莫兰认为，就在这个"膨胀中的宏大无比的宇宙中"有

"一个在宇宙的郊区的小星系的周边游荡的天体旋转的细小陀螺"，它就是我们的地球。第二次跳跃是生命的诞生。一些物质的质料以热力学的方式在地球上组织起来，通过海洋的浸泡、化学的酝酿、放电的作用，它产生了生命。尽管生物只是宇宙散居地上的一点草芥、太阳系中的一些琐屑、地球上的一些细小的芽片，但是由于它们的诞生，这个世界从此生动起来了。第三次跳跃是心灵的形成。在地球众多的生物中，有一种类人猿——人在劳动中逐渐有了知性，有了心灵，成为万物之灵。人的出现是宇宙中发生的最伟大的事件之一。从此，宇宙敞开了两个世界，一个是物质的，一个是精神的。万物便有了"人"这个尺度。

万物之"灵"

人能成为"万物之灵"，其物质基础是他具有其他动物不具备的发达的神经系统。大脑不但有复杂的神经结构，而且神经遍布人体全身。据研究，人体中大约有110亿个专门从事神经活动的细胞，相当于几十座城市的人口。没有神经系统就不可能有心灵，因为神经可以告诉我们外面发生了什么，可以传达指导行动的信息，还可以作为我们贮存经验的仓库。比如，当我们用手抚摩学生的肩膀时，学生会感到一股暖流传遍全身，传递这种感觉的就是神经系统。这个神经反应的过程就是心灵活动的过程。

由于赖以依存的神经活动不一样，人的心灵活动便呈现出千姿百态。在这个意义上，著名诺贝尔生理学和医学奖获得者埃德尔曼论述道："人脑内根本就不存在传统哲学和常识心理学所说的那种作为主宰、中心、似'小人'一样的心，因为里面所有的不过是神经元及其连接模式，充其量有所谓的'动态核心'。"

经验"资本"

广袤的地球上，有成千上万种生物，为什么只有人进化出了心灵呢？除了人有发达的神经系统这一物质基础外，还在于人善于利用经验"资本"。英国的乔治·汉弗瑞在《心灵简史》中，列举具有有代表性的物种并分析了其中的奥秘。比如猫，著名的哥伦比亚大学教授、心理学家桑代克做过这样一个实验：他设置了几只箱子，这些箱子可以用几个简单的动作从里边打开。一只饿猫被放了进去，在离箱子不远的地方放着食物。猫第一次被放进去以后，盲无目的，乱撕乱咬乱蹿，碰巧拉下了铁圈逃出了箱子，耗时约160秒。当这只猫第二次被放进箱子以后，花了120多秒拉下铁圈逃了出来。第三次则花了90多秒。经过24次实验以后，猫终于能够在7秒内逃出来。由此可见，猫在某种程度上确实有利用自己以往经验的能力，能够以某种基本的但非常死板的方式学习经验。然而，猫的学习能力非常弱，它的那点经验的积累就像小孩子积攒的几枚硬币一样，少得可怜，并不能迁移到其他类似的情境中去。由此可见，猫没有思维，没有思维，当然就没有真正的心灵。它只是将经验存在经验的储蓄罐中。

而人呢？由于大脑有完备的神经系统，大脑除了受到基因遗传的约束外，行为经验也使得各种各样的体细胞出现突现选择过程。因此，人在劳动中能够不断积累经验，并利用自己过去的经验使自己随着周围环境的变化而不断地改变行为，能够将自己的经验储备迅速"变卖"，也能够使自己的经验资本得到合理的使用。正是有了对"经验资本"的不断利用，类人猿才有了思维，有了语言，最终进化出了自己的心灵，并将心灵的密码不断写进遗传的基因里，一代代传下来，演变成了真正的人。并且直到现在，这种演进一刻也没有停止过。也可以预言，只要世界存在，这种演进就将持续进行下去。人的心灵必将更加丰盈，更加繁茂！由此看来，杜威的"教育即经验改造"著名论断不无道理。

心灵的存在形态

在日常生活中，我们似乎随处都可以感受到心灵的存在，在教学活动中，我们时时都在揣摩学生的心灵状态，但是心灵到底有怎样的存在状态，我们又说不清楚。对此，心灵哲学家也有不同的看法。有的认为心灵像物质一样，是实体的存在；有的认为心灵和物质同时存在，只是性质不一样而已；有的完全否认心灵的存在，仅承认有神经系统；有的认为心灵世界是物

理世界的一部分，人的心灵活动只是大脑的运作而已。这形形色色的学说谁是谁非，虽然至今难以完全作出判断，但是当代心与认知哲学的基本观点得到了较为广泛的认可。

在心与认知哲学看来，那种"小人"似的、实体性的心灵以及在此基础上对世界、生活、原因和作用的二重划分是错误的。但是我们仍然可以在特定的意义上承认：人有心、有心灵，甚至有精神和灵魂，民间心理学的那些术语如"意识""信念""愿望"等仍有其真实所指，那就是人身上特有的自然事件、状态、过程或产物，而不是之外的另一类东西。以简单的方式来分类，心灵的存在形式有四种：

第一，心理积淀。指的是心理现象、心理事件及其心路历程等有关信息在心灵中的"留存"。比如，你现在还能回忆起你第一次走上讲台的情景，甚至学生的一个眼神，一声叹息，以及你当时的心理过程和感悟。这些储存在你心灵深处的信息，既是你心理的背景，也随时可以成为你当前的心理活动的组成部分。

第二，心理机制。指的是推论、作决定、规划、解决问题等心智能力。举个例子说，你正在上课，一位学生在下面做小动作，为了提醒他注意听讲，你决定请他回答一个问题。你的这个思考过程就是一个作决定的心理机制。

第三，感质。指的是七情六欲和喜怒哀乐等情感、情绪和感受、知觉经验、身体感觉等心理状态。例如，当你在班里表扬一位同学，说他作文中的"青翠欲滴"一词用得好。下一次交上来的作文，全班几乎每个人都用了"青翠欲滴"："教室的一角里，有盆青翠欲滴的花""爸爸拿起青翠欲滴的玉酒杯""她穿上一件绿色的裙子，真是青翠欲滴"……有一个男生居然还写："我的鼻涕青翠欲滴……"于是，你震惊、哭笑不得。这震惊、哭笑不得的情绪就是"感质"。

第四，意向状态。指的是相信、欲望、怀疑、判断、想、规划等心理状态。举例来说，你相信每一个儿童都是探索者，你希望每一个儿童都能创造，这就是意向状态。

由此可见，心灵是以大脑和神经系统为物质基础，以心理积淀为背景，以感知、意向状态为心理状态，以心理机制为运作程序的世界。

心灵是生命的又一"入口"

对人生命有影响的入口有两个，一个是生物物理的入口，一个是心灵精神的入口。"心灵对生命有何意义"是人们研究最多的问题，尽管至今依然众说纷纭，但还是形成了一些基本共识。

第一，由于人有心灵，所以人能认识自己，认识自己的生命及其意义。早在苏格拉底时代，就有"人啊，你要认识你自己"的呼吁与实践。这也让"我是谁？""我从哪里来？""我到哪里去？""如何看待生命？"等问题，成为一代又一代哲学家研究的问题。试想，如果没有心灵，人都如猪狗猫鼠，还有这些问题吗？还需要思考生命的价值吗？

第二，由于人有心灵，所以生命才有了被提升、受教育的意义。假如没有心灵，教育将无从下手，其生命的潜力也永远挖掘不出来。也许你要说，不是有些动物接受了教育（其实只能叫训练）也能学会一些东西，生命的潜力不一样被激发出来了吗？比如，在20世纪初，德国有位马戏团的驯马师养了一匹名叫汉斯的马，这匹马就会做计算题。事情到底是怎样的呢？表面上看，汉斯似乎会做题，用前蹄点的次数来表示计算结果。但科学家们最终揭示出事实的真相：汉斯并不知道正确答案是什么，但是当它轻轻踏前蹄的次数是正确的时候，它能够感受到主人以及观众的反应，而停住它轻轻踏前蹄的动作。原来，汉斯并不知道试题及其答案的意义，它只是借着人们的肢体语言上的变化来做出相对的反应而已，其生命的意义并没有因训练而有所提升。

第三，心灵的状态直接决定着人的生命存在状态。古人说，"心能天堂，心能地狱，心能圣贤，心能凡夫。"也就是说，人是生活在天堂，还是生活在地狱；是成为圣人，还是成为凡人，均是由人的心灵所决定的。只有科学、有物质文明，有财富像泉水一样往外涌流，是不能解决人之生命存在的问题的。不懂心灵之理，即使过上像皇帝一样的物质生活也没有用。相反，

即使没有丰富的物质生活，只要心灵处于较好的状态，也能像孔子那样生活得有滋有味。

　　由此不难发现：教育所做的就是依托人的物质生命，发展人的心灵生命，推动人的生命价值得以实现。

行 为、大脑，抑或心灵？
——教学的着力点

曾经在小学二年级的语文课上看到这样的情景：老师叫学生用"痛"造句，一位小女孩站起来，头略略仰望，小手作捧接东西状，眨巴着眼睛说道："小雨点，小雨点，你从那么高的空中掉下来，痛吗？"听课者无不惊叹，有的说："这小女孩多么富有童话味，心灵多么纯美呀！"有的说："这孩子多么善于表演呀，你看，她举手投足简直就像在舞蹈。"还有的说："这小女生脑袋灵活，很好使，前途无量啊！"尽管对于小女孩来说，行为、大脑与心灵统一在回答问题之中，但是人们却从三个不同的维度来评价。那么，人的行为、大脑与心灵之间到底是什么关系呢？教学到底要在哪里着力？下面我们就来谈谈这个问题。

人的行为完全受大脑控制

小女孩接小雨点的行为是受大脑神经系统指挥的，这一点确切无疑。但是，是不是人的所有行为都是受大脑神经系统指挥的？哈佛大学哲学系教授帕特南曾提出两个著名的论证：一个是完美伪装者论证，一个是超级斯巴达人论证。完美伪装者论证就是要假想一个最优秀、最完美的演员。他的一切行为表现、脸部表情等，虽然都是伪装的，但是却跟真实的没有两样。他只是表面上被大石头砸到了，明明没有处于"痛"的心理状态，但是仍可以出

现"痛"之类的行为，例如皱皱眉头、哎哟两声、脸部纠结等。超级斯巴达人论证思想来自于斯巴达，它是古希腊时期非常著名的军事城邦。其教育训练是要求人人如同士兵一样，坚韧不拔，在最艰苦的情形下也要表现得若无其事。有这样一批超级的斯巴达人，他们一动不动，即使蚊虫叮咬；即使与女朋友分手，即使获得了优质奖章，他们都不表现出来。能从行动看出他们的内心吗？显然不行。这两个论证，让我们清楚地看到：行动和大脑的活动是不能画等号的。

人的行为到底受什么控制？塔夫茨大学哲学系教授丹尼特曾经指出一个一般人都愿意接受的说法。"行为"分为三种：本能行为、制约行为以及意向行为。我们很多的行为跟心智的作用无关，负责做出反应的神经不一定出自大脑。比如，有的反射动作、生物本能动作只需脊椎神经做出即可。这些属于本能行为。还有一些行为则是受环境刺激所制约的，而不是内心的想法引起的。例如，当听到一声巨响，我们会不由自主地抬头张望，去寻找声音发出的地方。这个行为不是本能的，而是你自小无意识养成的习惯。这些属于制约行为。当然我们还有数不清的行为是跟大脑、跟内心状态有关的，这种行为被称为"意向行为"，即指透过思想或意向状态而产生的行为。比如，在学生作业本上作一番批语，帮助学生整理歪斜的红领巾，等等。这些行为背后都有心智的作用，都是大脑做出的反应。

由此可见，行为是由人的神经系统掌控的。人的神经系统虽以大脑为中枢，但遍布全身。人的有些行为不需要大脑来指挥，只需要脊髓神经或者身体的局部神经就可以完成动作的反射。

人的大脑与心灵是同一的

现在一般人都相信，大脑和心灵是同一的，认为：每一种心理状态其实都只不过是一种大脑神经状态而已。例如，"气愤"是一种大脑神经状态，"愉快"则是另一种大脑神经状态。然而事实并非如此，例如，手指头被割伤后产生了"手指头痛"这种类型的心理状态，而且这种痛觉是出现在手指头上的痛觉。如果它等同于脑神经状态，难道该脑神经状态也出现在手指头上吗？这是说不通的。事实上，痛觉、痒觉之类的感质具有空间性，无法等同于大脑神经。同时，心理世界所具有一些重要的特征是一般物理世界不会有的，例如，私密性、主体性等，因此大脑不会具有这样的性质。由此可见，大脑与心灵难以同一。

既然大脑与心灵不是同一的，那么大脑与心灵之间是什么关系呢？当代脑科学和心灵哲学在艰难中寻找问题的答案。当代电脑的发达，使得愈来愈多的人相信人心如同软件，大脑如同硬件。然而，随着对人脑和心灵的研究越来越深入，人们发现要创造一种会思考的机器的希望似乎越来越渺茫。因为人们在研究中发现，人的心灵并不能处处符合计算机理论，比如，痛觉、痒觉等感知就难以说是一种计算的过程。并且，计算机的硬件对符号本身的意义不用了解，也能根据一定的程式来进行运算；而人的心灵具有意向性，尤其具有私密性、主体性，大脑难以脱离这些特性进行纯粹符号性的运算。正如埃德尔曼所说："每当我们有思想的时候，在脑中发生了许多事，其中绝大多数是并行的，具有惊人的复杂性和极其丰富的联系，其中有许多是今天的计算机所处理不了的复杂信息。"

人的行为背后有心灵意蕴

人的行为仅仅是生理、物理的动作吗？显然不仅仅如此。有的行为可能只有生物学上的意义，如脉搏的跳动；但有的行为具有心灵意蕴，比如，同样是一个物体在运动，人因生气而用手使劲推着它动与风吹着它动似乎有不同的含义。这告诉我们，人的意向行为是有内容的，一个人在做出某个肢体动作或者发出某些声音时，反映了那个人产生的某些内心想法或情绪。

但是，人的行为背后的心灵意蕴是复杂的，需要我们联系产生行为的背景、环境、效果等才能理解其心灵意蕴是什么。比如，在课堂上，同样是举手，有的可能是想回答问题，有的可能是想提出问题，有的可能与教学的问题无关，学生想提出另外的要求，有的甚至可能是害怕提出问题。例如，有一个教师与学生约定，当他举右手时表示真想回答问题，举左手时表示还没有想好，害怕回答问题。这些都只能结合课堂学习的情境和学生的表情等多种因素来分析判断。

正因为行为背后的心灵意蕴十分复杂，所以教师在对学生的行为进行分析时，要十分谨慎，以免出现错误判断，影响教育手段的实施，甚至产生负面的效应。例如，有一堂课，教师让学生观察"手"，学生分组讨论时，教室最后边的那组同学举出自己的手比划着，看似很热烈地在讨论，其实是在"划拳"，而教师仅从表面上看，以为他们在认真观察"手"，给予他们极大的表扬。像这样的教育行为所产生的影响是负面的。

行为、大脑与心灵之外还有什么

人之所以为人，离不开社会的影响。人是一个充分的生物学的存在，但是如果不充分地拥有社会、拥有文化，他将是一个最低级的灵长类动物，如猪孩、狼孩一般。因此，从这个角度上说，人的心灵是在大脑与社会、文化的关系中产生和强化出的一种涌现特征。用叔本华的话说，"心灵是'世界之结'。"心灵一旦涌现出来，它就干预大脑的运作和反馈作用于它。因此，任何真正的人类发展意味着个人的自主性、对共同体的参与和对人类的归属感这三者的联合发展。人的心灵也只有在这种互动参与中才能得到丰盈和提升。

正是由于人生理构成的个性、社会的丰富性，以及文化的多样性，人的心灵也表现出十分复杂的多样性。人们常说，天底下没有完全相同的两片树叶。其实，天底下更没有完全，哪怕是大部分相同的心灵。因此，我们有理由相信埃德加·莫兰的论述：

> 任何人类个人都如同一个全息点，在他身上蕴含着宇宙。任何个人，即使是闭锁在他平庸的生活中的，他本身也构成一个宇宙。他在他自己身上蕴含着他的内在的多重性，他的潜在的几重人格，他的许许多多幻想的人物，处于现实和想象、睡眠和清醒、服从和反抗、公开和隐秘之间的多重存在，在其难以探测的洞穴和深渊中幼虫般蠕动的各种念头。

教育着眼于人的行为、大脑、心灵，或者其他

教育在本质上是培养人的活动。培养人的着力点在哪里？是人的行为、大脑、心灵，还是其他？历史上的教育家做过多种探索。巴甫洛夫的经典反

射学说、华生的行为主义观点、桑代克的联结主义、斯金纳的操作条件反射说等都将着力点放在人的行为上，试图通过行为训练来改造人。E·詹森的"基于脑的学习"，斯佩里的"左右脑分工学习"，流行当代的"全脑学习"，试图将教育的着力点直接放在人的大脑上，通过开发左右脑的潜能来提高人。冯特的构造主义，皮亚杰、斯藤伯格等人的建构主义，奥苏贝尔的有意义学习，试图将教育的着力点直接放在人的认知上，通过人的知识建构来发展人。班杜拉通过探讨个人的认知、行为与环境因素三者及其交互作用对人类行为的影响，提出了社会学习理论，将教育的着力点放在社会学习上。这些探索从不同维度打开了教育的可能空间。

据前文关于人的行为、大脑、心灵、社会之间关系的阐释，我们不难发现，这些理论都有其自身的局限性，只有将人的行为、大脑、心灵与社会学习有机结合起来实施教育，才能最大限度地发挥教育的作用。同时，我们还必须看到，人的行为、大脑、心灵与社会在人的发展中处于不同层面，最深刻的教育必然是触及灵魂的教育，是心灵最深处的漫溯。正如雅斯贝尔斯所说，"教育是人的灵魂的教育，而非理智知识和认识的堆集。"教育应当将最终着力点放在人的心灵上，而且是包括认知、情感、意向等的全部心灵。"教育非它，乃是心灵的转向。"（柏拉图语）

心理世界的独特性质

——教学的支撑点

　　人类从呱呱坠地的那一天开始，就开始同自己的心理世界打交道，不论是圣人还是凡夫，不论是高官还是乞丐，不论是智者还是呆子，都必然要生活在自己的心理世界、自己的精神现象之中，这是任何人都无法摆脱的客观事实。佛学家冯学成说："心生一切法，万法不离一心。"正因为如此，人要认识自己最重要的是认识自己的心理世界。先看哲学家埃德尔曼曾做过的一段精彩描述：

　　极目长空，我看到平展展的天空苍穹，一轮耀目的太阳以及下面的其他万物，我是靠哪些步骤做到这一点的呢？一缕阳光射入眼中，并聚焦于视网膜，它引起了某种变化，这种变化又往上传到脑顶部的神经层。从太阳到脑顶部这整个一连串的反应都是物理的，每一步都是一种电反应，但继之而来的是一种和引发者全然不相像的变化，对此我们完全无法解释。在脑中呈现出来的是一幕视觉场景：我看到的苍穹和其中的太阳，还有其他可以看得见的万物。事实上，我知觉到在我周围的世界图景。

　　很显然，在这段描述中，大脑内的电反应以及之前的过程是物理过程，是无意识的；而电反应之后的过程无疑是不能"共享"的心理过程。尽管这个心理过程依然以物质为基础，但又明显不同于一般的物理过程。由此引出一个新的问题：心理世界与一般的物理世界相比，有什么独特的性质？在我看来，只有正确回答了这个问题，我们的教育观念才可能是正确的，我们的教育实践与研究才可能在正确的轨道上行驶。

特许访问

当教师经常会因为不了解学生，尤其是不了解学生的心理世界而苦恼时，比如，刚才还因为打架而挨了批评的学生可能一会儿又弄坏了教室的玻璃，看似坐得端端正正在听讲的学生却对老师所讲一无所知。"知人知面不知心"似乎成了一种教育生活的常态。其实，这是十分正常的。每一个人的心理世界除了他自己，其他人是不可能直接进入"撷取资讯"的。这在心灵哲学上被称为"特许访问"现象。

正因为每个人对他自己的心理世界具有"特许访问权"，所以我们说心理世界具有私密性，只有自己才能通过直接的管道来感知自己的内心世界、自己所处意向状态的内容、自己所处感质的感受（当然，自己对自己心理的语言描述不一定能穷尽，存在"不可言喻"的现象，也就是说，在许多时候，我们对自己的心理只可意会，不能言传）。但是别人对于我自己的内心世界是不可能直接掌握的。比如，当你批评某个学生的时候，学生的心理活动是怎样的？都想了哪些内容？经历了怎样的变化？我们是无法直接了解到的。教师对学生心理世界的把握，只能依据行为—心理因果论和自我类比推论，通过学生的表情、动作、语言等去间接推断，当然，这样的了解是不完全的。而教育的艺术在于要从不完全的了解中寻找到比较适合的教育方式。

正因为每个人对他自己的心理世界具有"特许访问权"，所以我们说心理世界具有绝对的主体性。所谓"主体性"，就是指自己是一个主体，拥有自己的心理世界。换句话说，如果有一个心理现象出现，则必定有主体拥有那个心理现象。我的心理现象只有"我"能够拥有，我是"我"心理现象的严格意义上的拥有者，别人不可能拥有"我"的心理现象。心理现象的存在，跟它的拥有者之间有必然的联结，它们无法转移到别人身上。改变了心理现象的拥有者，就等于消灭了原先心理现象的存在，而产生了新的心理现象。例如，我亲身所感受到的那种不安如果能够"转移"到他人，被别人所拥有，就会变成他人所感受到的他那种不安，而不再是我所感受到的我这种不安。换句话说，心理体验只有自己去亲历，别人永远代替不了。我们无法知道蝙蝠的经验是什么，也无法直接知道他人的经验是什么。比如，一个小男孩写他养了一只狗，狗后来吃了耗子药，将死去。当他赶到时，"只见小狗瘫在地上抽搐着，用无神的眼睛望着我，好像在说：'小主人，我就要走了，你就是为了我，也要好好学习呀！我的在天之灵也会保佑你每次都考一百分的！'"孩子为什么这样想？其他人只能作出种种推测，只有他自己才完全拥有为什么这样想的理由。

心理世界"特许访问"的特点无疑告诉我们：真正的、最好的教育归根结底就是自我教育，是学生对自己心理世界施加积极的影响，非自我的教育必须通过自我教育才能够起作用。教育必须如孔子所说的那样，强调学生的"内自省""内自讼"。教育的制高点是自我教育。

命题状态

"命题状态"是当代哲学家罗素提出的心灵哲学概念。所谓"命题"，简单地说，就是具有真假值（不是真的，就是假的），由中文、英文等各种语言的句子所表达的意义构成。例如，"小明是高中生"这句话所表达的内容就是一个命题。当我说"我怀疑小明是高中生"的时候，我的意思是，我现在处于"怀疑"这个心理状态，而不是"相信"或者"期待"，而且我所怀疑的是"小明是高中生"这件事，不是别的事。诸如怀疑、相信、欲望、判断、想、规划等心理状态，被心灵哲学称之为命题状态。

每一个命题状态都指向一件事情，那件事情构成它的内容。比如，当学生希望班级组织一次春游活动的时候，他所希望的事情，即"开展一次春游活动"这件事，就是被他所处的"希望"这个命题状态所指向的对象。很显然，这类心理状态的"指向"是它必有的特征。因为你不可能处于一个没有任何内容的意向状态。比如，你一方面希望，但另一方面又不希望的内容，是不存在的。命题状态所具备的这种"指向一件事情"的性质，就是哲学家布伦塔诺和胡塞尔所说的意向性。相对来说，没有任何物理现象具有这种意向性。红色的玫瑰并不能指向某一件事，它代表爱情，只是使用者的内心想法赋予它的。因此，从这个角度说，意向性乃是心灵的标记。当然，值得说明的是并不是所有心理状态都具有这种性质，如痛觉、痒觉等感质就不具备意向性，也不具有意向内容。

当心灵处于命题状态时，我们可以同时作出如下两个推论：

（A）我正处于某心理状态，所以，我知道我正处于该心理状态。

（B）我相信我正处于某心理状态，所以，我正处于该心理状态。

从这两个同时成立的命题推论，我们可以看出人的心理状态具有透明性。举例来说，当我执教的公开课获得了某地区优质课比赛第一名时，我心里非常高兴，对这种高兴，我自己不可能不知道。如果我相信我自己因为这件事情高兴，我的内心状态不可能不高兴。也就是说，我对自己的任何心理状态都是知道的，我的心理状态对于自己来说是透明的。

心理状态的意向性和透明性对人的学习、生产和生活起着重要的作用，正是因为人的心理状态具有意向性，总是"指向"某一件事情，所以我们才能自我决定自己的行为，履行改造世界的责任；正因为人的心理状态具有透明性，具有对自己心理的特许访问权，所以我们才能思考，才能发展。这也是学生能进行自我教育的心理基础。

语言式表征

严格来说，"表征"指的是某个物理的东西在某种运作方式之下，获得了适当的内容，借以代表某些事物或者某些事情。不同的物体可以用相同的表征，来代表相同的意义或内容。相同的物体也可以改变它所代表的意义或内容，从而变成不同的表征。比如，同样是一棵大树，甲可以用它来表征顶天立地的雄心壮志，乙可以用它来表征缠绵悱恻的爱情。哲学家将表征分为图像式表征和语言式表征两种。我们平常看到的照片、风景图片、素描、平面地图等等，都是图像式表征；我们所说的汉语、英语、西班牙语等则是语言式表征。图像式表征跟被表征的事物之间具有相似性，而语言式表征跟被表征事物之间并不相似，但具有语义性。那么，心理世界的意向性具有怎样的表征呢？是图像式，还是语言式？有人说，心理世界有语言，也有图像，比如某教师教学圆的面积时，首先叫学生动手剪开圆，当学生剪成2份、4份、8份、16份后，他们会发现拼成的图形越来越接近某个图形，这时教师对学生说："请同学们闭上眼睛展开想象，当我们的圆平均分成的份数越多时，你发现它会越来越接近什么样的图形？"让学生在脑海里"画图"，当平均分的份数越多，他们脑袋里会越来越清晰地出现一个长方形的图案。孩子脑海中真的有一个长方形吗？很显然不是。这个长方形只不过是另外一种类型的语言符号。心灵哲学近年来的研究表明：心理状态是由于具有特定的心理内容或语义性，才具有意向性的。福多说，"关于心理的表征理论的战略就是主张：心理状态的意向属性根源于心理表征的语义属性，"后者才是心理状态的不可还原的属性。由此可见，心理世界的表征归根结底是语言式的。

人的心理世界用语言来表征，是基于意向状态来说的，而不是包含所有的心理状态，比如，痛觉、痒觉等感质就不在此列。这种语言不是自然语言，而是人的心理能够直接思维、加工的心灵语言。神经科学的有关理论告诉我们：大脑内并没有形象的表象、图画以及声音和特定形状表现出来的自然语言的字词句，只有神经元及其各连接方式或构型。心灵语言又是怎么回事呢？这的确是一个值得研究的问题，至少到目前为止关于它的研究还十分肤浅，但有一点比较明确：它们也有字词句、有规则、有句法，但在存在形式或表现形态上，在结构和载荷信息的方式上，以及在储存、传输、转换的方式上都不同于自然语言，而类似于计算机的"机器语言"。自然语言只有转化成人的心灵语言才会进入思考、感悟之列。

人的心理世界有了心灵语言的表征以后是怎样运作起来的？不同的心灵哲学家有不同的说法，其中最经典的是英国数学家图灵的"算机理论"。在他看来：心智是一种符号操作系统，心智历程是一种以心理表征为单位的计算历程。基于此，当代认知科学蓬勃地发展了起来。其最核心的概念就是计算和表征。当然，我们也应该看到，尽管以计算和表征为核心的认知研究是有益的，但也是不完全的。因为人的心理世界太复杂了，正如埃德尔曼所说，"每当我们有思想的时候，在脑中发生了许多事，其中绝大多数是并行的，具有惊人的复杂性和极其丰富的联系，其中有许多是今天的计算机所处理不了的复杂信息。"

人的意向状态具有心灵语言表征，不但为教育的可能性提供了理论基础，而且也给教育如何利用语言来发展认知提供了可以探索的广阔空间。

表征链接三个世界

心灵是一个表征的世界，对应的外部客体有一个对应的表征，而这些表征则以一种含而不彰的方式被组合在一起，形成了一个动态的整体。波普尔"三个世界"的理论可以用来解释心灵的本质。波普尔把世界上所有的现象，根据共存方式划分为三个世界。"世界1"是物理世界，是由客观世界的一切物质及其各种现象构成的。如物质和能量，从宏观天体到微观基本粒子，一切生物有机体包括动物和人的躯体、头脑等。"世界2"是人精神或心理的世界，包括意识状态、心理素质、主观经验，即主观世界。除此之外，波普尔指出，还有第三世界，即思想内容的世界，实际上是人类精神产物的世界。他称这个世界为"世界3"，包括一切可见诸于客观物质的精神内容，或体现人的意识的人造产品和文化产品，如语言、文学艺术，科研过程中的问题、猜测、反驳、理论、证据，以及技术装备、图书、房屋等。表征可以把这三个世界联系在一起。表征体现在"世界1"，可能是神经突触的特定组合，这种组合的意义在"世界1"中是不能得到回答的。表征体现在"世界2"，可能是感受信息存在的内在客体世界，这种表征的意义可以被个体直接地体悟，而不能告知他人。表征体现在"世界3"，是蕴含于语言及类语言中的信息，它以相对稳定的形式存在，并且可以在主体间进行传递，改变着神经突触和内在客体世界，并把三个世界联系起来，形成一个整体的"心灵"。发展学生心灵就是要借助表征，让他们在波普尔所说的三个世界之间穿越。

心 根的隐秘世界
——教学的深入点

　　当一只蝴蝶从眼前飞过，你也许会在心里由衷地赞叹："好漂亮的蝴蝶呀"；你也许会联想到一个关于蝴蝶的美丽传说或一段刻骨铭心的爱情经历……总之，你有了某种心理活动。这种心理活动在哪里发生？为什么你产生了这样的心理活动，其他的人产生了另外的心理活动？是什么决定人的这种心理活动？脑科学研究表明，心理活动是一种过程，而不是一个位置，它是许多脑区神经系统参与的过程，而支撑这种心理过程的便是人神经系统的组织、信息和机制等，即人的心根。人的心理活动就如蝴蝶飞过的轨迹，随时间的推移，可能转瞬即逝，但心根不一样，只要生命存在，大脑正常，就一定鲜活地存在。研究人的心灵，或者心理活动，必须研究心根这个隐秘的世界。教学的深入点即心根这个隐秘世界。

大脑密码

　　大脑是"心根"存续的物质基础。大脑神经系统的组织、其所传递的神经信息，以及内在机制等构成了心根的具体内容。由此，我们不难发现，心根与大脑的关联。

　　第一，大脑为心根的诞生和发展提供了可能性。为什么植物只有生物意义上的"根"，而没有心灵意义上的"根"？为什么其他动物没有和人一样的心灵或心根？这都是由其物质基础所决定的。威廉·卡尔文曾举了一个关于松鼠的例子来说明动物没有心根：

> 松鼠为过冬而储存硬壳果似乎是动物王国里超前计划的标准例子。现在我们知道这是怎么回事了。由松果体在天黑时分泌的激素——褪黑素预告冬天将来临。渐渐变长的黑夜每周都会导致褪黑素分泌的增加，这触发了食物储存行为和皮毛生长。作这种"计划"并不需要动用太多的脑力。

人在漫长的历史过程中进化出了大脑。大脑为心灵、为心根的诞生提供了可能性。不仅如此，大脑还为心根的发展提供了可能性，因为如休·萨维奇—伦堡（Sue Savage—Rumbaugh）所说，"所有具有复杂神经系统的机体都不时面临生活所提出的问题：下一步我该干什么？"而对于非人的生物来说，几乎不具备主动发展的能力，有的只是生物的适应。

第二，心根是建立在大脑神经系统之上的功能系统。没有大脑神经系统，一定没有心根，但是心根并不等同于人的神经系统，它是大脑神经系统功能的集合。这个集合包括贮存信息、建构信息、使用信息等多种心智功能。那么这些功能以什么样的方式存在呢？1943年，英国心理学家克雷克在《解释的本质》一书中的描述给我们以启示：

> 神经系统是……能够对外界事件模型化或类比的计算机器……。如果机体携带外界现实世界的一个"小规模模型"，并在其脑中拥有其自身可能动作的小模型，它就能尝试各种可能性，作出结论：哪种方案最佳，并在未来的情况出现之前作出反应，利用对过去的认识来与未来打交道，尽力以明显更充分、更安全、更胜任的方式对它所面临的突发性事件作出反应。

由此可见，心根是由一个个功能模型组成的。这些功能模型处在多个层面上，构成一个复杂的模型巨系统。正因为如此，鲍尔·莫罗说："我们建立代表我们肉体和社交世界的某些有意义侧面的思维模式；当我们思考、筹划以及试图解释那个世界的事件时，我们操纵那些模式的各种组元。构建和操纵现实世界有价值的模式的能力，向人类提供了突出的适应上的优越性，这必须被认为是人类智力的至高无上的成就之一。"从这个意义上说，人心根的发展，就是不断生成、解构和建构功能模型的过程。当然，要解构一种固有的功能模型并不那么简单，比如，吸毒的人要戒毒，最难戒掉的是心理的"瘾"，习惯偷盗的人最难克制的是心理的"欲"。然而，要改变一个人的思维模型就更难。有一个笑话说的是：

一群酒鬼成天嗜酒如命，从晨曦初露一直喝到黄昏，令家人十分痛苦。为了改变这些酒鬼的嗜好，一位医生将酒鬼们请到诊所，当着他们的面做了一个实验，将一条活蹦乱跳的虫子放在空杯子里，然后慢慢地将酒倒入杯子中，只见虫子挣扎了一会儿便死了。医生想：这下该明白了吧，喝酒的下场就像这只条子。于是大声提问这些酒鬼："刚才你们看到了什么？有什么体会？"略作停顿，一个酒鬼发言说："刚才看到虫子在酒杯里死去了，这告诉我们：喝酒肚子里不会长虫子。"

你瞧，酒鬼就是酒鬼，其思维依然是酒鬼的思维，难以改变！尽管如此，难以改变不等于不能改变，当今中国所提倡的"解放思想，改革开放"，就个人而言，就是要改变自己的心智模型，打开心胸，建立适应时代和社会发展的新模型。

美国著名脑科学家威廉·卡尔文在《大脑如何思维》一书中写到："在脑中的某些时空模式可能有资格称为大脑密码""一种大脑密码可能是脑中表示一个物体、一个动作或一种抽象的活动（如一个想法）的时空模式，就像产品包装上的条形码用来表示相似的东西一样"。由此，我们不难理解，大脑及其心根是社会活动的产物。

人脑印记

神经系统是如何贮存信息，使之成为心根的重要组成部分的呢？脑科学研究表明：任何一种记忆可能有一个"神经元委员会"参与。单一的神经元如钢琴上的任意一个琴键一样，可能在不同旋律中起着不同的作用。比如，当我们看到一只香蕉，各种神经元为视觉所扰动：有些神经元对黄色产生特异反应；另一些对与香蕉曲线相切的短直线有强烈反应等等。根据加拿大心理学家唐纳德·赫布（Donald O. Hebb）1949 年提出的细胞集群假设，诱发一种记忆简单地说就是重建这样一种模式。

重建的模式在头脑中闪现，便是我们所说的"人脑印记"。人脑印记分两种，一种是短期记忆，暂时摹写在永久的印记上，但不共鸣，它们几分钟内便消退了。它们只是在特有的时空模式下重复一两次后留下的突触强度的改变。另一种是长久记忆，就像唱片密纹中的印记一样，以一定的方式编码在我们的神经系统里。当然，任何长久记忆都是从短期记忆演变而来的。当短期记忆的"痕迹"在终止之前"重奏"足够多次，或者与已有的记忆达成联系，就可能变成长久记忆。这种刻写在大脑中的记忆，由于类别不同也有不同的编码和贮存方式。与此同时，这种编码也不是一成不变的，而是不断与新的记忆重组。美国心理学家伊斯雷尔·罗森菲尔德对此作了十分精辟的论述：

> 历史学家老是重写历史，重新解释（重组）过去时代的记录。当大脑连贯一致的反应成为记忆的一部分时也是这样的情况，它们被重新组织为意识结构的一部分。它们之所以成为记忆，正是因为它们变成意识结构的一部分，因此形成自身感觉的一部分；我的经验肯定会回归于"我"——即拥有它们的个体，这正是我的自身感觉的由来。因此，对过去的感觉，历史的感觉和记忆的感觉，其一部分便是自身的创造。

由此我们可以这样认为，人的心根犹如树的根系一样，是在不断发展变化的。旧的记忆与新的记忆总是在不断组构着，形成动态的心灵世界。

达尔文机

人的心根通过怎样的机制来支撑当前的心理活动呢？这是一个心理学家和心灵哲学家共同关心的问题。人们对此做出过种种设想或论证。其中，美国心理学家詹姆斯 19 世纪 70 年代提出"在精神中有达尔文过程的参与"，他以达尔文的方式对大脑的运转机制进行探讨给后人以极大的启示。威廉·卡尔文据此认为："我们有精神生活，那是因为我们思维活动是动态的达尔文过程，以致我们能创造——每天重新创造我们自身。"他将大脑比喻成一种达尔文机器，"大脑的布线可能是充分地按达尔文过程运转的，这种过程在意识的时间尺度上进行，自毫秒级至分钟级。"从生物学的意义上讲，人的神经活动就是神经元的冲动、放电、连接和改变的过程，神经系统的运转是若干模型的不断选择和优化的过程，"清晰的模式、模式的复制、通过误差来建立模式的异体，竞争通过多侧面环境影响复制竞争"，并在竞争中做出神经活动的选择。举例来说，我们要完成投掷铅球的大脑指挥过程，首先要启动回忆，将关于投掷铅球的某些经验型组构模式清晰地再现，接着面对此时此地此铅球做出模式的复制，这个复制的过程，也是调动和模式竞争的过程，为了在发动时限内做出投掷，需要成百特异的运动指令模式进行重新组织，最后在环境的契合中做出"这一个"大脑指挥流程。

心根的投射

心根虽然是人内心最隐秘的世界，但并不是"躲在深闺无人识"的世界。心根的触须与人的所有世界联系在一起。人化的世界就是心根的投射。教师要善于从学生的一举一动、一言一行中去揣摩和理解他们的心根，寻找教育之策。比如，有个学生在作文中写了这样一段话：

爸爸先把甲鱼倒入水槽里，只见那甲鱼不停地在水槽里爬来爬去，还不时用绿豆眼好奇地望着我和爸爸。我心想："好你这只甲鱼，死到临头还那么坦然！"这时，爸爸拿出来一根筷子，去引诱那只甲鱼，甲鱼以为敌人来了，猛地咬住筷子不放。爸爸轻轻地把筷子往外拉，甲鱼的长脖子已经露出了大半，爸爸毫不手软，趁势一刀下去，甲鱼顿时身首异处。有趣的是，它脑袋还咬着筷子不放，身子却在一旁痛苦挣扎。爸爸又把甲鱼的肚子剖开，取出了它的五脏六腑，洗得干干净净，还用开水烫了一下，把它脚爪的脏皮褪去。令我吃惊的是开膛破腹的甲鱼竟然还会"手舞足蹈"。晚上，我和爸爸把甲鱼放在妈妈面前，让妈妈品尝，妈妈乐得笑哈哈。

这段话折射出孩子怎样的心根？不由得让人想起作家阿成的短篇小说《两儿童》中的"干肠"形象：6岁的他能捉野猫，砍下猫头扔进厕所，掏出五脏六腑，再剁块上铁锅炖，片警"烟鬼"现场目睹"干肠"杀猫的举动，吓弯了腰，他预感到这孩子长大后会杀人，12年后，连杀数人的"干肠"被抓获。尽管习作中的"我"与"干肠"有着不同的社会背景和话语情境，可是，对待生命的态度却有着惊人的相似。面对着鲜活生命的毁灭，没有悲悯，更多的表现却是感官的刺激和精神的狂欢。这不得不让人为习作中的"我"担忧起来。

日本的江本胜博士，他进行了水的结晶实验。我们古代的祖先们早就描述了一个甲骨文的"水"字，就是这样一个水的图形。他发现在任何地方取来的水，结成冰以后再重新融化成水的时候，在他的高速摄像机下，放大500倍，并且在高速摄像的状态下，必定都能捕捉到这个"水"字。其实，并不是里面真正有个"水"字，而是人的心根中早已有个对"水"的固有认识，所以越看越像"水"。这个"水"只不过是人心根的投射而已。如果把世界比作一张网，网的任何一处都牵动着人的心根。人的心根虽然难以直接观察到，但处处都可以琢磨，我们可以抓住网上的每一个细微的变化来分析、推断人的心根，窥视人最隐秘的内心世界。

心 根的意义和价值
——教学的归宿点

美国民权领袖马丁·路德·金有一番广为传诵的话："愿上主赐我镇静去接受我所不能改变的事，赐我勇气去改变我所能改变的，赐我智慧于此两者之中做出区别！"勇气和智慧真的来自上帝吗？时隔经年，黑人后裔奥巴马登上了美国总统的宝座，有人问他成功的秘诀，虽然他说了很多条理由，但有一条给人的印象最为深刻，他说："来自我内心的力量激励着我越战越猛，最终拿下了选举。"其实，人的任何力量归根结底都离不开心灵，这种来自心灵深处的力量即发源于"心根"。那么，"心根"对于人有哪些具体的意义和价值呢？弄清这个问题，也就找到了教学的最终归宿。

存在之"规"

在茫茫宇宙中，虽然人只是"沧海之一粟"，但是人却是万物的尺度。人何以成为万物的尺度呢？关键在于人有心灵。埋藏在心灵中的"心根"决定了人对世界的看法和态度。正是从这个意义出发，佛教认为"世界即心，心即世界""佛即心，心即佛"。按照哲学家胡塞尔的观点，所谓"世界"就是"一切背景的背景"，也就是"全体界域"。这界域是谁给的？当然是人的心根！由此可见，"世界"不外乎是一种"观"，我们所处的"世界"，若出现任何问题，问题又纠缠得"看"似无法解决的话，那么有时候换一个角度，或深入一些，或看长远一点，问题说不定会显现解决的新机。有一个故事讲的是：

一个老妇人有两个孩子，儿子卖雨具，女儿替人洗衣服，一遇到下雨天，老妇人唉声叹气，因为女儿替别人洗的衣服无法晒干，一遇到出太阳，老妇人还是唉声叹气，因为儿子的雨具无法卖出去。有人开导她，何不这样想：雨天，儿子有生意了，该高兴；晴天，女儿有活干了，也高兴。老妇人这样一想，天天都高兴了。

世界并没有变，照常下雨、天晴，只是人改变了看世界的方法，所得到的结果完全不一样。人的生存状态是多种因素的函数，而其中最重要的因素是人的心根状态。比如，当你为接受一个调皮的班级而苦恼的时候，你如果有一颗探究之心，这样一想："给我这样一个班，为我研究对调皮学生的教育提供了一个绝好的机会，我一定要珍惜，绝不错过。"于是你会暗自庆幸，有这样的好事降临在你的身上。

其实，不仅仅人的心理状态是由心根决定的，人的品性、智慧、思维等等都是由心根所决定的，正如孟子所言，"君子所性，仁义礼智根于心"。例如，王维有一首诗《终南别业》："中岁颇好道，晚家南山陲。兴来每独往，胜事空自如。行到水穷处，坐看云起时。偶然值林叟，谈笑无还期。""水穷处"，就是山穷水尽、无路可走的时候。魏晋时的阮籍率意驾车，到无路的地方，恸哭而还。而王维却索性坐下来，看那云从山头冉冉升起，心境澄澈。原因何在？两人的思维方式，心灵智慧不一样！

心学大师王阳明所言即是，"目无体，以万物之色为体；耳无体，以万物之声为体……心无体，以天地万物感应之是非为体。"以花为例，"你未看此花时，此花与汝心同归于寂。你来看花时，则此花颜色一时明白起来。便知此花不在你的心外。"原因在于人的心灵之根存有万物的尺度。

活动之"依"

人为什么有这样或者那样的活动？除了外界的因素外，还有心根的因素。不同的心根决定着人对外界做出不同的反应。从这个意义上说，心根是人活动的现实基础和依据。有一个名为《一本书主义》的故事是这么说的：

戴维是美国某大学教授、博士生导师，带着三位博士生，一个中国留学生，一个日本留学生，一个美国学生。戴维出版了《现代管理科学》巨著，郑重地签名赠送给三位学生。中国留学生如获至宝，圈圈点点，刻苦研读，甚至背诵了书中不少精彩段落与名句，学成归国，四处讲学。看来，一本书已经足够他忙乎一辈子。日本留学生也如获至宝，精心研读，没过多久，他也出版了一本书，题为《现代管理在日本》，郑重地回赠老师一本。戴维仔细翻阅，约5％为学生的新观点，15％为周围同学的见解，80％为戴维教授《现代管理科学》一书中的内容。抄抄摘摘，一本书也够他忙乎的。美国学生礼貌地接过老师的赠书，看上去没有像两位留学生那么兴奋，很长一段时间里也没有什么研读、圈点的迹象。只在几年之后，他的巨著也出版了，题目为《超越现代管理科学》。

为什么三位学生的做法大相径庭呢？朱熹曾说："大抵圣人之学，本以心穷理。"表面上说，是因为他们过去接受的教育和文化不同，而实质上是因为他们在过去的学习、生活中所锻造的"心根"不一样，故事中的"中国人"拘泥于旧制，"日本人"乐于运用，而"美国人"致力于超越。

反过来，人的活动又影响着人的心灵，锻造着人的心根。比如，当下，儿童受网络游戏和动漫文化的影响日益明显，满脑子都是"敌人""怪兽"，渐渐地也把自己幻化成了"英雄"。这种"英雄"情结在儿童的习作中也随处可见。请看这样一个作文片段：

我设计的卡通人物叫"宇宙×战士"。他有三只眼睛，能够识别一切隐藏在我身边的危险；他身着一身金色的铠甲，就是最先进的激光也别想打穿它。一次，宇宙中一个最坏的怪兽来到了地球，把地球几乎给破坏掉了，这时，宇宙×战士和我骑着天马在空中出现了。宇宙×战士先用出他的天马拳，把怪兽打掉一颗牙齿，怪兽发火了，使出自己的高能量激光枪，只听"嗖嗖嗖"，数百颗子弹射了过来。宇宙×战士也不甘示弱，用自己的高强度盾牌来阻挡。就这样，和怪兽打了几百回合，终于打了一个平手。最后宇宙×战士把怪兽甩向天空，亮出他最大法宝——穿天神剑，把宇宙怪兽一分为二。

如果儿童的世界里仅仅只有这些，并以这种认知方式去进行日常交往，那么，他们的心根就会与丰富的世界渐行渐远，童真、童趣就会悄然消逝，原本宽广的心灵世界就会"窄化"成一方之隅。怎能进入"晴空一鹤排云上，便引诗情到碧霄"的境界呢？"万千的天使，要起来歌颂孩子；小孩子，他细小的身躯里，含着伟大的灵魂。"（冰心语）我们应该用丰富健康的活动去丰富他们的心根。

创造之"源"

人是主动的生物，具有其他生物所不具备的主观能动性。那么，人的主观能动性源自哪里？按照唯物主义的观点，来自于人的大脑，来自于人的神经系统，来自于神经系统的功能集合体——心根。美国有一例癫痫病人，从小就患有癫痫病，医生为了医治这种病，将大脑皮层的某一部分切除了。结果这个病人就失去了长期记忆，只能保持 20 秒的瞬时记忆。由于失去了记忆，这个病人的心根基本上得不到发展，根治了癫痫，其行为虽然正常，但却失去了创造能力，无法进行简单的创新。这足以证明：心根是人创造的力量源泉。

世界上有许多伟大的发明，如爱迪生发明电灯、瓦特发明蒸汽机、爱因斯坦提出相对论，这都源于他们有一个伟大的心灵，有一个会创造的"心根"。同样，世界上也有许许多多荒谬的理论，如燃素理论、地球中心说，等等，也是心灵的产物，也来源于人的心根。为什么同样是心灵，同样有心根，却有这样大的区别呢？人们从心理潜质、心理积淀和心理机制等维度作了一些初步的探讨，但这其中的奥妙至今无人揭晓。可是有一点是肯定的，无论是哪种创造，伟大的也好，荒谬的也好，都是心灵的产物，都与心根有直接的关联。

立人之"本"

哲学家戴维森提出过著名的沼泽人的设想：假想在某个人烟稀少的沼泽地，有一天风雨交加、雷霆交作。不知什么缘故，在一阵闪电雷劈之后，从沼泽里冒出了一个人。这个人当然不是妖怪，而是货真价实的人。让人惊讶的是，这个沼泽人竟然跟你认识的张三在生理、物理方面绝对完全相同。哲学家的问题是：这个沼泽人有心智吗？在我看来，这个沼泽人不可能和张三在神经系统上完全相似，因为产生心理的神经系统必须在人与环境的互动中得以完善和发展。换句话说，沼泽人没有经历过与环境互动的实践，是不可能形成心根的，心根是人之所以成为人的前提条件，也是人的立身之本。

《大学》中说，"欲修其身，先正其心。""心正而后修身，修身而后家齐，家齐而后国治，国治而后天下平。"怎样才算"心正"？管子认为，"治心在于中"，关键是要有一个良好的心根。而这样的"心根"是无法在沼泽人身上存在的，必须通过人的实践来锻造。用道家的话说，就是"结圣胎"。人不但要形成自己的心根，而且一辈子也走不出自己的心根。可以这样说，我们的一生都如被拴在大树旁的老黄牛，离不开以树为圆心，以绳子为半径所画出来的圈子。这个圈子就是人的心根。而学习、生活和工作，只不过是让这个"心根"变得更加盘根错节、更加丰富多彩、更加和谐完满而已。

世界之"藏"

有个词语叫"雁过留痕"。人所看、所听、所触、所思等都留在哪里？有研究表明，所有感知、思考等都会在人的神经系统中留下印迹，换句话说，都会存留在人的心根下。这正如树，它能"记录"当地气候变换的情况，科学家通过研究树的年轮、结构等可以推测当地若干年的气候情况。人也一样，心根"藏"着整个人亲历和思考的世界。周敦颐曾说："圣人之道，入乎耳，存乎心，蕴之为德行，行之为事业。"岂止圣人如此，一般百姓也一样。人的全部世界都"写进"了人的心根。心根储存着人生存和发展的全部密码，是人心理活动的全部"活的历史"。

也许你要说，人不是有遗忘吗？怎能记录下所有的"亲历"？有脑科学家在研究中发现，人遗忘的记忆并不是真正地丢失了，而是在一定条件下无法重新回忆起来，一旦条件具备，人依然能够重新再现。比如，科学家用电流刺激大脑某个部位的时候，被刺激者能够报告若干年前所看所想的情景，而这些是过去被遗忘了的东西。由此，我们可以这样说，人所感所思都会在心根中贮存起来，只是有的容易激活，有的不容易激活而已。

明确了"心根是世界之'藏'"的道理，我们不难发现，人的学习必须指向人的心根；研究人的成长和发展规律也必须指向人的心根，因为在心根中隐藏着人所有活动的密码。无论面对的是盖世英雄，还是凶残之徒；是高雅文明之士，还是粗俗鄙陋之人；是绝顶聪明者，还是愚蠢至极者；我们都可以在他们的心根中找到答案，理解其中的奥秘。

童年是个体心根生长的原点

——教学的着力点

安徒生儿童文学奖得主托莫德·豪根（Tormod Haugen）曾说："似乎我们成年人忘记了这样的事态：我们的生活是基于童年的。童年是我们借以相互交流和与年轻交流的主要源泉，也是了解我们自己和全人类的基本源泉。"很显然，童年是心根生长的原点，是人生的"轴心期"。加斯东·巴什拉（Gaston Bachelard）在《梦想的诗学》中对此做了十分深刻的阐述，"以其某些特征而论，童年持续于人的一生。童年的回归使成年生活的广阔区域呈现出蓬勃的生机。首先，童年从未离开它在夜里的归宿。有时，在我们心中，会出现一个孩子，在我们的睡眠中守夜。但是，在苏醒的生活中，当梦想为我们的历史润色时，我们心中的童年就为我们带来了它的恩惠。必须和我们曾经是的那个孩子共同生活，而有时这共同生活是很美好的。从这种生活中人们得到一种根的意识，人的本体存在的这整棵树都因此而枝繁叶茂。"童年之于成年，童心之于精神世界，犹如树根之于大树。伴随整个童年的不仅是身体的生长发育，更是心根的发生发展。从人一生的教育来说，着力点更应该放在儿童阶段。

从来就没有什么绝对的开端

人们很早就关注了心灵起源问题，在我国古代有"性本善""性本恶"

和"性无所谓善无所谓恶"之说。在西方也有类似的论述。在中世纪（5—15世纪），人被看成"生而有罪"。17世纪，洛克提出了"白板说"，意思是说，人在没有感觉、经验之前的心理状态就像"一张白纸或一块蜡，是可以随心所欲地做成什么式样的"。在18世纪法国资产阶级启蒙运动中，卢梭发表了著名的《爱弥尔》，他宣称，"本性的最初的冲动始终是正确的，因为在人的心灵中根本没有什么生来就有的邪恶，任何邪恶我们都能说出它是怎样和从什么地方进入心的。"

经过旷日持久的争辩、研究和反思，到如今人们基本形成共识：心灵原初"无所谓善无所谓恶"，但也不是"白板"，人的精神发生不是无源之水，无本之木。荣格提出了"原型"这个概念并认为，"原型"是经过每一代远古祖先与无法逃避的典型情景相互建构而形成的，它们是"自然的人化"，同时，原型又通过接触每代人都无法逃避的典型情景而被释放、表达出来。儿童的成长过程就是将这些潜在的"原型"释放出来的过程。换句话说，这"原型"就是精神的基因。"在进化过程中能最终保留在个体生物学层面的人类精神，肯定是最有利于种族生存与发展的最灿烂最有价值的合规律性合目的性的精神文化，所以儿童携带着的这部分潜能在现实文化的冲击下，表现出神奇的美、巨大的创造性和无尽的可塑性。"（刘晓东《儿童精神哲学》，南京师范大学出版社，1999，2—3）而个体心根的发生源于本能和集体无意识与环境的合力激发，将自己精神系统中深层次的内容表现出来，让自己从祖先那里继承的"原始遗产""种族发育根源的碎片"（弗洛伊德）或"原始意象"（荣格）从后台走向前台，从黑暗里走向光明中来。在这个意义上，皮亚杰认为，精神的发生"从来就没有什么绝对的开端"。

明确这一点，对于教育工作者来说具有十分重要的意义。这至少告诉我们，要真正理解当下的儿童，还必须了解人类发展的历史，尤其是人类精神文化和心灵发展的历史；了解不同民族，或不同文化背景下的人的精神发展历史。有了这样的挖掘，我们才能结合当前"这一个"儿童的境况，进行卓有成效的教育。

人类早期的功课

荣格指出，"童年不过是一种过去的状态而已。正如发育中的胚胎从某种意义上揭示了我们种族发生的历史，因此，儿童的心理便重演了尼采所说的'人类早期的功课'。"什么是"人类早期的功课"？生物进化论认为，个体的发育是对人类的进化历史的简单而迅速的复演。黑格尔认为，对于人来说，其中包括精神发育过程的重演。这个重演就是所谓的"人类早期的功课"。那么，个体心理是从什么时候开始这"人类早期的功课"的呢？严格地说，是从胚胎发育开始的。恩格斯就曾说过："正如母腹内的人的胚胎发展史，仅仅是我们动物祖先从虫豸开始的几百万年的肉体发展史的一个缩影一样，孩童的精神发展是我们动物祖先，至少是比较近的动物祖先的智力发展的一个缩影，只是这个缩影更加简略一些罢了。"这一说法为胎教提供了理论支撑。

诸多事实表明，个体一旦形成生命，就开始了自己的心灵建构。正如冰心在《繁星》中所描绘的那样：

婴儿，

是伟大的诗人，

在不完全的言语中，

吐出最完美的诗句。

儿童有意识的生活不是儿童心理发展或精神发生的起点，而恰恰是儿童心理发展和精神发生的结果。正如任何一株植物的果实作为植物生命的成果，它的产生来源于上一代的种子和它的萌芽、成长、开花、结果一样，儿童意识世界的产生也经历了与一株植物生命演变类似的过程。因此，我们可以这样认为，儿童有他自己的思想、有他自己的世界。他的思想和世界不是成人灌输给他的，而是他自己建构的。正如贾德在《纸牌的秘密》中所描述的那样，"我们甚至不会注意到，我们家中那张新买的婴儿床上，有一件神奇的事正在发生。就在那儿——婴儿床的栏杆后面——世界正在被创造。"

童年时光正是培育沃土的时机

儿童心根的生长不是空穴来风，不是闭门造车，而必须在和大自然、和社会的接触中，在和他人的交往中去吸收发展所需的"养料"。著名生态学家卡逊（Rachel Carson）曾经说："如果说真实的资料是种子，日后能长成知识及智慧，那么，感性的情绪和印象便是这些种子生长所必需的沃土。童年时光正是培育沃土的时机。"因此，童年的课堂不仅仅在教室里，而是在我们整个世界中。童年的学习叫"蓄养"，旨在播下"真实的种子"。

古往今来，有许多学者、大师都表达过类似的观点。著名生物学家、社会生物学的创始人威尔逊（Edward O. Wilson）在回忆自己成长的经历时说："一个小孩来到深水边缘，满心期待地准备迎接新奇事物。他就像是远古以前的成年原始人，一个贪婪的古代原人，来到比如说马拉维湖滨，或者莫桑比克海峡边。"做了这样的描述后，他认为成为博物学家的重要因素是在关键的时刻获取关键的拥有关于自然界的实际经验，而非系统的关于自然界的知识。由此，他指出，儿童最好能"先当一个野人，什么学名、解剖知识都不知道也不要紧，最好能有一大段时间只是随意搜寻和做梦"。然而，我们现在不少家长和教师却将儿童这样的童年缩短，过早地让他们接受系统化的、干瘪的理性知识，如幼儿园的小朋友学珠心算，学拼音，学一些做人的"大道理"的现象普遍存在，导致孩子创造力的消解。华兹华斯有一首叫《局面的转折》的诗歌值得我们好好阅读：

> 春天树林的律动，胜过
>
> 一切圣贤的教导，
>
> 他能指引你识别善恶，
>
> 点拨你做人之道。
>
> 自然挥洒出绝妙篇章，
>
> 理智却横加干扰，
>
> 它毁损万物的完美形象，
>
> 剖析无异于屠刀。

这首诗其实就是倡导儿童应当首先接触大自然，而不是首先接触书本、概念和记忆知识。这与卡逊和威尔逊的思想主张是一致的。"童年时光正是培育沃土的时机",所有家长和教育者当仔细玩味其中的奥妙!

不朽的暗示来自童年

西默斯·希尼是一位诗人评论家,他在1999年明确提出"婴儿的话语是诗的来源"的观点,他说,"如果你真的被一首抒情诗感动,那是因为有某种东西在表层意下盘旋,它的边缘显示出来了,但没有被毁坏,没有变粗俗,只允许走到那儿。我喜欢英语中一个用于很小的孩子的词——'幼童'(infant),是从拉丁文来的,意思是'说不出来的'(unspoken),'幼童'意为'不说',华兹华斯认为'儿童是成人之父',还有'不朽暗示来自童年时期',而'幼童'的话语即是诗的来源,那就是不说出的那部分。"其实,岂止诗歌如此。我们每一个成年人的思想、言行都可以从童年中找到萌动的影子。甚至可以这样说,每一个成年人的言谈举止都是童年的"再出发"。荷尔德林曾在诗作中这样写道:"犹如辛勤的人在睡眠中蓄养精神,我饱经风霜的生命沉湎于无邪的往日怀抱。童年的宁静!天国的宁静!我多少次在爱的关照中静静伫立在你面前,欲思考你!"的确,童年影响人的一生。从这个意义上说,"人看极小,马看提早"不无道理。因此,重视儿童心根的健康成长,就是对人的一生负责。

明确"不朽的暗示来自童年"这个道理,对教育者来说具有极其重要的现实意义。当我们研究儿童当前的成长时,需要有历史的观点,了解儿童成长的背景和历史;当我们设计儿童的教育方案时,需要从这个背景和历史出发,并在此基础上去挖掘他的潜力,谋划行之有效的教育方法。

让童年不断生长

尽管生物学意义上的童年会消逝,但精神意义上的童年永远留在人的心灵世界之中。弗朗兹·海仑斯认为,童年不是完成了它的周期之后就消逝的东西,它就像是成人身体中的身体,是陈腐血液中的新鲜血液,它从不曾离开过成人的精神生命。古往今来不少哲学家、思想家甚至还一再呼吁人们回到童年。例如，老子主张"复归于婴孩"；印度诗人泰戈尔还说，"上帝等待着人在指挥中重新获得童年"。

学者丁海东指出，"童年是任何成熟的精神个体都必须经历的一个阶段，一种状态，它潜藏着人类成长的秘密和未可限量的可能，是孕育着成人的人格与未来生活走向的精神萌芽。""儿童那诗意盎然的奇思妙想、荒诞不经的酒神逻辑、无拘无束的嬉戏玩耍、毫不掩饰的喜怒哀乐和爱恨情仇、天真好奇的哲学发问、泛灵主义的童话世界、超印象派的绘画天赋，是跳跃在人类精神画卷上的浓墨重彩，是奔流在人类精神脉搏中的鲜活血液，是彰显人性之初的灵光异彩。"这更是教师每天教学的出发点。教师在引导儿童精神走向成熟的时候，一定不要忘记了心根中"童年"的永续生长，不断激活学生童年中积极的、高尚的、创造的要素，使之作为一种不朽的文化被繁衍和传承。

然而，在当今的教育教学中，童年面临消逝的危险，即使面对儿童的教育也遮蔽了"童年"。《童年的消逝》的作者波兹曼说："儿童是我们发送给一个我们看不见的时代的活生生的信息。""童年的概念是文艺复兴的伟大发明之一，也许是最具人性的一个发明。"面对"童年的消逝"，波兹曼发出的是"失乐园"的哀叹："不得不眼睁睁地看着儿童的天真无邪、可塑性和好奇心逐渐退化，然后扭曲成为伪成人的劣等面目，这是令人痛心和尴尬的，而且尤其可悲。"教育一定要发现童年、抓住童年、开发童年，因为如沈从文所说，"童心在人类生命中消失时，一切意义即全部失去其意义。"

"心根"生长之道
——教学的遵循点

老子说，"夫物芸芸，各复归其根。"对人来说，心根是一切智慧、情感、欲望等的源泉。心根的生长有其基本规律。教师弄清这些基本规律，并遵循这些规律，是更好地从事教育教学工作的重要条件。

本能凸现是心根生长的前提

人为什么有心灵？心灵之根为什么能生长？一棵树生长了千百年为什么长不出"心灵"，而一个牙牙学语的孩子竟有那么丰富的心灵世界？这些问题实在不好回答，但按照达尔文的生物进化理论，我们至少可以说，有心灵并能让心根生长是人在进化过程中形成的本能。正如詹姆士所说，"人的本能使人很自然地去做了许多行为，假如我们要去问为什么人的本能会这样做，我们必须要把心智缓慢下来才能去解析它，这会使一些本来很自然的事看起来很奇怪。"其中，心根的生长也是一种本能的行为。稍微观察一下刚出生的婴孩，你会发现，他会四处张望，对刚到的世界充满好奇，一旦接触到母亲的乳头就会吮吸起来。也许婴孩还没有形成清晰的意识，但是透过这些行为，我们明显感觉到婴孩意识的萌芽，心根的发芽。并且随着时间的推移，婴孩的心根越来越复杂。

发展心理学家韦恩（Karen Wynn）的实验表明 5 个月大的婴孩可以做

简单的心算。在一个实验里，实验者先使婴孩对一个物件感到厌倦，然后用一个屏风把这个物体遮住，当把屏风撤走时，假如这个同样的物件仍在那儿，婴孩看一下就厌倦了，但是假如实验者偷偷在屏风后面加了物件，屏风拿走后，婴孩看到两个或三个物件时，婴孩会很吃惊，看得更久一点。在另一个实验中，实验者先给婴孩看一个橡胶的米老鼠，直到婴孩厌倦把头转开，然后放上屏风，一只手从幕后伸出来，故意把第二个米老鼠放到屏风的后面。当屏风撤除时，假如台子上是两只米老鼠，婴孩看一下就不看了，但是假如只有一只，婴孩会吃惊，虽然在屏风放上去之前，他所看到的就是一只米老鼠，前景和后景是一模一样的。这就是本能的力量。也正是因为有心根生长的本能，"一个学前儿童的内隐的文法知识，比最厚的电脑操作手册或最好的电脑语言系统还要高水准；即使是四肢发达头脑简单的运动员、只会滑板不爱读书的青少年的句法知识，也比最强的电脑强，更不用说一般的成人了。"（史迪芬·平克）

社会生活是心根生长的土壤

如同植物需要阳光雨露一样，心根的萌芽也是需要环境的。这个环境就是人的社会环境，离开了社会环境，人的心根也是"长"不出来的。李文阁在《生活认识论：认识论之现代形象》中说，"人的生活大致可分为两类：即实在的感性生活和符号化的精神性生活。这两种生活是有差异的，前者人们只是过着生活，后者则不仅是人的生活，而且是生活的表达。有了这种表达，人才由突然世界突入可能性之域，人才能有理想和追求，因为只有符号才能为人展示可能性空间。"由此，我们可以推论，心根的生长离不开符号化的精神性生活。但是这种符号化的精神生活是建基于感性生活的，人首先需要感性生活，没有感性生活的人是不存在的，问题是这种感性生活是否充分。在教育世界中，人们往往忽视感性生活的价值，不断挤占学生的感性生活，导致学生心根发育不良，这是我们必须高度重视的事情。比如，不少家长连双休日都要送学生去补课，时间全部被所谓的学习占据，而平时学校的课程安排也满满的，学生被捆绑在"知识的大柱"上，不得动弹。感性生活的缺失不仅导致学生心根发育营养不良，而且也直接影响建基于感性生活之上的符号化的精神生活。

人心根的发展不仅要在自然中去感受，更要在社会中去磨炼。只有人与人发生各种各样关系的时候，心根才会被触动，才会吸收营养，才会发展。从这个意义上说，心根的发展不只是个人的事情，也是社会生活成就了个体的心根，社会生活是心根生长的基础。

学习是心根生长的关键

达尔文把人的大脑称为"绝对的完美和复杂的器官"。正是这个器官生成了人的心根，而心根本能发展到一定阶段就生发出"学习能力"。对此，史迪芬·平克也有论述，他说，"学习是因为心智有复杂性才发生的，它来自心智的复杂性，学习是果而不是因。"一旦人具备了学习的能力，心根的发展就进入了"快车道"。这在脑科学中得到有力的证明。学习所获得的经验信息可以接通大脑神经，赋予大脑新的组织模式，改变大脑皮质总体结构。建基于大脑神经系统的心根也随之发生变化，建构起新的组织体系。于是，心根得到了生长。

什么样的学习最能促进人心根的发展呢？这里面是有学问的。首先，学习要及早抓起。精神分析家阿德勒认为，"在生后第五年末了之际，儿童已经发展出一套独特而固定的行为模式，这就是他对付问题和工作的样式……以后，他即经由一张固定的统觉表观察世界，经验在被接受以前，即已被预先解释，而此种解释又是依照最先赋予生活的意义而进行的，即使这种意义错得一塌糊涂，即使这种处理问题和事物的方式会不断带来不幸和痛苦，它们也不会轻易地被放弃。"由此，我们应该及早干预儿童的心根生长，让他们健康地学习，使之建立一套"应其所是"的心根模式。比如，对于儿童，不光要让他们直接感受世界，也需要用心理原型和文学母题去开启他们的心灵。为什么这样说呢？儿童哲学研究者刘晓东对此有较为深入的阐述："心理原型和文学母题是人类心灵丰富的词典。母题可以开启人的本能和无意识的仓库，因而最能滋养天性，最能培养人的'根器'，最能培养人的情操。伟大的文学、艺术作品之所以伟大，是因为它们表现了人所共有的原型和精神世界的母题——大自然、母亲、童年、太阳、月亮、水，以及人类生活中永恒的体现真善美原则的种种事件，等等。"

其次，学习要适应儿童心灵发展的规律。瑞士心理学家皮亚杰认为，学习并不能加速儿童认识的发展，儿童心理发展的各个阶段的前后顺序是不可逾越的。比如，人的童年阶段处于"理性的睡眠期"，如果学习的主要目的是促进学生理性的发展，其结果只能是事与愿违。这时，我们需要给儿童留下许多时间，让他们去接触形象的世界，去获取感性的第一手材料。苏霍姆林斯基在一次活动中就给孩子留下了足够感悟的空间：

我们坐在高岗上，周围是草虫发出的一片和谐的合唱，空气中散发着沁心的草香。大家都没有出声。无须向孩子们多说话，不要对他们强行讲述，话语并非娱乐，而对话语的厌腻则是最有害的一种感受。孩子不仅需要听老师的讲话，而且也需要沉默；此刻他要思索，要对所见所闻进行思考。对于教师来讲，在讲述上掌握分寸是很重要的。不要把孩子变成感知词语的被动物。要理解每个鲜明的形象，不论是实物的还是词语的，都要花费许多时间和精力。善于给孩子以思考的机会，这是老师工作细心的素养。置身于大自然时，要让孩子有机会听一听、看一看、感受感受……

尽管儿童心理发展的各个阶段不能逾越，但是我们却可以通过学习来丰盈儿童每一个阶段的发展，推动心理发展的进程。前苏联心理学家维果茨基的"最近发展理论"就认为，学生的学习过程处于两个水平，一个是现有发展水平，一个是潜在发展水平。学生潜在发展水平和现有发展水平之间所构成的区间即最近发展区。学习的过程就是学生跨越最近发展区的过程，教师的教旨在于促进这个跨越。

再次，学习要通过实质课程来促进心理的发展。在如何促进儿童心理的发展上，非常有影响的思路有两种，一种是形式学习论，它建立在官能心理学上，认为人的心是由意志、记忆、思维等官能组成的，心的各种成分是各自分开的实体，分别从事不同的活动。例如，记忆官能能进行记忆与会议，思维官能能从事思维。因此，它强调让学生学习文法、数学、逻辑、古代语言等在生活中不使用的形式学科。另一种是实质学习论，强调学习有现实价值的课程，不能脱离现实需要来进行纯粹的形式训练。随着研究的深入，人们发现，为了训练心理而训练心理的形式学习效果并不好，而以实用课程为内容的学习不但能让学习者掌握实用知识，同时也能促进学习者心理的发展，可谓"一箭双雕"。

最后，学习需要通过"全身心运动"来促进心根的生长。人类学家特纳在《身体与社会》中说："一个显著的事实是，人拥有身体并且本身就是身体。"尼采认为："在你思想与感情之后，立着一个强大的主宰，未被认识的哲人，——那就是'自己'，它住在你的肉体里，它即是你的肉身。"维特根斯坦说："人的身体是人的灵魂最好的图画。"由此不难看出：心根的生长离不开身体的全方位参与，需要"全身心运动"。比如，小学二年级的学生学习《落叶》一文，可以让他们找出"爬、坐、游、躲、藏、飞"等表示动作的词语，并亲身做一做，表演表演，这样，他们不但理解词语了，也自然进入课文的情境中，并且把自己当作文章中的小动物，设身处地体验到了小动物游戏时的欢快心情。这就是所谓的"身体学习"。

意象化是心根生长的核心

学习是心根生长的关键。那么，学习需要获取什么样的营养来滋育人的心根？有的人认为，心灵是依靠"心像"来思考、创造的。比如爱因斯坦想象自己坐在光线上，回头去看一个时钟，或是站在一个垂直落下的电梯里丢一个钱币，从而得出许多感悟。他写道：

思考的元素，它的物理本质是符号和影像，这些影像是可以主动地加以制造或组合的。这种组合对思考是很重要的，在字的逻辑性建构或其他可以与他人沟通的符号出现之前，我是先在脑海中玩弄影像的组合。在我的情形，这些元素是视觉的和肌肉的形式。当影像的连接已经相当成形，可以经由意志去唤出或制造出来后，我才去寻找通用的文字或其他的符号来表达它。

有的人认为，心灵是依靠"语言"来运作的。当然，我们知道，人并不是用汉语、英语等来思考的，而是以思想的语言（有的也称作"思维语言"）来思考的。这思想的语言可能跟所有的语言都有一点像，它也有符号来代表概念，符号排列的顺序来代表谁对谁做了什么。我们所说的汉语、英语等属于自然语言，它们是建立在这个普遍的思想语言基础上的。习得一种语言就是知道如何去将思想语言翻译成一串字，或是将一串字转换成思想。

综合这些见解，在我看来，学习的核心就是意象化的过程。既有声像的内化，又有意义的内化。一般来说，在初级阶段的学习，我们更多的是形象的内化，将看到的图像、听到的声音、触摸到的感觉编码，内化成"心像"，而有了一定"心像"基础的学习，更多地借助语言，将编码了的符号转化成意义，"写进"心根里。事实上，无论是儿童，还是成人，真正意义上的学习既离不开"心像化"的过程，也离不开"意义化"的过程，合在一起，我们可以说即"意象化"的过程。这个过程也是产生个人知识的过程。

也许有人会说，学习语文的过程是意象化的过程还好理解，其他（如数学、物理、历史等）怎么会是意象化的过程呢？其实，从语言的角度来看，人们的语言有多个系统，除了我们每个人都熟知的生活语言系统外，还有专业语言系统，如文学语言系统、物理语言系统、化学语言系统、历史语言系统，等等。在现实中，一个没有学过物理的人听物理学家谈物理之所以听不懂，源于"没有共同语言"。而专业学习在某种意义上就是专业语言系统学习的过程，也需要对这个领域的形象、意义等进行编码和内化。这也可以从众多科学家的研究中找到例证。比如，马克斯威尔用心像的方式得出了电磁场的数学公式，华生和克里克对 DNA 结构的发现是以心像的方式出现在脑海中的。

当然，学习不仅仅是吸收，同时也是创造的过程。事实上，只有在创造中，我们的心根才能得到突飞猛进的发展。因此，学习中意象化的过程还包括将内心的意象外化成语言、图像、声音等过程。比如，写作文、发明创造等，都是这样一个意象外化的过程。

个人知识是心根的重要组成部分
——教学的关节点

卡罗尔在《镜中世界》写过这样一段对白：

"是啊！在我们的国家里"，爱丽丝微喘着气说道："如果你像我们现在一样跑得那么快，跑一阵子后你会跑到另一个地方。"

"慢吞吞的国家！"象棋红后说道："在这里，你瞧，为了留在原地，你必须尽力跑。如果你想到达别处，你必须跑得快一倍！"

卡罗尔为什么能写出这样的段落？伊曼纽尔·康德（Immanuel Kant）在《纯粹理性批判》中曾说，"我们的知性借先验图式的原理理解现象世界……这是一种深蕴于人类心灵中的技能，我们很难揣测自然界在此采用的秘诀。"卡罗尔"先验图式的原理"是什么？从象棋红后的回答中可以看出，作者是借助地球自转的知识来写作这样一段话的。那么，一个人的知识和心根是什么关系？

个人知识是心根的软件

"个人知识"是英国化学家、哲学家迈克尔·波兰尼提出来的学术概念。他说，"我把识知视为对被知事物的能动领会，是一项要求技能的活动。熟练的识知和作为是以形成无论是实践上还是理论上的技能成就为主的，而作为线索或工具的一组细节则处于从属地位。""个人知识是一种求知寄托。"也许维娜·艾莉的阐述更好理解，她说，"作为个体，我们并不只是知识的储藏者，我们的组织也不是。个人知识确实包括一定量的信息和数据。然而，我个人的知识体系中也包含着大量的对自己来说独一无二的体验和回忆"，"我们可以把自己的个人知识看成一张认识的'网'，许多想法、感觉、概念、思想和信仰都在这里交织在一起。"由此可见，个人知识是个体经过独特经历、探究、体验、感悟、阅读、思考形成的知识，包含个体的价值、信念、热情，与人的血液、神经和灵魂融为一体。一旦离开了个体，或从个体中剥离开来，就无法存活，没有了活性，没有了力量，就失去了存在的依附。据此不难看出，个人知识是心根的重要组成部分。如果说心根的物质基础是大脑神经系统，即所谓的"硬件"，那么心根的软件则是"个人知识"。

这告诉我们，要发展一个人的心灵，丰盈人的心根离不开知识，应该充分肯定知识的重要性，而不是像那种激进的课程改革者所认为的那样，承认知识的价值就是"发霉的奶酪"。但同时又要看到，只有当知识成为"个人的"时才能进入个体的心灵世界，才有教育和发展的意义，即如斯普郎格所言，"与人的生活和个体精神没有关联的知识是无生命的知识，知识必须转向人的内在精神才有意义。"

经验型组构是个人知识的存在状态

个人知识是怎样存在于人的神经系统之中，并成为心根的组成部分的呢？从生物学的角度来说，每一个知识就是一个"赫布型细胞集群"，这个细胞群不是固定的细胞群，而"就像展示板是能够滚动的：图像始终表示同样的内容，尽管它是由不同的灯形成的"。从心理学的角度来说，一个"赫布型细胞集群"就是一个"经验型组构"。这个"经验型组构"不是固定不变的，而是不断更新的，尽管有时我们觉察不到它的变化。威廉·卡尔文对此有十分明确的描述：

为了能与新东西打交道，我们需要将某些经验型组构，临时使用一下，之后便消失了，就像你在煮燕麦粥时忘记了搅拌而出现的那些六角形蜂窝状结构。有时，早先形成的这些组构的某一方面对脑内相互联系强度的影响非常大，那么它们又会重新复苏，在这种情况下，经验型组构变为一种新的记忆或习惯。

这样的"经验型组构"按照一定的方式组成"小规模模型"。这些"小规模模型"影响着人在一定情景中做出一定的选择。1943年，英国心理学家克雷克在《解释的本质》一书中指出：

神经系统是……能够对外界事件模型化或类比的计算器……。如果机体携带外界现实世界的一个"小规模模型"，并在其脑中拥有其自身可能动作的小模型，它就能尝试各种可能性，做出结论：哪种方案最佳，并在未来的情况出现之前做出反应，利用对过去的认识来与未来打交道，尽力以明显更充分、更安全、更胜任的方式对它所面临的突发事件做出反应。

个体一旦有了生命，就开始积攒这样的"经验组构"和"小规模模型"，即个人知识的行程。即使处于无意识状态，儿童携带的潜能在现实的冲击下，也表现出神奇的美、巨大的创造性和无尽的可塑性。而萌发于无意识之中的意识一旦形成，人积攒个人知识的步伐将大大加快，开始主动在大自然、社会中修建自己个人知识的大厦。因此，人的心根中存储着大量的个人知识。即使在我们看来一个毫无知识学问的人那里，也蕴藏着难以计数的个人知识，是其之所以成为人的必要软件。

情境选择是个人知识激活的路径

对于任何知识来说，只有转化为个人知识才有实际价值，才有活力。正如郭小明、蒋红斌在《论知识在教材中的存在方式》中所说，"任何知识要具有生命力，都必须作为一个'过程'存在于一定的生活场景、问题情境或思想语境中。知识本来产生于某种特定'境域'，按照科学社会学的观点，产生于知识发现者的生活、情感与信念，产生于研究者的个人知识，产生于研究共同体内外的争论、协商和各种思想支撑条件。"

个人知识是与个人的认知结构和心理结构特征紧密相连的知识，它具有主观性、情境性和不确定性。面对同一事实，由于我们关注的角度不同，我们可以得出不同的答案；即使关注了相同的问题，由于每个人的心根不同，所思考问题的角度、重点、层次等不同，在面对问题时所做出的反应也可能有所不同，如尤根·赫里格（Eugen Herrigel）所说，"犹如无根之木，情绪、感觉、渴望、烦扰，甚至思想，都是以一种无意义杂乱的方式油然而生的，无法自制"，甚至有时让我们难以理解。为什么会出现这样的情况呢？脑科学研究者发现，人的个人知识被激活是一种情境选择。当面对一定的情境以后，脑神经首先要做的是搜索与此有关的个人知识，将相关的"小规模模型"复制到一定的情景中来，通过误差来建立模式的异体，紧接着各种个人知识的"小规模模型"进行竞争，选择最适合当前情境的个人知识来解决问题。由于每个人神经系统的细微差异，以及个人知识的不同，才"有了复制、变异，有了为工作空间发生的可能的竞争，有了影响竞争的多侧面环境（现时的和记忆中的），以及有了下一代更可能有的由最大领地的拷贝所建立的模式异体"（威廉·卡尔文），因而所得出解决问题的策略当然不尽相同。

学习知识应以心根的成长为目的

既然个人知识是心根的重要组成部分，那么是不是我们吸收知识的数量越多，心根的发展就越充分呢？不一定。举例来说，在以知识为中心的教学中，教师拼命向学生灌输知识，学生拼命强记知识，结果呢？出现大量有知识无能力、有知识无文化、有知识无才干的人，被喻为"书柜""书橱"。我们应该看到，知识本身与人的关系完全是一种非功利关系，人大可不必为了学习知识而学习知识成为知识的奴隶，或成为以占有知识为目的的收藏家。学习知识当以促进心根的成长为目的，"把人类的客观精神转化为个体的主观精神，把人类的文化经验转化为个体的人生经验，形成个体的完整性、独特性，使个体在生活中发展生活的艺术和智慧"（张华《课程流派研究》）。怎样才能让知识成为个体心灵的一部分呢？有几个基本点，值得我们重视和研究：

第一，自主建构。罗素曾说，"每个人的知识，从一种重要的意义来讲，取决于他自己的个人经验：他知道他曾看到和听到的事物、他曾读到和别人曾告诉他的事物以及他根据这些所能推论出来的事物。"由此可见，个人知识的建构不是简单的移植，不是简单的"授—受"关系，而是一个自主建构的过程。因此，教师给学生的个性化足够时空，鼓励学生全身心投入，自我体验、探索和建构，通过思考已有知识来发展自身的理解力、判断力和独创精神，而不是把知识当作教条来接受。

第二，个性化理解。邹进在《现代德国文化教育学》中写道，"个人知识是个体对公共知识的个性化解读所产生的知识"。理解是学习知识的核心维度，是知识个性化的必经之路。尽管在现实中，老师们都注重理解知识这个环节，但是对"理解"这个范畴的认识太狭隘了。理解有三个层次，一是知道，二是懂得，三是发现。比如，当我们阅读一篇课文时，了解课文写了什么，这时的理解是"知道"；弄清了课文的主题思想、写作意图和表达特点，这时的理解是"懂得"；对课文的某一个或某几个方面有不同寻常的见解，这时的理解是"发现"。只有进入了"发现"这个理解层次，我们才真正实现了理解的个性化。这告诉我们，在教学中要让学生通过深入的思考去判断、去质疑、去探究、去发现，而不是把知识当作教条来接受。

第三，情境体验。人的生活大致可以分为两类：实在的感性生活和符号化的精神生活。但不管哪种生活都存在于一定的情境中，比如，我们现在所谈论的"个人知识"这个概念，也同样存在于关于知识、心理、精神等境域中，同时，在现实生活中有具体化的表现。因此，学习知识一定要和情境联系在一起，并在这个情境中用全部身心去体验。学习通过情境体验才能发出真正的力量，将知识个人化，成为心根中的一部分。

第四，自我对话。美国心理学家和作家乔伊斯·布拉泽斯说："一个人的自我认知是他个性的核心。它能影响一个人的所有行为举止：学习能力、成长和应变能力，选择朋友、伴侣和职业的能力。"而自我认知的形成需要通过自我对话来实现。在学习知识时，进行自我对话具有十分重要的意义，它可以把学生当前学习的知识与过去已经成为个人知识的部分连接起来，形成新的个人知识，并且对未来需要掌握的知识呈开放的姿态。我们平时说"带着问题进教室解决问题，带着新的问题离开教室期待着新的问题解决"，其心理基础就是自我对话。

抓住了这样几个关键点，知识才有可能在学习的过程中化为生机勃勃的精神进入人的心灵世界并实现彼此的融合，它不再是信息码的简单堆积，而是面向整个生活世界的精神整体，这样，知识才能真正在内心留驻，人的心根才能在学习中越来越丰满。

心 根与人生幸福
——教学的根本点

幸福是人类生活的永恒情结。威廉·詹姆斯在《宗教体验种种》一书中写道:"如果我们要问:'人类主要关心的是什么?'我们应该能听到一种答案:'幸福。'"亚里士多德认为:"幸福是终极和自足的,它是行为的目的。"追求幸福是一个不证自明的人类生存事实,是推动人类发展的原动力,正如尼尔所说,"生活的目的是追求幸福。"那么,人的心根与人生幸福有着怎样的关系呢?

幸福,只有心知道

什么是幸福?这是一个亘古不衰的话题,也是一个众说纷纭的话题。亚里士多德认为,幸福是理论或沉思的思想活动;约翰·斯图特·密尔认为,幸福意指最大多数人获得最大利益;诺丁斯认为,幸福的一个基本特征就是没有痛苦或苦难;牧口常三郎认为,幸福是价值的创造;托尔斯泰认为,幸福是在于为别人而生活;霍桑认为,幸福是一只蝴蝶,你要追逐它的时候,总是追不到,但是如果你悄悄地坐下来,它也许会飞落到你身上。基督教认为,幸福是"高峰体验""超自然感"。密尔却说:"假如所谓幸福是指高度快意的刺激继续不断,那么,这分明是不可能的。非常高度的快乐状况只能经历顷刻之久……所谓幸福并不是极乐狂喜的生活,而是痛苦少而短暂,快乐多而有变化，并且主动的快乐比被动的快乐占多数的生活，全部生活中间有一些片刻的极乐。"这些界定区别很大，似乎无论怎样界定"幸福"都难以周全表达幸福的含义，因而林语堂说，"不管什么情况下，幸福都是一种秘密。"尽管如此，在最基本的意义上，幸福是一种感觉，是心理欲望得到满足时的状态。因此，歌德毫不犹豫地说："人之幸福，完全在于心之幸福。"正如有一首小诗写的那样：

是什么力量带领我们走向远处？

走向那充满爱、信赖、喜悦及丰足的未来？

那就是我们的心。

一颗不受陈旧自我所禁锢，

一颗自由柔软的心。

当我们勇于梦想，

有自觉地选择自己的人生，

朝向心中描绘的愿景前进，

幸福的奇迹就将诞生。

下定决心！幸福，从心开始！

在这个意义上，幸福指向心灵，幸福的天平倾向于精神的满足。孔夫子见"有朋自远方来"即"不亦乐乎"；五柳先生爱读书，"每有会意则欣然忘食"；醉翁饮酒"意不在酒，在乎山水之间也"。于是钱钟书先生提出："一切幸福的享受都属于精神。"《辞海》对"幸福"的解释是，"心情舒畅的境遇和生活"就是幸福。英国历史学家霍布斯鲍姆告诉我们，"如果人们仅有的一个理想就是通过获得物质利益而追求个人幸福，那么人类就是一个渺小的物种。"

心能天堂，心能地狱

幸福存在于心灵深处。托尔斯泰说："人是为了幸福而创造的，幸福在他的内心中，在满足人类简单的需要中。"智者说，"一念三千"，上天入地，成凡成圣皆系一念。心灵与人的存在状态有着内在的联系。《法华玄义》中

有这样一句话："释论云：三界无别法，唯是一心作。心能地狱，心能天堂，心能凡夫，心能贤圣。"意思是说，你的心可以构筑一个地狱，更能够缔造一处天堂，幸福与不幸，往往就在一念之间。比如，有位老师这样对学生说：

今天上课真有意思，我说成语老马识途，嘉嘉同学竟然当场捧出《成语故事》翻到老马识途，这真是一个极好的补充。因为你们懂得补充，老师高兴；因为你们的参与，我这老师当得有滋有味。如果每次上课都能冒出这一点点小小的却有意识的补充，那将是老师的幸福。

你看，学生一个小小的补充，老师居然把它当作幸福而乐不可支。是什么原因呢？因为教师心中有一个朴素的愿望："能幸福地行走在教育之路上。这幸福与名利无关，只是一种让生命得以舒展的愉悦体验；这幸福不以偷走孩子的幸福为代价，这幸福该是我和孩子们的两情相悦；这幸福不必把视线投向远方去寻觅，它该沉睡在我的身边，等着我用心去吻醒。"同样是学生当场翻书补充，如果教师这样想：我在讲课，学生却在下面私自翻书，不守纪律，自以为是……想着想着，也许会生气、发怒，心一下子就掉进"地狱"里了。

由此看来，人的彻底解脱与自由，除了离不开相应的社会和物质条件以外，还依赖于特定的心态结构与感受结构。幸福与否有相应的感受性质，只要适当调整心态，让心静下来，让心灵寄托在高尚的对象、有价值的事业追求上，即使在财富很少甚至困窘的情况下，人一样有幸福感。

天堂地狱，系于心根

谁不想幸福？谁不想"心能天堂"？但是，在现实生活中，为什么就有人找不到幸福呢？为什么有些人的心灵老是下地狱呢？无数事实证明，这不是一个简单的改变心态的问题。天堂与地狱，全系在心根上。至少"心根"有三个维度影响着人生的幸福：

第一，价值取向。人在形成和发展心根的过程中，其价值取向也逐步显现出来。这直接影响到人对事物和现象的看法，影响到人的幸福感受。一代哲学大师庄子把"乘天地之正气，而御六风之辩，以游无穷者，彼恶乎待哉？"当作幸福；挂冠归田的陶渊明先生把"采菊东篱下，悠然见南山"视为幸福；诗人李白更是把"天子唤来不登船，自称臣是酒中仙"视为幸福的最高境界。不用多举例，单从这些大师的描述中，我们就可以窥视其价值取向的异同。

第二，思维结构。从大处看，不同国家、民族人们心根中的思维结构不同。比如，中国人讲"阴阳"，西方人讲"因果"。从小处看，不同的人，由于生活轨迹、学习经历、成长背景等不一样，所形成的思维结构也不一样。正是这些思维结构的差异，导致不同人对幸福的感受不同，甚至截然相反。比如，周国平说，"我对幸福的看法日趋朴实了。在我看来，一个人若能做自己喜欢做的事，并且靠这养活自己，又能和自己喜欢的人在一起，并且使他（她）们也感到快乐，即可称幸福。"也许你并不能从这样的生活中感受到幸福，成为人们眼中"身在福中不知福"的人。原因何在？不同的人心根中的思维结构不一样。思维结构不一样不仅仅影响对幸福的感受，更影响对幸福的理解。同样是大作家，对幸福的阐释却不尽相同。比如，英国剧作家杰罗尔德·D. W. 认为，"幸福生长在我们自己的火炉边，而不能从别人的花园中采得。"美国作家霍桑认为，"幸福是一只蝴蝶，你要追逐它的时候，总是追不到；但是如果你悄悄地坐下来，它也许会飞落到你身上。"女散文家里普利厄·A认为，"要在自身上找到幸福是不容易的，要在别的地方找到幸福则是不可能的。"

第三，感受能力。周国平认为，"内心世界的丰富、敏感和活跃与否决定了一个人感受幸福的能力。在此意义上，幸福是一种能力。"面对同样的事物或者现象，有的人能感受到幸福，有的人感受不到幸福。这也与人的幸福感受能力有关。这种感受能力包括获取道德的快感、情感的快感、审美的快感、智慧的快感和信仰的快感等能力。

有一只乌鸦在飞往他乡的路上遇到了喜鹊，便对喜鹊诉苦："这个地方坏透了，大家看到我飞行，听到我的声音，总是批评我，咒骂我，所以我要离开这里，飞到别的地方去重新生活。"喜鹊听后立即说："乌鸦呀，其实这个世界上到处都是一样的，你应该改一改你的叫声，如果你的声音不改，不管你飞到哪里，其结果都是一样的呀！"

这个故事中，喜鹊显然比乌鸦更具获得幸福的能力：乌鸦以为幸福在遥远的彼岸，而喜鹊则懂得将周围的事物培育成幸福。

为了幸福，培育心根

毕淑敏认为，"每一个人都在追求幸福，但幸福其实只是一种心灵的感受，而只有健康的心灵，才有感知幸福的能力。拥有一颗健康的心，才是感知幸福的基础。"何谓健康的心，至少要做到心根健康、丰盈和聪慧。教育是为人的一生服务的事业。幸福是教学的根本点。是教育的终极意义和目的。为了幸福的教育，必须着力培育人的心根。

第一，丰富幸福感受。童年是任何成熟的精神个体都必须经历的一个阶段、一种状态，并且"一切童年都可以造就成人""童年持续人的一生"，正所谓"童年之于成年，童心之于精神世界，便同根之于大树"。一个人在童年都没有感受到幸福，成年后很难有幸福的感觉。换句话说，童年所获得的幸福感受是人幸福一生的根基和资本。因此，儿童教育要充分让学生感受学习、生活中的幸福，发展幸福的感觉，积累幸福的记忆。请看 H. P. M 写给 Dear Abby 的一封信，信的内容是这样的：

亲爱的 Abby：

当我还很年轻时，我在一所初级高中教数学。有这么一个星期，我和学生整周都在为一个新的数学概念奋斗，学生们都很吃力，像身处在压力舱；他们开始显得烦躁不安，相互干扰且斤斤计较。

为了不让状况恶化下去，我请全班同学每人拿出两张纸来，在纸上写下全班同学的姓名，但姓名与姓名间需留有空间，然后在每个学生姓名下面写下你对他的欣赏之处。当他们认真做完且交给我时，我发现他们每个人似乎都放松不少。

那个周末，我另拿出一沓白纸，在每张纸上写下一个学生的名字，然后将他获得的鼓励赞美之言，一一誉上。星期一再度上课时，我按姓名把每一张纸发给学生。

没多久，我发觉孩子们脸上都漾开了笑容，他们喃喃自语："真的吗？我从不知道这么被欣赏。"他们窃窃私语："真的吗？我从来不知道这点令你如此喜欢。"自此以后，我发现他们的互动有了改善，他们更接纳自己及他人。

数年之后，我去参加马克的丧礼。马克是一个我从前教过的学生，他死于越战。丧礼上有马克的朋友及当年的同学，丧礼之后，马克的父母邀请我和一些老同学到他们家里去。

在他的家里，他的父母对我说："我想给你看一样东西，当年马克战死时，身上带着它。"我完全没有预料到的是那是当年那张纸，布满了他的同学对他的赞美和欣赏。马克的母亲对我说："谢谢您对马克所做的，您可以看出来，他有多珍惜它。"

我们的对话被其他学生所听到了，一个上前来说："那张纸，我也还珍藏着，一直放在我书桌的第一个抽屉。"另一个说："我也留着，一直夹在日记本里。"又一个说："我的放在结婚相簿里。"另一个接口道："我也一直带在身上。"那一刻，我再也忍不住，坐下来，号啕大哭，心灵震荡不已。

从此以后，我每当新接任一个班级，都不忘让孩子们彼此互送这么一个珍贵的礼物。

H. P. M

一张小小的纸片给学生带来的幸福感受居然有那么大，每个孩子将它保留一生。这哪里是在保存一张小纸片，分明是在保存关于幸福的美好记忆。这样的教育才是真正的幸福教育！

第二，提升幸福感受能力。既要在平时所有教学中渗透幸福感受能力的培养，也可以开设幸福课，专门培养学生的幸福感受能力。例如，哈佛大学沙哈尔为学生简化出 10 条"幸福课"的要点：

1. 遵从你内心的热情。选择对你有意义并且能让你快乐的课，不要只是为了轻松地拿一个 A 而选课，或选你朋友上的课，或是选别人认为你应该上的课。

2. 多和朋友们在一起。不要被日常工作缠身，亲密的人际关系，是你幸福感的信号，最有可能为你带来幸福。

3. 学会失败。成功没有捷径，历史上有成就的人，总是敢于行动，也会经常失败。不要让对失败的恐惧，绊住你尝试新事物的脚步。

4. 接受自己全然为人。失望、烦乱、悲伤是人性的一部分。接纳这些，并把它们当成自然之事，允许自己偶尔的失落和伤感。然后问问自己，能做些什么来让自己感觉好过一点。

5. 简化生活。更多并不总代表更好，好事多了，也不一定有利。你选了太多的课吗？参加了太多的活动吗？应求精而不在多。

6. 有规律地锻炼。体育运动是你生活中最重要的事情之一。每周只要3次，每次只要30分钟，就能大大改善你的身心健康。

7. 睡眠。虽然有时"熬通宵"是不可避免的，但每天7到9小时的睡眠是一笔非常棒的投资。这样，在醒着的时候，你会更有效率、更有创造力，也会更开心。

8. 慷慨。现在，你的钱包里可能没有太多钱，你也没有太多时间。但这并不意味着你无法助人。"给予"和"接受"是一件事的两个面。当我们帮助别人时，我们也在帮助自己；当我们帮助自己时，也是在间接地帮助他人。

9. 勇敢。勇气并不是不恐惧，而是心怀恐惧，仍依然向前。

10. 表达感激。生活中，不要把你的家人、朋友、健康、教育等这一切当成理所当然的。它们都是你回味无穷的礼物。记录他人的点滴恩惠，始终保持感恩之心。每天或至少每周一次，请你把它们记下来。

第三，建构幸福式心智模式。Senge认为，"心智模式是一个深植于我们心灵之中，关于我们自己、别人、组织以及世界每一个层面的形象、假设和故事。就好像一块玻璃微妙地扭曲了我们的世界一样，心智模式决定了我们对世界的看法。"一个人的心智模式既反映他的过去，又决定他的未来。建构幸福式心智模式就是通过对心根价值体系、思维体系、内容体系等的优化和调节，帮助学生建构起易于发现、感受、深化幸福的心智结构。这样的思维结构具有对幸福感受的敏感性、开放性、建构性。台湾佛学大师星云在新近出版的《星云大师谈幸福》一书中告诉我们一个很有哲理的故事：有一位先生得到一盆怒放的牡丹花，他发现每朵花的边缘都参差不齐，心里便不高兴，觉得牡丹花象征富贵，现在这盆花边缘不齐，是不是表示富贵不圆满呢？这位先生的担心被朋友知道了，朋友便笑着安慰他：你也可以把这朵花解释成"富贵无边"啊！这位先生这才释怀。他释怀的过程就是改变心智模式的过程。

第二章

神与物游

『课』随心舞

——心根课堂的教学图景

心根者，心之根蒂，心之根基也。抓住心根，就抓住了人的精神实质。真正意义上的课堂必以心根为"基"、为"结"、为"的"，建基于心根之上。心根上的课堂到底是什么样的课堂？外散内聚、亲近和谐、满足需要、注意聚焦、实践体验、复杂充盈、积极生长、全息沟通、独一无二、太极境界是其基本特征。在课堂中，心可游万仞，情可溢寰宇，智可摘星辰，力可克千钧。纵横捭阖间，心根蔓延着，伸展着，发达着……

生命的原野与意义的溪流

——内聚外散的课堂

关于课堂,有形形色色的比喻。如果把课堂比作学生生命成长的原野,这个原野有边界吗?假如有,边界在哪里?致力于学生生命成长的课堂应该在哪里着力?着力处应该有怎样的原野风景?每位教师在走进神圣的课堂时,都应该思考这些本源性、根本性的问题。

课堂即"在场的世界"

法国作家兼导演弗朗索瓦·贝戈多曾花一年时间记录课堂生活,拍了一部影片,取名为《墙壁之间》。单从题目就可以看出,在一般人眼里,课堂就是学校一个很小的空间。真是这样吗?其实不然。课堂既是物质空间,又是精神空间;既是寄身空间,又是寄心空间。

从物质的角度看,互联网将小课堂与大世界连接到一起,只要教学需要,一切物质的世界都可以进入课堂。全球化和信息与通讯技术使这种"进入"成为可能,让我们的课堂成为"无边的世界"。而事实上,传统课堂的边界正在被消融。比如,北京大学正在尝试建立世界课堂。试想,在不远的将来,学生在北大"世界课堂"教学大楼里,上午8点钟的课与德国一流大学的最好学生一起上;10点是美国的;到了4点钟又与日本一流大学学生修共同的课程……这将是怎样一幅景象?就是在一般的中小学课堂,同样可以打破"四周墙壁"。一是在实际工作、生活场景中设置课堂，比如适逢日食、月食等特殊天象，某教师可将课堂移到室外，组织学生进行观测和分析。有学生在感想中写道："我看到了一个芝麻大小的球体，鹅黄色的，周围有一圈五彩缤纷的亮丽光环，工作人员告诉我，这就是土星……我还是第一次通过望远镜看天体，真是大开眼界，原来，地球之外的世界更精彩！"二是利用信息技术将所需要的"世界"介入课程之中。比如，某教师在数学练习课中创设了"学校组织秋游活动"的情境，旅游的目的地可以在黄山、苏州、青岛三个城市中任选一个。学生立即上网，了解三个城市旅游的相关资料，设计三条旅游线路的方案，并上网了解交通费用、旅游景区门票费等，进行经费预算。再从中选定一条线路，请几家旅行社报价，并逐一谈判，选择最适合的旅行社承担本次秋游活动。这堂课，城市、景区、交通等一一"进入"课堂，课堂因此而焕发出勃勃生机。

从精神的角度看，课堂中的神游是无边无际的，一切精神的世界都可以进入课堂。如果将课堂局限在学校一个小小的角落，课堂就只有"巴掌大"；如果将课堂局限在世界的一个小小的节点，课堂就只是一个"局域网"；只有将课堂当作整个世界，我们的教学才能游刃有余，绽放出绚烂的花朵。在这个意义上说，课堂就是"世界"，是"在场的世界"，其教学并不是"螺蛳壳里做道场"，而有广阔无际的空间。当然，"世界"是根据教学需要而进入课堂的。

"在场"就是直接呈现在面前的事物，就是"面向事物本身"，就是经验的直接性、无遮蔽性和敞开性。"世界"怎样才能在课堂中"在场"呢？其方式有很多，既可以通过视频实时在线，也可以通过网络历时传输；既可以画面式出场，也可以文字式出场，还可以模拟式出场，就像京剧一样，"两三步就是万水千山，五六人便是十万大军"。世界"在场"的内容因需要而定。如果说课堂有边界的话，那么这个边界就是课堂教学需要，而不是"四周的墙壁"。

心根即"课堂之结"

《景德传灯录》中有这么一则故事：一天，马祖正专心坐禅，师傅怀让见状暗自好笑，明知故问道："你坐禅为的是什么?"马祖回答说："为的是'作佛'。"怀让于是捡起一块砖随地磨了起来，闹得马祖心烦，问："师傅是在做什么?"师傅答道："磨作镜。"马祖纳闷："砖头怎么能够磨成镜子呢?"师傅反问道："坐禅岂能坐成佛呢?"马祖不能理解。师傅怀让进一步解释道："就像牛拉车一样，它如果不走，你是打车，还是打牛呢?"马祖无言以对。师傅又说："你学坐禅是为了成佛。可否知道成佛是靠心悟，而根本不是靠坐出来的。"这个故事告诉我们，心是一切经验的基础，修身的根本在于修心。

教育是教人求真、求善、求美的事业，最本质的问题就是解决人的心灵问题。据《说文解字》的解释，"教，上所施，下所效也；育，养子使之为善也。"也就是说，从本源上说，教育就是用心灵去感应、孕育、温暖另外一颗心灵，让孩子的心灵充满温暖与阳光。爱迪生认为，教育之于心灵，犹雕刻之于大理石。罗素认为，"一切学科本质上应该从心智启迪时开始。"苏霍姆林斯基认为，"教育就是心灵对心灵的感受，心灵对心灵的理解，心灵对心灵的耕耘，心灵对心灵的创造。"由此可见，课堂在深层次上应该聚焦心灵，心根是"课堂之结"。有这样一个教学故事：

"今天上作文课。"我一宣布，一些孩子就流露出惧怕的神情。

"别担心，我会帮助你们。"我投影出一首诗，配上舒缓的音乐，"大家念念。"

"花朵把春天的门推开了/绿荫把夏天的门推开了/果实把秋天的门推开了/风雪把冬天的门推开了——"顿时，悦耳的童声回荡在教室里。

"老师，我也有一句：桃花把春天的门推开了/荷花把夏天的门推开了/黄菊把秋天的门推开了/腊梅把冬天的门推开了——"

"老师，我也有：红花把春天的门推开了/绿树把夏天的门推开了——"

"老师，我——"

孩子们七嘴八舌，兴趣盎然，诗兴大发。突然，我注意到平时最不爱发言的钱冰倩嘴角动了动。"钱冰倩，你想说什么?"

"我想说：灾难把母爱的门推开了/母爱把希望的门推开了——"

"好啊!"我赞许道，孩子们都期待地看着我。我说："钱冰倩体会深，她受过伤，如果不是她妈妈，她就不会这么安然地坐在教室里了。她有一位好妈妈！"

"老师，我也有体会：母爱把成功的门推开了——"一个孩子说。

"老师，母爱把人生的门推开了——"另一个孩子说。

……

"老师，今天的作文题目是什么？"一个孩子问道。

我拿起粉笔，在黑板上端端正正写下几个大字：写给母亲的诗。

害怕作文是不少孩子在学习写作过程中出现的心理状态，久而久之便成为其心根的一部分。这堂课，教师抓住孩子的这种心理，从轻松愉快的诗歌欣赏入手，激发孩子的积极心理状态，继而打开了孩子快乐作文的大门。这样的教学就是建立在"课堂之结"上的教学。

教学即"心根与世界的对话"

雅斯贝尔斯有一句名言："真正的教育是一棵树摇动另一棵树，一朵云推动另一朵云，一个灵魂唤醒另一个灵魂。"这里的"摇动""推动"和"唤醒"就是心灵与自然、社会和心灵的对话。说到底，教学即对话，在深层次上即为"心根与世界的对话"。之所以说是"心根与世界的对话"，而不说"心灵与世界的对话"，意味着教学要触动心灵深处的观念、结构、方式和特性等"原点性的东西"，而不是简单地停留在心灵的知道、感受和想法等层面上。池田大作认为，"有原点，心就不会动摇。无论发生什么，只要返回原点，就会涌起新的力量。具有原点就不会走投无路。"心根就是教学需要抵达的"原点"。真正深刻的教学必然在心根与世界之间展开对话。

第一，观念性对话。观念是思维的基石，行动的依据。没有观念的对话与交锋，就没有思想的进步、心根的成长。因此，教学需将"世界"引入课堂，触动学生已有观念，继而形成更新的、更好的观念系统。有这样一个教学故事：

某教师教学《灰雀》时，一位学生站起来说："列宁明知道是小男孩捉的小鸟，却不直接指出他的错误，我觉得列宁做事不爽快，不光明磊落。"那义正词严的样子把全班同学都给镇住了，大家面面相觑。见此情景，执教教师顺势投下一粒石子，"请再读读课文，小组内讨论下，你认为他的观点对吗？"一石激起千层浪，小组内展开了激烈地讨论。讨论结束，一位同学发表了意见，"我不同意他的说法。记得二年级学过《诚实的孩子》，讲的是列宁小时候的事，他也做过错事，因此他了解小孩子的心理。"紧接着，一位同学补充道："姑妈给了列宁改正的机会，现在，列宁同样给小孩子一个机会，这样做维护了小男孩儿的自尊心，可见，列宁是个机智细心的人。"哗……教室里响起了掌声。

在这个教学故事中，学生通过质疑暴露出了自己内心真实的观念，即"光明磊落就是要直接指出问题"。这个观念显然是不妥帖的。而通过教学对话，在激烈的观念交锋中，每个孩子都受到了洗礼，达成了新的共识，即"光明磊落也可以间接指出，往往这样更能体现人的机智心细"，形成了更为正确的观念。

第二，知识性对话。心根不是虚无的，也不是没有内容的形式框架，个体知识是心根的重要组成部分。心根与世界的对话，其实质就是以知识为中介的对话，最终结果是将世界知识内化成学生的个体知识。因此，教学要尽最大可能调动学生已有知识储备参与到对话中来。有这样一个教学片段：

师：看来你对李白很欣赏啊。能说说你对"天生我材必有用"的理解吗？

生：我觉得这句"天生我材必有用"，表达的是李白的一种极端的自信。他从二十五岁时出川到长安，至最后被赐金放还，虽然仕途没能成功，但诗歌成就却登峰造极。所以，这句话在我看来，就是在用一种潇洒的姿态告诉世人，我李白尽管做不成大官，但我可以做最优秀的诗人，我的才干，是不会被埋没的。老天让我李白诞生到这个世界，就会为我提供一个展示才能的舞台的。

这个发言，激起了一阵掌声。

师：从你的发言中，我能够感受到你的优秀。能不能给大家说说，你为什么会回答得这么好啊（一阵哄笑，善意的）。

生：我对李白比较欣赏，看过一些专门研究李白的文章。如果我的发言能给大家一点启发的话，那功劳应该归于阅读。

师：阅读让你受益，相信阅读也会让所有人受益的。对这个句子，有没有不同的理解？

生：我对这个句子的理解，和刚才发言的同学不一样。我认为，这个句子实际上只是一种牢骚怪话而已。

师：此话怎讲？

生：想想看，李白出川的目的，其实就是为了走上仕途。所以，长安城中被提拔为供奉翰林后，李白是很高兴的。但因为性格的原因，最终被罢了官。我想，对于这次被赐金放还，李白的心灵深处是十分怨愤的。这从他的《梦游天姥吟留别》的主旨句可以看出来。"安能摧眉折腰事权贵，使我不得开心颜"，又何尝不可以理解为一种官场失意后的阿Q精神。同样，这句"天生我材必有用"，依旧不过是阿Q式的牢骚。要说不同，仅仅是因为李白有真才实学而已。

师：你这可以概括为"牢骚说"，而刚才那同学的是"自信说"，不知道还有没有其他的"说"？

生：我不同意刚才的这"牢骚说"。从资料上看，这首诗的创作，比《梦游天姥吟留别》迟了七年。七年时光，李白在游历山水中不断充实着自我，实现着自我。我认为，李白说这句话时，心中应该是充满了自豪的。他是用这句话向皇帝、向权贵宣布，我李白不但没有被罢官打倒，反而是活出了精彩。

师：你这可以概括成什么"说"？

生：非要概括的话，我想应该是"宣言说"。用这句话宣告世人，有得必有失，有失才有得！

像这样，学生充分调动与"天生我材必有用"有关的知识储备，世界应需"出场"，个体知识尽可能参与，提出了"牢骚说""自信说""宣言说"等说法，不失为有深度的教学。

第三，结构性对话。世界万事万物之所以有区别，可能是物质元素的不一样，但更重要的是元素组成的结构不一样。同样，每一个人的心根不一样，除了知识、感质不一样外，更重要的是思考、运作的结构、规则不一样。心根与世界的对话，可以是结构层面的对话，换一句话说，可以是思维方式、结构，以及组合关系层面的对话。这样的对话，可以帮助学生优化心根的运作方式。在《圆的认识》教学中，师生展开了这样的对话：

师：这张圆形纸片的圆心没有标出来，你能找到吗？

生1：对折，再对折，交叉点就是圆心。

师：方法不错！黑板上这个圆的圆心也没有标出来，谁来对折？

（大部分学生笑，折不起来。）

师：那怎么办？

生2：用直尺在圆内找到最长的线段——直径，它们的交点就是圆心。

（马上有学生提出来，怎么找到最长的线段）

生2：把直尺的零刻度对准圆上的一个点，另一端在圆上移动，最长的线段就是直径。

师：找到了一条直径，还需要找第二条吗？

生3：只要找到这条直径的中心就行了。

师：还有不同的方法吗？

生4：在圆的四周紧紧围绕一个正方形，再找到四条边的中心点，连起来，相交的点就是圆心。

师：画出一个正方形，你一定要找到四条边的中心，才能找到圆心吗？

生5：不用的，连接正方形的两条对角线，交叉点就是圆心。

师：如果擦掉一条线呢？

生6：找到剩下一条的中心就是圆心。

师：再擦掉一条呢？

生7：把圆和正方形碰到的两个点连起来就是直径，直径的中心就是圆心。

……

对话是真理的敞亮和思想本身的实践。这个教学片段，师生围绕"找圆心"展开了对话。心灵的沟通、思想的碰撞，流淌在师生之间的意义溪流，渗透在学生的心根下，浇灌着他们的心灵。

像 雾像雨又像风
——复杂充盈的课堂

  课堂是由人来组织、生成、建构和推进的。人是课堂的核心要素。人心灵的复杂性、鲜活性和充盈性，决定了建基于心根之上的课堂是一个复杂的系统，像雾像雨又像风，诗意盎然，无限丰富。然而现实中的课堂往往单调枯燥，缺乏生机，令人窒息。究其原因是多方面的，有的归因于教材的死板无味，有的归因于教师的能力欠缺，有的归因于学生的头脑不够灵活，等等。但根本点在于流于表面，缺乏复杂性思维，忽视对心灵和课堂复杂性和非线性的认识。这需要我们有新的课堂思维。

目标、愿景与测不准

  一谈到课堂教学，人们往往首先会想到教学目标。的确，没有目标的教学，将不能称其为教学，因为教学是有目的的活动。但就课堂而言，理性的、条分缕析的、看似具体明确的目标往往会让教师把课堂设计成功利的、线性的、缺乏活力的课堂。也许这有点相悖，但事实的确如此。其原因在于：一是教学活动和生物世界的一切活动一样，具有测不准的特点，如果硬要将测不准的教学活动目标定得"实实在在"，可以量化，就框定了教学活动本身，让本可以鲜活的教学活动变得死气沉沉。过去，有些地区搞目标教学，就出现过越搞越缺乏灵气和活力的现象，原因就在于此；二是教学不是不要目标，但教学目标毕竟是理性的产物，剔除了许多鲜活的东西。作为教师，应该根据教学目标，构想出具体的教学愿景，并为之奋斗。但实际教学中，大多省略了这个从理性目标到具体愿景的构思过程。

何谓教学愿景？就是教师对预期教学状态和效果的一种形象化的蓝图。就好像绘画一样，先胸中有整个图画的整体形象，即"胸有成竹"。这个"图画"和"竹"，比照在课堂教学中就是愿景。教学愿景具有这样几个特征：一是图景化。教学愿景，"愿"，愿望，含有目标之意；"景"，景象，含有具体情景的意思。由此可见，教学愿景是一种形象化的教学目标，对教学愿景的描述应该是图景似的，而不是抽象的语言表述。它更多的存在于教师的头脑中，是教师在上课前对整个课堂教学的图景似的预想。二是复杂化。教学愿景是针对具体的教学场景、教学对象、教学具体条件等进行的目标设计，它涵盖了具体教学系统的多种因素，具有复杂性。从这个角度说，教学愿景所展现的"图景"，比教学目标更具体，更丰富。三是个性化。教学愿景是教师的教育理想与具体的教学任务结合起来生成出来的形象化目标，它是教师的教育理想转化为教学行为的中介。由于不同的教师有不同的教育理想、不同的处理教材和目标的方式，其教学愿景具有不同的个性，严格地说，没有绝对相同的教学愿景。正是因为每个教师的教学愿景不相同，天下的课堂才各有各的精彩。四是动态化。教学愿景不是僵化的，它是随着教师对教学目标、教材、学生、场景、条件等多方面信息的把握程度的变化而变化的。因此，教学愿景会根据教师的体验、认识和整个教学系统的变化而发生改变，有时甚至是很大程度的改变。

如何设计教学愿景呢？首先，要全面了解将要开展教学的整个系统，包括教材、学生、场景等，这是进行教学愿景设计最重要的基础性工作，不能马虎。其次，根据课标精神，结合具体的教学内容，拟出某节课的教学目标，这是从理性上去分析一节课的"标的"。接着，根据自己的教学理想和目标追求，以及对具体教学场景、对象、条件的了解，在头脑里"画"出教学愿景。这里之所以用"画"来表述，就是想说，设计教学愿景的过程是一种较高层次的形象思维，是对即将实施的教学的一种"电影式"的预想。最后，结合教学设计对教学愿景进行丰富、完善和补充。

混沌、网络与去中心

过去，我们一直认为好课至少是条理清楚的，即一堂课应该有环环相扣的环节设计，并且有一根主线来贯穿，要做到"滴水不漏"。全班就好像一个超人一样，同步思维，同向思维，甚至是同一思维，要是有不符合大众的思维速度、方向和路径，教师则要"主导"，削足适履，把不同的声音统一起来。殊不知，课堂是师生生命与心灵绽放的地方，由于生命与心灵存在的复杂性、丰富性和多变性，建基于心根上的课堂应该是充满偶然、充满灵气的。从这个角度来说，课堂应该是"混沌"的。人为地把课堂的复杂、随机和偶然形态剥去，只能让课堂变得没有生趣和活力。正如我国古代作品《黄帝》中所说，"混沌一，有七窍焉，一日凿一眼，七日死。"也就是说，混沌本来是一个整体，虽然它有七窍，但是是不可分的，如果硬要把它分开，它就不复存在了。

但是，课堂有其"混沌"状态，不等于混乱。从整体课堂形态上看，它应该是一个网络，有其内在的联系和结构。我们所说的"混沌"指的是在这个网络框架下的丰富性和复杂性。由此，我们可以这样认为，富有生命活力的课具有网络似的结构和混沌似的"血肉"，在这个系统中，没有固定的中心，可以说，人人都是课堂的中心，而人人又都只是网络上的一个连接点。在这个意义上，课堂应该是一个"去中心"的系统。这样来认识课堂，我们至少可以得出几点启示：

第一，偶然的、随机的"课堂发生"是课堂教学的有用资源和充满灵气的部分，教师要予以认可和充分利用。过去，我们在备课时总是尽可能推想课堂上会发生什么，这本没有错，但是在课堂实施中，总是千方百计阻止自己没有预想的偶然性、随机性的事件发生，以保证自己的课堂不出意外，这就让课堂变成了"拍电影"的现场，一切台词都是事先设定的，一切线索都是事先内定了的，缺乏生命的活力。其实，随机、偶然的"课堂发生"，是让课堂充满魅力和挑战的重要教学资源，也是教学时时处处为学生服务宗旨所必须面对的。比如，课堂中，学生突然提出某个问题，或为老师的某句话起哄，或表现出始料未及的木然，等等，都是很好的教学资源，教师要及时分析原因，做出判断，发现其中的教育价值，并做出相应的处理。例如，一位教师在教学《画家和牧童》时，有学生提出："牧童说'画错了！画错了！'的声音像炸雷一样"，这个比喻不好，让人感觉牧童没有礼貌。执教老师很有眼力，马上发现这个说法中蕴藏的教育价值，当即让学生讨论：这个比喻是否用得恰当？结果学生中有两种意见，一种认为用得巧妙，因为戴嵩是大画家，而一个牧童敢于说他画错了，这声音是胆大的；戴嵩自由挥洒画就的画，围观的人纷纷夸赞，而牧童却说他画错了，这声音是不同寻常的，而课文中说牧童的声音像炸雷一样就能充分地表达这个意思。另一种认为课文中的牧童既然"挤进去"了，不用大声喊，周围的人也能听见，何况这样显得没有礼貌。针对这两种意见，教师组织学生当场辩论，通过辩论，学生明白了作者的匠心，以及课文中叙述不太严密的地方，从而使课堂焕发出勃勃生机。

第二，由于心灵与生命的复杂性和丰富性，课堂教学不应该是呈线性展开的，而应是按非线性的方式推进的，因此，在设计课堂教学时环节不宜过多、步子不宜太死，而应该采取大环节、大空间与课堂相机生成的设计策略。这样，教师和学生就不会被事先设定的过细教学环节捆住手脚，有自由发挥的空间。采取这种策略进行课堂教学要注意三点：一是教师要不断培养自己的教学调控能力，能针对学生课堂生成出来的东西进行简洁而有效的指导。二是教师所设计的每一个大的环节，学生要有足够的空间去学习。如教学《军神》，如果这样来设计学生探讨的问题："军神是谁？课文写了哪些事情来写军神？你想对军神说些什么？"学生探索的空间就小。如果换一种方式，先让学生谈谈对"神"和"军神"的理解，再提出问题：军神刘伯承有什么与众不同？启发学生去读书研讨，其回答的空间就大，也能把学生的视线引向课文中。三是教师要全面收集和了解学生学习的信息，并从中去寻找把学生思维和情感引向深入的点，再予以指导，避免整个课堂被大量无关的信息所充斥，失去控制，高耗低效。

第三，在课堂组织上，要避免"一中心"，主张"多中心"或"去中心"。所谓"一中心"，在这里指的是以教师、某一个或几个学生为课堂教学的中心，这样的课堂是少数人的课堂，与我们的"全体学生得到全面发展"

的理念是格格不入的。在课堂中主张"多中心"或"去中心"，就是要让每个学生参与到课堂学习中来。要做到这一点，尤其要强调的是课堂中的平等对话和生生互动。教师要改变以传道者的姿态面对学生，切忌"话语霸权"，学会倾听学生的发言，给学生充分展示的机会，尤其是要让学生与学生之间互动起来。这样就可以避免"一中心，多陪客"的课堂教学局面了。

丰富、生成与回归源

建基于心根的课堂应是丰富的，需要在具体时空中去生成，而不是事先定格。课堂的丰富来自哪里？一是来自自由的学习空间。因为只有学生有较大的自由度，他们才能自由发挥，其内在的潜力与活力才能展现出来。比如学《景阳冈》一文，如果让学生为武松写一段应聘广告，就比让他们说说武松是怎样的一个人有发挥的空间，学生写出来的东西可能更加丰富多彩。二是来自课程资源的丰富与整合。就课本教课本的方式只能把课堂限制在狭小的文本之中，而现代课程论认为，教材只是教学的基本材料之一，不是教学的全部凭借。从更广泛的角度说，世界上的一切，现实的、历史的、虚拟的，都可以作为学生学习和研讨的内容，只是我们要根据学生的年龄特点和教学的重点进行选择和取舍而已。新课程强调教学与个人体验和生活的联系，其道理正在于此。三是来自重过程的教学思路。如果我们把教学的重点放在得出结论和掌握结论上，我们的教学必然简单、单调。相反，如果我们把让学生经历过程作为重点，那么，其思路必然是多样的，丰富的，其中充满偶然、随机和多元联结。四是来自开放的学习形式。尽管形式是为内容服务的，但形式的闭锁也会让内容僵死和受到某种形式的禁锢。用开放的形式开启学生的心智，课堂必然焕发生命的光彩。比如，教学一篇课文，让学生自己提出问题就比单单由老师来问学生来答的形式更具开放性，其研究的问题就更丰富。

丰富的课堂除了有一个开放的、全息的设计外，还需要在课堂中去生成。如何去生成？一是教师要抓住具有教育价值的点去引导。学生所提及的与本学科或本节课的教学重点、难点和关节点有关的内容，教师要帮助学生凸现问题，拓展思路，指引探讨的方向，启发学生深入地去研究。二是要把这些具有教育价值的点与本节课的教学设计结合起来，对事前设计的教学环节或教学手段等做最优化调整，让这些随机生成出的点成为整个教学网络体系中的一个诱发点，牵引着学生达成学习目标。比如，一位教师在教学生生字时，有位学生是这样来识记"父"字的：上面是父亲的眼睛，下面是父亲的胡子。执教的老师以此为契机，启发学生用这种方法识记其他的生字，学生很快就把生字记住了。三是学习过程的推进，由学生在学习中自觉地生成，尽量减少人为地"拉扯"，硬性推进，甚至不顾学生学习的情况，为完成教学任务而不断地引出教学环节。这就要求教师充分熟悉教材，充分了解相关内容的背景资料，能准确判断学生的关注点在整个教学网络的哪个点上，然后才能相机引导和点拨。

但必须注意的是，教学毕竟是有目的的活动。课堂中的丰富与生成都不能脱离教学目的和教学愿景。那种任其发展的丰富与生成，无疑不能算真正的教学。因此，在开放与生成课堂时要回归，回归到学生学习的目标上来。归根到底，要回归到学生的可持续发展上来。学生最大限度地健康发展就是我们教学的回归源。因此，在判断课堂的丰富与生成是否有意义或价值时，要从是否促进学生发展的高度来认识。从这个角度来认识，我们就可以发现，即使就某节课的目标来说，我们在课堂中的生成与此关系不大，但在学生整个人生的发展上起作用的生成性教学，也是可以允许存在的，而不是机械地就某节课单一的目标来判断一节课。所以，可以这样说，没有完成本节课教学目标的课不一定不是好课。

交往、默会与认知树

如果从学生学习的维度上来看，他们的整个学习活动就是一次次交往，与文本、与同学、与教师、与现实中的其他人和事交往。在这个交往过程中，只要学生身心投入了，他们就都可以从中去体验、去发现、去判断、去认识。也许这些交往活动并没有给学生带来多少知识上的增长，但只要学生经历了，就会有自己的体验。这就涉及学习的默会性问题。对一个个体来说，人的学习，除了建构起自己的知识结构，或形象地说叫知识树外，还有许多东西是我们无法用语言表述的，即默会的部分。如果要把人的经验世界比作一座冰山的话，认知部分仅是冰山露出水面的部分，大部分隐藏在水下的是默会部分。因此，我们在看待学生在课堂上是否有收获时，不要只看学生掌握了多少显性知识，还要看学生是否在学习中体验了，是否经历了情感的波折，是否有新的触动，等等。认识到这一点，我们在思考课堂教学时，就会从根本上发生变化。

第一，课堂实施将更多地关注学生学习的真实情况。教师的注意力将从关注自己的教学设计是否完成转到关注学生学习的实际情况，从学生的语言、表情、动作中去捕捉他们的学习信息，并根据对学生的观察了解，及时给学生以帮助、支持和鼓励。也只有这样，我们才能面对真实的课堂，不被虚幻的这样或那样的理论所迷惑，而"做课"。一心一意关注学生的真实学习，给以真实有效的帮助。也只有这样，学生才能真正地受益，我们的课堂教学研究才有意义，才能有实质性的进展。

第二，课堂上的学习评价将转移到对学生学习过程的关注上来，看学生在学习中的真实变化，而不是用外在的标准来框来套。这样的评价将渗透到学生学习的全过程，重点是促进学生发展。它可以是对学生学习方式、学习体验的认可，可以是对学生学习情感或发现问题的鼓励，也可以是对学生思维的牵引和推进，还可以是对学生受挫时的安慰，等等。此外，我们对教师课堂教学的评价也会放下既定的标准，根据实际课堂中学生学习的情况，以及教师指导的情况给予建设性的评价。

只 有口渴的人才用力掘井
——满足需要的课堂

人不光有生存、运动的需要，还有发展的需要。发展的需要包括学习需要、创造需要和自我组织需要。朝鲜有一句谚语，"只有口渴的人才用力掘井"。学生发展的需要是课堂教学的基石。教师应该了解、激活、创造学生发展的需要。曾听人讲：胡杨树在成长的过程中，如果频繁地浇水施肥，它的根就不会往泥土里扎，只会扎在浅表处。如果适当地控制施肥浇水，胡杨树的根就会拼命向下扎，恨不得穿过沙土层，扎进地下泉源中。这无疑是园丁了解和诱导需要的很好例子。掌握学生发展需要的规律是教师必须要做的基础性工作。据一次语文课堂学习调查发现，在新课程背景下学生有许许多多不同寻常的发展需要，这为我们建构心根课堂提供了现实依据。

让我按我的需要来学

当今学生，希望在课堂学习中得到充分尊重，在调查中，有31.2％的学生希望课堂完全按自己的要求来独立学习，有56.4％的学生希望在老师指导下自学。"让我按我的需要来学"已成为大多数学生的心声。比如某教师教《一件运动衫》，教师让学生读了题目后，说说想知道什么，学生积极性很高，一下子提了六个颇有价值的问题：课文会写什么事？这件运动衫是什么样子的？为什么课文要写这件运动衫是谁的？怎么得到的？题目为什么叫

"一件运动衫"？这堂课，教师正是围绕这些由学生提出来的问题来指导学生学习的。一位学生在调查问卷上写道："我们对什么感兴趣，想知道什么，老师就引导我们探讨什么，学习起来觉得很有意思。"但是，按学生需要来组织课堂学习，并不是放任自流，也不是不需要对学生提出明确的学习要求，只不过，要注意把这种要求转化为学生的内在需要。

让学生们按他们的需要来学，还表现在给他们应有的自主权和选择权。请看一个教学片段：

师：你对哪一方面的内容感兴趣？

学生A：我对鲸捕食感兴趣，因为我想知道这么大的鲸吃什么，怎么吃。

学生B：我对鲸的睡觉感兴趣，想知道它怎么睡觉。

学生C：我对鲸的生长感兴趣。

学生D：我对鲸的呼吸感兴趣。

师：好，每一个方面都有同学感兴趣。那我们就按兴趣的不同来自由组合成学习小组来学习。

这个教学片段中，教师让学生自由选择学习段落，满足不同学生的学习需要。不少学生在调查问卷中写出类似于这样的话："选择自己感兴趣的内容来学习，学起来很轻松，几个同学在一起针对共同感兴趣的问题讨论，很带劲！"

让我用我的方式成功

学习是有目的、有意识的活动，要达到预期的目的或收到预想不到的效果，其方式和途径并非"自古华山一条道"，而是"条条大路通罗马"。在调查中，有92.7%的学生希望按自己喜欢的方式来学习，套用一位著名汽车推销员的话说，就是"让我用我的方式成功"。有个学生在问卷调查时写下的一段话，充分论证了学生希望用自己的方式成功，也能用自己的方式成功。他说："这节课给我印象最深的是，老师不是用一种方式让我们来读课文，而是让我选择自己喜欢的方式来学习。我喜欢画画，一边读一边画，不一会儿便把鲸的呼吸和睡觉给画了下来。我的同桌忍不住抢过去欣赏，还不时向我投来羡慕的目光呢!"其实,学生学习的方式很多,譬如查阅资料,丰富理解;提出问题,互相讨论;沉思默想,学而识之。只要他们觉得实用可行,都应鼓励。

让我有空间自由

调查发现,教师给予学生们自主学习的空间越大,他们越学得兴趣盎然,有98.6％的学生表示对课堂学习中的"演一演""赛一赛""猜一猜""辩一辩"等形式留下了深刻的印象,进一步追问其原因,他们大多表示,这些形式能让他们自由发挥,有吸引力。比如,一位教师教《一件运动衫》,出示了以下四个思考题,供学生选择解决,并提出第三、四题较难。(1)你喜欢文中的哪些语句?为什么?(2)读课文的时候,你料到故事的结局了吗?你怎么想?(3)从"我"的运动衫"得——失——得"的过程中你体会到了什么?(4)文章用大量的笔墨写了"我"对运动衫的喜爱和买的过程,这样写有什么好处?在课堂上,我们明显地感觉到,学生偏偏挑最难的问题来回答,并且相互间暗暗竞争,一个比一个说得好。学习需要空间,既然是空间,就有它的界限和维度。空间小了,不利于学生发挥;但空间太大,让学生不可捉摸,也不利于学生学习。只有建构适度的学习空间,才有利于学生自由发挥。

让我带着问题上路

调查发现,98.8％的学生有提问题的欲望,51.4％的学生主动争取提出了问题,32.1％的学生想提问题但没有机会,还有26.8％的学生在上完课后有问题提出来。可见,大多数学生是希望"让我带着新问题上路"的。从问题中来到问题中去;带着问题进课堂,带着问题出课堂,应该成为学生课堂学习的一种时尚。教师教学民主,平时善于启发诱导,学生们提出的问题就有价值,否则,问题仅限于文章的字词、公式和定理本身。比如,一位教师教《三峡之秋》,有个学生提问:"课文为什么在最后一段才说'这一天是中秋'?"这个问题颇有价值。一是它涉及文章内容,文章按早、中、晚的顺序

来写三峡之秋，最后一部分写月上中天，接着写"这一天正是中秋"，衔接紧密；二是它涉及文章结构，文章开头写"三峡已是深秋了"，最末写"这一天正是中秋"，前后照应，浑然一体；三是它涉及文章的主题，作者写三峡之秋，意在赞美三峡，而中秋佳节，正让人联想到团圆，联想到中华民族的"千里共婵娟"的美好意境，所以"这一天正是中秋"具有隐射主题，开拓文境的作用。

让我享受学习的快乐

学习，不仅仅在于获取知识，形成技能，它也是一种生活。对学生来说，是主要的生活方式之一。因此，研究学生们的课堂学习，我们不仅仅要把目光指向学生们的未来，也要关注他们的生活现状。在调查中，我们发现，100％的学生渴望在课堂学习中享受到快乐，但真正享受到快乐的平均只有57.6％。有的课没有几个学生感到快乐，有的只是无奈、无聊。学生在课堂中享受快乐主要有三个层次：一是搞笑层次，只是形式上的说笑，没有让学生真正体会到学习的快乐；二是浅尝层次，学生们享受到了学习的快乐，但仅停留在表层；三是实质层次，学生深入到学习内容的宏大世界中，真正体会到了学习的乐趣。据调查，在现实中大约15％的课堂达到了第三个层次。请看一个教学片段：

师：读了这篇课文《观潮》，请展开想象，你准备什么时候去实地看一看？

生：我准备暑假和爸爸一起去，乘船在钱塘江上游览，并拍一部MV。要是我今后成了明星，这可值钱啦！

师：即使进博物馆也很有价值！（众笑）

生：我会自己开着一辆豪华的红色奔驰去，并带上漂亮的歌星女友，一边赏潮，一边听歌。

师：你真行哇！成了歌星的老公。不过，钱从哪里来？

生：劳动致富！劳动致富！（众笑）

师：好。既然大家有这么多美好的想法，请写下来，作为今后的见证。（生作文）

从这里，我们可以看出，学生既有平民化的梦想，又有伟人般的梦想，其创造是与梦想联系在一起的，真正享受到了学习的乐趣，其享受就表现在这些创意中。

让我被一份真情感动

有一部电视剧叫《渴望激情》，其实，岂止成人渴望激情，学生们也希望拥有一份真情，一份感动。有96.6％的学生表示有"让我被一份真情感动"的愿望。调查问卷中，有这样一个问题："这节课有给你留下深刻印象的地方吗？如有，是什么？"现摘录几位学生在学习了《一件运动衫》后的答卷：

有。那就是文中的一句话，"售货员没说什么，她拿来一双长腰袜，放进鞋盒里。"因为关于售货员，作者所用笔墨并不多，但是我们也可以体会她那颗善良的心。当她知道"我"的用意后，不仅没有拒绝用"我"的运动衫作抵押，而且还送给可怜的康威老先生一双袜子，多么令人感动啊。

有。当我读到康威老先生用心爱的小狗为小男孩换来那件红色运动衫时，我感动得流下了眼泪。

这些话语，充分表现了学生们在被感动之后所领悟到的人生哲理，其智慧的光芒异常耀眼。

让我能积极影响他人

从每个学生的心理来看，都希望成为课堂学习中重要的角色，甚至能对同学和老师产生积极的影响。调查发现，有89.6％的学生很在乎在课堂学习中解答了同学提出的问题，为自己能指出老师的疏漏而感到高兴。有45.8％的学生有强烈的愿望当"小老师"，并且在低年级表现得尤为突出。比如，有位教师教《做风车的故事》，让学生事先查找有关资料，在课堂中当"小老师"，上台"讲课"，不少学生准备充分，不仅讲得头头是道，还通过投影、实物展示和表演等多种形式，向同伴讲述了解到的有关牛顿的故事。还有一位被同学和老师称为"小博士"的女学生愿意"答记者问"。通过这些互相影响的学习形式，课堂焕发了应有的生命活力。

让我成为一位探索者

探索未知是人类的天性，学生们尤其具有这样的秉性。调查中，愿意对未知的问题探究的占 94.2％，在课堂上，实质上进行过探索的学生约占 68.4％，很显然，这与教师的课堂调控有关。只要教师引导得当，学生们就会乐此不疲地去探究未知的问题。

让学生成为探究者，特别要注意四点：一是帮助学生选好探究的题目，防止成人化倾向；二是注意教给学生探究的方法，防止放任自流的倾向；三是重视让学生体验探究的过程，防止单纯以结论来评定的倾向；四是拓展学生探索的空间，防止以查找文献代替探究的倾向。只要注意这些，学生们的探究就是有收获的。从开展这项实验的班级来看，98.8％的学生觉得成为一位探究者"很有意思""也有收获"。

让我有好的课堂秩序

调查问卷有一个开放性的问题："你对你班这节课的学习情况如何评价？"85.6％的学生从课堂秩序的角度给予了评价。从学生们的"无忌童言"中，我们可以看出，学生们渴望有一个良好的课堂秩序，以利于有条不紊地展开学习。这种秩序不是机械呆板的教条，而是在民主、和谐、融洽的氛围中形成的条理。

让我获得最好的支持

学生们的课堂学习需不需要教师的支持？在这一点上，100％的学生说需要，但在"教师讲的时间是否适宜"一项上，有 36.8％的学生认为偏多。通过进一步了解，才知道，他们希望教师不要犯重复啰嗦的毛病，只在关键处予以指导就行了。在调查中，学生们对类似下面的教学片段给予了高度评价：

生：我画的写鲸睡觉这部分。（投影出示所画的画）

师：看了他的画，你们有别的意见吗？（生暗暗思索，无人应答。）

师：我来读课文，你们再来画一画。

（生听、画）

师：请一位同学展开所画的内容。你为什么这样画？

生：因为鲸睡觉是围成一圈，头朝里，尾朝外。

师：其他同学还有疑问吗？

生：为什么鲸睡觉要头朝里，尾朝外呢？

生：当他们遇到"敌人"时，便于四散逃开。

在这个教学片段中，教师在学生错误和疑难处给予了点拨，让学生们豁然开朗，那位画错了的学生反思道："看来，读文章不抓词句不行，不然，会闹笑话的。""让我获得最好的支持"，这就是学生们的呼唤。

学生对课堂学习的需要也是在不断变化的，会随着知识的丰富、能力的形成、心理的成熟而不断产生新的需求。因此，教师要时时研究学生，研究学生的学习需求，不断提高教学水平。

是非不亲亲，笑语何落落
——亲近和谐的课堂

　　课堂教学是"浇灌"学生心根的活动。人意识的感受性、能动性决定了亲近是成功课堂教学的前提和基础。宋代梅尧臣《饮韩仲文家》有这样的诗句："是非不亲亲，笑语何落落。"只有让课堂成为有亲近感、亲和力和亲善度的对话交往场所，教与学才是愉悦的、和谐的、有效的。

生命亲在，心心相随

　　"亲在"就是一定时间范围内的真实地实在或存在的意思。课堂教学是心灵与心灵沟通、灵魂与灵魂交流的活动，师生生命的亲在是必要条件。换一句直白的话说，课堂应该是师生全部生命能量的投入，任何"心不在焉"、生命能量"幻灭"的课堂，都将是死气沉沉而毫无意义的。奥修在《奥秘心理学》中指出："只有当你的生命能量在运动、在自如地运动、在放松地运动时——不被压制，不被约束；协调一致，不四分五裂；不自相矛盾，完整而有机——喜乐和美好才能产生。""师生生命能量亲在"指的是教师和学生的生命能量在课堂中被充分激发出来，真实地存在于课堂之中。奥修这样形象地描述，"如果你曾经看过一条蛇在睡觉，它就是那个样子。它蜷缩着；一动也不动。但是一条蛇可以用它的尾巴直立起来。它依靠它的能量站着。所以我们用蛇作为象征。你的生命能量也蜷缩在那里睡觉。但是它可以直立起来，在它的潜力充分变成现实的情况下，它可以苏醒。然后你将被转化。"正因为如此，心根课堂总是对师生说："你不应该只实现你的潜力的一部分。如果有一部分被实现了，而剩下的那一部分——你的潜力的主要部分没有被实现，这种状态就无法成为创造性的。你的整个潜力都必须变成现实。"这就需要我们在课堂教学中，不但自己要全身心投入，而且也要激励学生全身心投入。请看一个教学片段：

师出示："每当上工，下工，一行人走搭石的时候，动作是那么协调有序！前面的抬起脚来，后面的紧跟上去，踏踏的声音，像轻快的音乐；清波漾漾，人影绰绰，给人画一般的美感。"

生：从这段话我感受到家乡的人们走搭石特别默契，走起来动作十分协调，看着很整齐，很美。

师：默契也是一种美。想想这搭石本来并不好走，走得快才容易保持平衡，一个人走还好说，如果很多人走，大家一个紧接一个，走得都那么平稳，又那么轻快，这就需要很高的默契度了，再看看脚下溪水潺潺，人影晃动，轻快的音乐加上和谐的画面，有声有色，谁能说这不是一道迷人的风景呢！带着这样的想象，让我们用脚踏着节奏读读这段话。

学生齐读。

师：感觉有了，但还不够，如果能一边"走搭石"，一边读出诗一样的韵律来就好了。

出示：

每当

上工，

下工，

一行人

走搭石的时候，

动作

是那么协调有序！

前面的

抬起脚来，

后面的

紧跟上去……

学生练习后，指名读。

师：听同学们读，你们有什么感觉？

生：我感觉这好像是一个清早，晨雾还没有散去，人们便早早地出工了，走在这搭石上，没有人说话，只有这清波漾漾，人影绰绰。

生：也许这是一个黄昏，夕阳洒下了它最后一缕余晖，劳作了一天的人们回来了，一路欢歌笑语，身体是疲惫的，脚步却是轻快的"踏踏"。

师：在这一块块搭石上，我们不仅看到了乡民们配合默契的身影，也看到了他们辛勤的劳作和对生活的热爱。加进自己的感情，踏着节奏，让我们在音乐声中一起来读读这段话。

学生齐读。

在这个教学片段中，师生身心都动起来了，和着文本"起舞"，这就是生命亲在的课堂，也是文化亲在的课堂。牟宗三先生区分了对待历史和文化的两种态度：一种是"把文化推出生命以外视为外在的材料，在这种态度下，就是讲孔子、耶稣，亦视为外在的东西。视为外在的东西，完全与人不相干，与生命不相干，与人格不相干，他们才好从事排比爬梳，作历史的考据，美其名曰科学方法……但是这样一来，则历史文化毁矣，孔子耶稣死矣"。另一种是"把文化收进来，落于生命上，落于生活上。看历史文化是圣贤豪杰精神之表现，是他们的精神之所贯注；看圣贤豪杰是当作一个道德智慧的精神人格来看。在这种态度下，历史文化可以保住而复其真实性，孔子、耶稣可以不死而在我们当下生命中起作用。因此，文化意识自然油然而生，"沛然莫之能御"。很显然，后一种态度是体认式的、亲在的。任何文化都只有在这种"亲在"中才能"活"起来，变成生生不息的生命之流。

关系亲和，心心相印

课堂教学包括教师、学生、课程等多种要素。心根课堂致力于在这些要素之间建立起亲和关系。师生之间的亲近是教学的首要条件。《学记》中讲，"亲其师，则信其道。"前清华大学校长梅贻琦曾如此概括师生关系："学校犹水也，师生犹鱼也，其行动犹游泳也。大鱼前导，小鱼尾随，是从游也。从游既久，其濡染观摩之效，自不求而至，不为而成。"如果学生不亲近老师，"从游"就会是貌合神离，难以达到教学效果。苏霍姆林斯基认为："常常以教育上的巨大不幸和失败而告终的学校内许许多多的冲突，其根源在教师不善于与学生交往。"在师生亲近上，教师是主导者，要努力做到态度亲热、语言亲切、举止亲和、身体亲融，让学生觉得可亲可敬。生生之间的亲近也是教学不可忽视的条件。学生与学生之间有了友好合作关系，就能够共同承担责任和解决问题。

课堂中除了人与人的亲近，还有人与其他课程要素的亲近。朱熹认为："教人未见意趣，必不乐学。"教师与课程的亲近是课堂教学的重要基础。教师即课程，课如其人，人如其课。教师要把"心"放到课程中去。黑格尔指出，"一个深广的心灵总是把兴趣的领域推广到无数事物上去。"当学生对教室、教材等产生亲近之感后，学习便会事半功倍。学生与课程的亲近是课堂教学要实现的目标。正如明代心学家王阳明所说，教学若能使学生"精神力量有余，则无厌学之患，而有自得之美""趋向鼓舞，心中喜悦，则其自进不已"。

课堂关系亲和，学生与教师、伙伴、课程等心心相印，这样的课自然就建立在学生的心根之上了。其中，"爱"是出发点，是催化剂，也是归宿。某教师教学《羚羊飞渡》重点段落："当年轻羚羊在空中向下坠时，奇迹出现了：老羚羊的身子刚好出现在年轻羚羊的蹄下，而年轻羚羊在老羚羊的背上猛蹬一下，下坠的身体又突然升高并轻巧地落在了对面的悬崖边，而老羚羊就像一只断翅的鸟笔直地坠入了山涧。"是这样指导的：

师：同学们，当你读到这一句的时候，你的心情如何？

生：我的心情十分沉重。

师：为什么？

生：因为老羚羊为了年轻羚羊就这样失去了自己的生命。

师：是啊，多么令人佩服的老羚羊啊！带着你的心情把这个句子读一读好吗？

生读，效果不是很好。

师：是的，尽管它不忍，尽管它痛苦，但是它依然要猛蹬一下。它要把这种悲痛化作一种力量啊。师情不自禁地读了起来：年轻羚羊在老羚羊的背上猛蹬一下，下坠的身体又突然升高并轻巧地落在了对面的悬崖边，而老羚羊就像一只断翅的鸟笔直地坠入了山涧。

自己再练习。

师：谁来读一读写年轻羚羊的这句话。读出自己的感受来。

生读，有进步。师配乐范读，给学生一个引领作用，并且提醒学生想象着画面去读会更好。再指学生展示朗读的时候，顺理成章，水到渠成。学生们仿佛看见羚羊的生离死别，看见那震撼人心的场面。学生读到深处，理解到深处，自然就有真情流露，有几个小女生眼睛都红红的。我知道她们真正读懂了文本。其中在展示的时候有一个女孩子读得特别动情，热情投入，仿佛真的看到了那震撼人心的一幕，我和所有的学生不由自主地给她送去了最热烈的掌声。旁边听课的老师也不自觉地发出了赞叹声："这孩子，读得真好……"我也情不自禁地夸她："孩子，你读得太棒了，老师真佩服你，都可以成为我的老师了，你可以领着大家读一读吗？"感谢这个投入的女孩子，因为她动情地读，为我的课堂掀起了一个高潮。

这个教学片段，教师与学生、学生与学生、学生与文本在"爱"的感召下，亲融在一起，学生的情感、思维、想象等多种要素得到洗礼和升华。

过程亲历，心心相生

宋朝陆游有句诗，"纸上得来终觉浅，绝知此事须躬行。"学习是一个过程。学生只有亲历了整个过程，才能有深刻的收获。国际教育界也流传着一句话："你听了，但是你忘了；你看了，把它记住了；你做了，你理解了。"波利亚说过："学习任何知识的最佳途径是自己去发现，因为这种发现理解最深，也最容易掌握其中的规律、性质、联系。"当学生心灵与整个课堂学习过程和谐共振时，每一个教学环节，每一个学习细节都会"敲击"在学生的心坎上，渗透到学生的心根里，如甘霖滋润着幼苗的根系，参天大树便从这里长成。比如，某教师教学《圆柱的体积公式》：

大胆猜想——请同学们猜猜看，圆柱体的体积可能等于什么？部分学生猜测圆柱体的体积可能等于底面积乘高。

展开讨论——如何来验证你的猜想是否正确？学生展开讨论，并大胆提出了多种多样的验证方法。有的说将圆柱体容器中的水倒入长方体的容器中，再分别测量出长方体容器中水的长、宽、高，计算出了圆柱体容器中水的体积。有的说将圆柱体铁块浸入长方体容器的水中，通过计算上升水的体积计算出了圆柱体铁块的体积。

分组实验——提供不同的学习材料，让他们自由选择材料，通过小组合作，进行实验，加以验证。学习小组各取所需，分工合作，认真实验。

综合比较——让学生比较报告单上圆柱体的底面积、高与体积的关系。学生通过细致的实验，直观感受到自己的猜想与实验结果不太吻合。

实验反思——请同学们讨论一下，为什么会出现这种不太吻合现象？有的学生怀疑自己的猜想是错的，有的学生怀疑是自己的操作不精确造成的。

再度验证——让学生看书自学，按照书中介绍的方法利用手中的学具推导出圆柱体的体积公式，再度验证自己猜想的正确性。

这个教学片段，教师根据学生的年龄特点和认知发展水平，不为教材所束缚，大胆改变教学内容的呈现方式和学生的学习方式，尽量给予学生操作实践机会，提供丰富的材料，让学生亲自进行实验，心心相印，体验成功。

结论亲证，心心相通

庄子指出："道，行之而成。"真正的"道"体现在实践中。学习的根本点在于悟"道"，但"悟"不等于闭门造车，而是要到实践中去亲自证明。从另一个方面讲，"悟道"的"悟"既是过程，也是目的。泰戈尔就曾说，"人的目的不在于攫取而在于亲证，在于扩大自己的意识，在于与周围的环境融合。"只有当"道"或者知识结论是学生去"亲证"了的，才能被学生深层理解，深信不疑，深刻应用。比如，某教师教学《她是我的朋友》一文，讨论阮恒是不是个勇敢的孩子时，让学生去亲证：

师（让孩子看课文插图）：你们发现了什么？

生：发现阮恒很紧张也很害怕。

师：怎么紧张，害怕？

学生A：阮恒紧锁着眉头，一副焦灼不安的表情，好像在说："完了，完了，我的血马上要输完了。"

学生B：阮恒紧咬着攥着的小拳头，好似全身都在颤抖，小声地哭泣，又想用拳头把哭声堵住。

学生C：我还看到阮恒双膝弯曲着，好似想马上摆脱这可怕的抽血。

……（这一设计能让学生通过想象走进文本，还原故事当时的场景，体会人物真实情感。）

师：这么胆小，阮恒肯定不是个勇敢的孩子，对吗？

……短暂的沉默！

学生们忽然高举小手："不对！""他是勇敢的孩子！"

学生A：他是很怕输血，但在害怕输血的情况下，他还敢站出来，他就是勇敢的孩子。

师：是吗？阮恒是怎样鼓励自己的？（再看插图）

（让生再用自己的想象将阮恒输血时的内心活动、令人感动的坚持与勇敢的故事情景还原。）

学生B：虽然眉头紧锁，但他却坚持着鼓励自己："别怕，我的血虽然没了，但朋友会得救，这是值得的……"

学生C：阮恒攥着拳头，在心里默默地告诉自己："输血好可怕，但快结束了，坚持再坚持……"

……

师：既如此惧怕，他却又为何这样做？

生：因为他想帮女孩，想帮朋友。

因为——（齐读课题）她是我的朋友（前面的层层举象就叠加成一幅感人的情境，此时造境，学生自然就能体会阮恒为了帮朋友超越本性胆怯的高尚品格。）

这个教学片段，学生不但在老师的引导下亲证了阮恒是一个勇敢的孩子，而且亲证了文本所蕴含的"道"——为了帮助朋友而超越胆怯心理，是真正的勇敢，大勇敢，实现了学生与人、"道"的心心相通。

万 千教学系于“当念”
——注意聚焦的课堂

辩证唯物主义告诉我们，外因必须通过内因才能起作用。课堂教学无论设计得多么光鲜，开展得多么热闹，都必须从学生的现实心理出发才可能是有效的。万千教学系于“当念”。学生处于什么样的心理状态是我们开展教学所希冀的呢？概而言之，就是学生处于焦点意识状态，排除其他私心杂念，专注于所学习的内容，“心根”要素最大限度地被激活，参与到学习中来。什么是焦点意识？通俗地说，就是人们在关注自身或环境中的某些事物时，可以清楚地了解该事物，觉察其细微变化的心理。焦点意识状态是我们做好任何事情的心理基础。在课堂教学中，要让学生处于这种焦点意识状态，看似简单实属不易，我们必须认真地对待它、建构它、研究它，否则其他一切努力都如同在废墟上建高楼大厦，只能是徒劳而无功。

注意的“丝线”

美国心理学家詹姆士在《心理学原理》一书中指出：“注意是心理以清晰而又生动的形式对若干似乎是同时可能的对象或连续不断的思维中的一种占有。它的本质是意识的聚集、集中。”由此可见，注意状态是焦点意识的表现。俄国教育家乌申斯基说，“注意就是那扇门，凡是进入心灵的东西，都必须通过这扇门。”只有当学生高度注意了所要学习的内容，

教学才可能是有效的。苏霍姆林斯基曾形象地把这种注意比喻成"丝线"，他说，"我带领 27 个幼儿到草地上去参观，目的是让他们看到各种植物是怎样传播自己的种子的。他们要看的那些植物长在草地的一个较远的角落里。要想让所有的孩子都围拢来看这些植物，我就得用注意力这根很细的丝线把孩子们都拴到我的身边，这就好比是一根根无形的'缰绳'。"如何将学生注意的"丝线"紧紧拴在所学的内容上呢？一般来说，教师可以从两个方面着力：

一方面，增强所学内容对学生的持续吸引力。注意与刺激物的强度、刺激物之间的对比关系和刺激物的新异性等特点密切相关。要引起学生的注意，我们可以对所学内容进行"加工"，让它以更能吸引人的样态呈现在学生面前。一是凸现内容的吸引点。将所学内容中最能吸引人的部分率先呈现在学生面前，通过制造矛盾冲突、设置悬念等引起他们的注意。比如，学习古诗、文言文等晦涩难懂的文章时，教师可以通过呈现文章意境、配乐朗读等方式将课文中隐藏的"美"展示出来，吸引学生"眼球"。二是平常内容陌生化。通过转换角度，将学生平时熟视无睹的学习内容以新异的方式呈现在学生面前，引起学生的注意。比如关于年、月、日的说法，学生是比较熟悉的，如何引起学生对年、月、日有关知识的学习注意呢？有一位教师是这样做的：先出示问题，"小明今年 9 岁，已经过了 9 个生日，小明的爸爸今年 36 岁了，也只过了 9 个生日。这可能吗？"学生齐答："不可能。"教师接着说，"然而这恰恰又是事实，这到底是怎么回事呢？同学们想知道吗？"学生当然"想"。这样，学生的注意就"钉"到了学习内容上。三是赋予所学内容不同寻常的意义。比如，有一位特级教师让学生观察"砖头"写作文，是这样开课的：

师：睁大你的眼睛，看看老师给你们带来什么好东西？（教师神秘地从包里取出一个用红布包得严实的东西）

生：我觉得它非常贵重，因为它用红布包着……

师：大概是什么贵重的东西？

生：砚台。

生：我认为是镇纸。

师：你抓一抓，掂一掂，有可能是什么？

生：很可能是字典。

生：我摸起来有点硬，有可能是塑料包裹着的。

师：你很厉害啊，长大了可以做个侦探。（请另一生）你来摸一摸，捏一捏。

生：好像是一个正方体，四个角还有点尖，好像是一块石头。

生：我觉得应该是南京的雨花石。

师：是不是呢？（打开布包）注意看，什么啊？

生：砖头。（全场大笑）

这里，教师将一块普通的砖头放在一个特殊的境域中，以非同寻常的方式呈现在学生面前，引起了学生的注意。一块普通的砖头为什么是贵重的呢？这将成为学生注意的焦点，吸引着学生思考下去，并开掘出写作的内容。

另一方面，根据学生的内心状态适时引导。苏霍姆林斯基曾说，"多年的学校工作经验告诉我，要能把握住儿童的注意力，只有一条途径，这就是要形成、确立并且保持儿童的这样的一种内心状态——即情绪高涨、智力振奋的状态，使儿童体验到自己在追求真理，进行脑力活动的自豪感。"怎样才能让学生有这样一种状态呢？一般来说，有三个方面的因素至关重要，一个是学生的需要和兴趣，一个是学生已有的知识经验，一个是当时的精神状态。教师在引导学生注意所学内容时要综合考虑这些因素。就具体方法而言，大致有这样三种：一是唤起。通过分析学生兴趣点，调动学生已有经验对所学内容予以注意。比如，史铁生《秋天的怀念》中有这样一段话："那天我又独自坐在屋里，看着窗外的树叶'唰唰啦啦'地飘落。母亲进来了，挡在窗前：'北海的菊花开了，我推着你去看看吧。'她憔悴的脸上现出央求般的神色。"有位教师在教学时，特意在"挡"和"央求"两个词语下面画上着重号，让学生想想：一般情况下，什么时候用"挡"和"央求"？为什么母亲要"挡"在窗前，要"央求"儿子？这样一问，就将学生学习的注意点聚焦在母亲的内心世界上，阅读理解就有了深度。二是顺应。当学生对所学内容有了一些注意，但是思考的广度和深度还不够，教师可以顺应学生注意的态势，将其朝所需要的方向引导。比如，有一位教师教《鸟的天堂》，不少学生为树上众鸟纷飞的壮观景象所震撼，但是有一个学生满脸疑惑地问道："鸟的习惯是晨出晚归，天一亮就离巢觅食。巴金爷爷第二次经过鸟的天堂是早上，怎么能看到如此奇异的景象呢？"这一问，马上引起了其他同学的注意。教师由此发问："从同学们的议论声中，我知道大家对这个问题很感兴趣。不过，马上回答可能不会那么全面、深刻，怎么办？"学生纷纷表示，需要再仔细读书，查找资料，认真讨论。教师顺势而导，"对，这些都是解决问题的有效途径。下面就请同学们再读书，再思考，力求从文本中找出答案。"这就叫顺应。三是转换。当学生注意力没有流向学习所需要的心理状态时，则需要教师采取措施，对学生的心理进行干预，将其转换到所需要的注意状态中来。比如，有一位教师上作文课，首先问学生："同学们，你们平时喜欢学作文吗？"学生回答："喜欢"。教师又问："作文难吗？"学生回答："不难"。教师再问："那今天写，好不好？"学生则回答："不好"。很显然，学生回答前后矛盾，其真实心理是不想写作文，而这节课又是作文课，怎么集中学生的注意力呢？如果教师只是干瘪地说"其实，写作文并不难"之类的话，恐怕是不能解决问题的。教师可以转换问题："看来大家还是觉得作文难写。其实，作文和玩是联系在一起的。要写好作文，首先会玩。大家想不想玩？"我相信学生会发自肺腑说，"想！"接着教师和学生一起玩一个游戏，或者"玩"一个实验，再让学生作文，学生就会持续注意作文的内容。

意识的"动态核心"

人处于焦点意识状态，并不意味着所关注的是一个不可分的、始终不变的"点"，而是一个"集群"。焦点意识本身也不是一盏亮着的灯，而是如威廉·卡尔文所说的那样，"很像体育场中的展示板，许多小光点时明时灭，所建立的便是一幅图像"。"虽然我们倾向专注于亮着的灯，但那些老暗着的灯对图像的形成也起作用。"并且这幅图像如心灵哲学家埃德尔曼所说，有一个"动态核心"，随着时间起舞，勾勒出色彩斑斓的心理世界。正因为如此，当学生处于学习的焦点意识状态时，我们必须关注他们意识的范围和侧重点，并以此来指导学生学习，而不仅仅是将学生注意的"丝线"连接到所学内容上就了事了。请看一个教学案例：

师：这两句话精妙在什么地方呢？对照起来读一读，看看有什么发现。

孔指以示儿曰："此是君家果。"

杨氏子应声曰："未闻孔雀是夫子家禽。"

生：（自由思考后，小组讨论）

生：杨氏子和孔君平都拿姓氏来开玩笑。

师：（惊奇地）哦。玩笑是怎么开的？

生：杨氏子姓杨，杨梅的第一个字也是杨。所以，孔君平就和孩子开玩笑：此是君家果。就好像说杨梅是杨氏子的家人一样。杨氏之子也拿孔君平的姓氏和孔雀连起来回应。

师：你这可是一个了不起的发现！（板书：杨氏之子—杨梅；孔君平—孔雀）妙就妙在都拿同音同形字做文章！这两句话，还有哪些妙处？

生：（默不作声）

师：这样吧，我们把这两句放回课文中，分角色读一读，再体会体会。请××读孔君平的话，我来读杨氏子的话，大家读课文中叙述者的话。

生：（齐读）梁国杨氏子九岁，甚聪惠。孔君平诣其父，父不在，乃呼儿出。为设果，果有杨梅。（师做端果实的动作）孔指以示儿曰——

生（被指名读者）："此是君家果。"

生：（齐读）儿应声答曰——

师：（很生气地说）"孔雀是夫子家禽。"

师：老师读得怎么样？

生：你漏读了"未闻"两个字，不对！

师：为什么不可以漏读这两个字？

生：如果杨氏子直接说，"孔雀是孔君平家的鸟"，不是很友好，很礼貌，不像开玩笑的话。

生：用上"未闻"两个字，否定了孔雀是孔君平家的鸟的说法，也就否定了杨梅是杨氏家的说法。

师：要否定孔雀不是孔君平家的鸟，可以改一个标点符号即可："孔雀

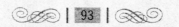

是夫子家禽？"这样行吗？

　　生：这样也不好，显得咄咄逼人。用"未闻"，表达的意思要间接一些，婉转一些。

　　师：你体会得很有深度。正因为如此，课文开篇就说梁国杨氏子九岁——

　　生：甚聪惠。

　　师：他应声便答——

　　生：未闻孔雀是夫子家禽。

　　这里的教学，教师首先将学生的意识聚焦在文章中的两个句子，去发现语言的精妙处。学生很快发现句子中"杨""孔"这两个字的妙用，但对"未闻"关注不够，于是教师有意漏读这两个字以引起学生注意，并通过联系全文，让学生体会其中的寓意。学生的思考有广度，但并没有脱离关注的核心问题——体会语言的精妙；有深度，但并没有局限于某一个词语、某一个句子的狭隘认识，意识的"动态核心"随着思考的深入而不断转换，在"点"与"面"之间寻觅文本背后的真意。加达默尔说："对一个文本或一部作品里的真正意义的汲取是永无止境的，它实际上是一种无限的过程。这不仅是指新的错误源泉不断被消除，而且也指新的理解源泉不断产生，使得意想不到的意义关系展现出来。"如果时间允许，完全有理由相信学生的"发现之旅"是不会终结的。

　　焦点意识状态的"焦点"除了有范围大小、宽窄、深浅的收放和脉动外，还具有选择性，有侧重点，即使面对同一对象，不同人意识的"动态核心"可能会不一样，体验的感受、思考的角度、关注的焦点等甚至大相径庭。这是由于个体经验、知识结构的独特性和"前见"的丰富性导致的。教师要把这些个性化、差异化的感受和思维看作教学最宝贵的资源加以利用。还是来看一个教学案例：

　　师：这个美丽的小村庄为什么会发生那么大的变化呢？

　　生（突然地）：我觉得一切都是斧头惹的祸！

　　师：是吗？

　　生：那些树都是斧头砍掉的，而且课文里三次提到斧头，这说明了小村庄的巨变与斧头有关。

师：请同学们再仔细地读读有关斧头的段落，联系课文想想"这个小村庄的巨变是不是斧头惹的祸"？（不一会儿，一场争辩开始了）

生：课文里说，不知从什么时候起，家家有了锋利的斧头。谁家想盖房，谁家想造犁，就拎起斧头到山上去，把树木一棵一棵砍下来。就是这些锋利的斧头，害得这个美丽的小村庄不见了！

生：我也觉得是斧头引起了小村庄的巨变。因为课文中锋利的斧头使树木变成一栋栋房子，变成了各式各样的工具，变成了应有尽有的家具，这样山坡上的树木才会不断减少，裸露的土地就不断扩大，洪水一来，就全被冲走了。

生：我觉得毁灭小村庄的是人们自己！这不能怪在斧头的头上，因为是人们自己要去砍树的呀。

生：我认为，其实斧头自己是不会做事的，它所做的一切都是体现人们的意愿啊！

师：按照你这样理解，那应该说都是——

生：都是小村庄人们砍树惹的祸！

小村庄的变化到底是不是斧头惹的祸？教师没有正面回答，而是尊重学生的不同看法，把这个问题当作教学的资源，成为学生意识的"动态核心"，引发学生的争论，让学生在观点交锋中学会正确思维。这样的教学才叫"以学论教"！这样的教学才叫"差异化教学"！这样的教学才是真正触动学生灵魂的教学！

联想的"万花筒"

威廉·卡尔文曾说："神经系统总是不断迫使清醒的意识状态像万花筒一样旋转，决不会让它保持静止状态，其唯一的目的就是要最大限度地让联想进入意识。也就是说你观察到了什么事实并不重要，重要的是你联想。过去的经验唯有通过自主的联想才能被完全呈现出来。"让学生处于焦点意识状态并不是要切断或者屏蔽与其他事物之间的联系，恰好相反，我们期待的焦点意识应该犹如一个发光体，呈放射状态，通过联想与其他相关的记忆、

体验等发生广泛而深入的联系，以达到对学习内容深度的把握。但是由于阅历不深，知识面不广，心理还不成熟等多种原因，学生往往联想不到，或者说视野和思路都比较窄。因此教师对学生学习的指导要把促进联想作为重要任务来抓。

一般来说，教师可以采取两种方式来促进学生联想"万花筒"的旋转：一种是嵌入丰盈式，将与所学内容关联的知识、体验等引入意识的焦点，丰富对所学内容的理解。比如，有位教师教《赵州桥》的是这样启发学生联想的：

师：如果说 10 岁是可爱的孩子，20 岁是年轻小伙，40 岁是不惑的中年人，80 岁是白发苍苍的老人，那么 1300 多岁的赵州桥在你看来是什么？

生：一位记不清年龄的老人，是一位胡子花白直垂到地的老爷爷……

师：想象一下，就是"这位老人"，1300 多年的岁月里曾经经历过什么？发生过什么？

生：成千上万的人曾经在它背上来了又去……

生：一次次的洪水曾经在它的身上流过，人们都为它担惊受怕，但是它还是稳稳地站立在那里。

生：经历了一次又一次的地震，但它依然屹立不倒。

师：是啊，在经历了那么多磨难后，赵州桥还是那么坚强，还是稳稳地站在那里。让我们带着你的感受读读这个词——

生：坚强。

这个教学片段中，教师将"老人"的形象嵌入学生的焦点意识，通过调动学生的对老人的经验储备较好地理解了 1300 多岁的赵州桥之"坚固"，生动、形象、有趣。

另一种是发散拓展式。让学生从关注的焦点拓展开去，对所学内容的外延与广泛联系有更深入的了解。请看《杨氏之子》的教学片段：

师：如果故事中来的不是孔君平，而是李响（执教班级学生），杨氏子该如何回答？

生：未闻李子是夫子家果。

师：来的是黄小玲呢？

生：未闻黄瓜是夫子家果。

生：未闻黄牛是夫子家畜。

生：未闻黄河是夫子家河。

生：未闻黄山是夫子家山。

师：你们的回答真是妙语连珠啊！在生活中，像这样利用同音，或同形的汉字来巧妙表达的太多了。你能举出一些例子来吗？

生：蚊香广告：默默无闻（蚊）。

生：有一回，我上厕所，看到里面有一句话："同志们，冲啊！"（众笑）

生：南山上，那些出租马儿的人，在马背上打广告：南山览胜，骑（其）乐无穷。

生：汽车后面张贴提示语："我不是碰碰车！""别吻我，我怕羞（修）。"

佛学大师冯学成居士说："人的心念是活的，不是死的，一方面可以尽可能地接受和容纳过去的一切知识和信息，另一方面又可以不断创新，开辟更为广阔的思维空间。"在这个教学片段中，教师引导学生发散式联想，不但帮助学生深入理解了课文，而且促进了学生对同音字妙用的把握，创造性地加以应用。

当然，联想的"万花筒"也不是随便乱转的，必须围绕所学内容的主题或者关键来展开，而不是想怎么联想就怎么联想，那样只能叫"走神"或误入歧途，属于无效的课堂教学。比如有不少教师教学《狼和小羊》时，会让学生想象"狼扑向小羊的结果会怎样"。学生会给出不同想象的答案，有的可能说：狼扑向小羊，小羊机智地一闪，狼由于用力过猛，冲到河里淹死了；也有的可能说：就在千钧一发之际，一位猎人经过这里，一枪把狼打死了；还有的可能说：小羊经过巧妙周旋，把狼引进了陷阱……其实，《狼和小羊》这则寓言真正的价值在于告诉人们，跟凶恶的坏蛋讲道理是没有用的。学生所展开的联想脱离了这个文本的真实用意，导致了寓言主题的黯然失色，很显然，学习的目的发生了错位，背离了有效课堂教学的主旨。

成都文殊院有一副对联，上联是"十世古今，始终不离当念"，下联是"无边刹海，自他不隔毫端"，想表达的意思是：时间的无限和空间的无限全都消融在人们当下的这一念之中。如果学生学习时的意念处于焦点意识状态，专注于所学的内容，那么所学内容的无穷内涵都可以如鲜花般地在学生的"当念"中次第绽开，注意、思考、感悟、联想……其教学才会"落地生根"，成为滋养心灵的"营养液"，课堂教学才能真正做到"有效"。

阳光之下，泥土之上，细流之间
——积极生长的课堂

课堂是学生心根生长的地方。道法自然，心根的生长与树根的生长有相似之处，树根的生长需要土壤、阳光和水分，心根的生长需要情境、生成和催化。建基于心根的课堂应该是积极生长的课堂。教师在建构积极生长的课堂时，要着力抓好情境化设计、生成性实施和阳光般评价等关键环节。

情境化设计

文本、音像、教室和师生等都是课堂学习的构成要素，但建基于心根的课堂不是各种因素的简单相加，也不是他们在时空上的任意延伸。它应该是远离高傲、粗俗、平庸、冷漠、机械、无助，而是具有鲜活灵动、真情真实、扣人心弦、典秀高雅、行云流水般特质的学习现场。什么是学习现场？它与我们说的学习情境有什么不同？学习现场是在一定的情境中展开，并含有学习目的、学习空间、学习路径和丰富学习资源的情境。比如，美国一所普通幼儿园教学生"写书"，把学生带到图书馆后，执教老师先从图书架上任意取出一本故事书，念给学生听，然后问学生有什么话要讲，学生叽叽喳喳地说开了，老师便把学生说的记在一张纸上，用书皮包好后，再在书皮上写下学生的名字，并告诉学生，这就是他们"写"的第一本书，只因为年纪小，还不能写出书架上那样的书，不过，长大后一定能写出"大书"。这里，

图书馆就是学生学习的现场。学习现场需要情境化设计。在设计时要注意四点：

第一，立意高远。精彩的学习现场是丰富多彩、婀娜多姿，甚至是出人意料的，但缤纷的形式背后总有一种主体精神在支撑着整个课堂。立意的高远直接决定了学习现场的价值。例如教学《军神》，可以根据手术室的插图来构架学习的现场，先让学生看插图，知道躺在手术台上的人是一个病人，再结合插图读课文，弄清这个病人与众不同之处，知道他是军人，然后读剩下的段落，剖析这个军人与众不同之处，从内心赞扬他是个军神。其贯穿学习现场的主体精神便是：从"病人"到"军人"再到"军神"，引导学生层层递进来分析人物形象。

第二，多维创生。学习现场的创生维度是很多的，可以从目标中开拓，从教材中再创，从生活中延伸，从学生中聚焦。例如人教版小学数学教材第7册中的"统计"一节，教材的情景素材是：班内要组织一场球类比赛，让学生通过统计，确定班级组织什么样的比赛好。如果所任班级已经举办了球类比赛，这个情境对学生来说就不具有吸引力。如果学校附近有一家书店的老板正为生意发愁，教师完全可以让学生统计读者的读书需要，为书店老板出出主意。再如人教版《浅水洼的小鱼》一文，学生对故事情节和爱护小动物的道理很容易读懂，但从情感上真切体会却不容易，教学时，可以变换角度，创设新的学习现场，比如，让学生扮演浅水洼的小鱼，从鱼的角度来读课文，每读一段，说说自己作为小鱼的感受，其体会就会更深刻。

第三，拓展空间。当课堂被琐碎的语言、细小的问题、机械的练习所填满时，学生不但会感到窒息、木然、不安，甚至丧失了自我，丧失了思考力和想象力，连情感的阀门也将关闭，更不用说有多少诗意了。例如，苏教版三年级课文《小露珠》中有这样几个句子："早哇，像钻石那么闪亮的小露珠！""早哇，像水晶那么透明的小露珠！""早哇，像珍珠那么圆润的小露珠！"。有位教师教学时，提了很多小问题：小露珠像什么？你喜欢小露珠吗？为什么？怎样来读这几句话？你还想对小露珠说什么？这样太烦琐，不如简洁一点，这样问：读了这些句子，你有什么感受？请说出来。你还有什么话想对小露珠说吗？精彩的课堂就像一首诗，教学的问题、教师的描述、现代教育技术的使用就好像凸现在诗歌表面的语言，越简洁越有表现力，所呈现给学生的空间就越大，越能启迪学生思考。拓展课堂学习的空间，主要不在形式上，而在内容上。让学生的感知、思维、情感、想象把课堂填满，甚至溢出窗外，充盈学生的整个生活，整个人生。课堂是学生走向世界的起点。我们设计的课堂学习现场应向世界延伸。一是向客观的、物质的、文化的世界延伸，开展"到世界"的教学；一是向主观的、精神的、内心的世界延伸，开展"到心灵"的教学。如美国一位普通教师教《灰姑娘》，通过提问的形式引导学生"到心灵"。第一个问题"你们喜欢故事里面的哪一个？不喜欢哪一个？为什么？"紧扣学生初步阅读的感受，直入学生心灵；第二个问题"如果你是辛黛瑞拉的后妈，你会不会阻止辛黛瑞拉去参加王子的舞会？"，让学生敞开心扉，设身处地去思考；第三个问题"辛黛瑞拉的后妈不让她去参加王子的舞会，甚至把门锁起来，她为什么能够去，而且成为舞会上最美丽的姑娘呢？"谜底是"爱自己"，是实实在在对学生心灵的关怀；第四个问题"这个故事有什么不合理的地方？"是让学生跳出文本，做心灵的审视。

第四，优化路径。学生学习的现场是随着学习的展开而不断变化的，其变化的轨迹就是学生的学习路径。一般来说，学习路径的设计要做到"三要"：一要有意脉贯通，例如教《再见了，亲人》，可以围绕"朝鲜人民与志愿军战士是不是亲人？"这个问题来展开；二要尽可能快捷，例如教学《军神》，当学生说"躺在手术台上的是一位军人"时，如果教师问："谁说他是军人？为什么说他是军人？为什么沃克医生一眼就认出他是军人？"就不快捷，不如直接问："你从哪儿读出来的？"三要注重多元化，同一目标，达成的路径可以多种，例如教学《军神》，教师提问："这位军人有什么与众不同？"学生从文章的任意情节展开都是可以的。

生成性实施

任何精彩的课堂都不是完全在课前设计出来的，而是在师生互动中生长出来的。这正是课堂教学的魅力所在。课堂生成性实施要注意以下几点：

第一，从学生出发。学生是教学的对象，教学是为学生的需要服务的。

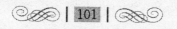

因此，课堂教学要从学生出发，例如在教学《坐井观天》时，教师让学生用"无边无际"说话，有个学生说："长城无边无际。"这反映出，学生不知道"无边无际"是用来形容"宽"的，"长"不能用它来形容。可抓住这个问题，生成出教学的新问题：哪些事物可以说它无边无际？在课堂生成中，我们还要树立"学生是重要的课程资源""学生是创造课堂的重要力量"的观念。例如，有位教师教学苏教版三年级的课文《世界上第一个听诊器》时，学生在说听诊器的样子时，发生了分歧：一种意见把第一个听诊器说成是一根木棍，另一种意见认为是两头大的空心木棍。这就可以作为教学的生成点，指导学生联系上下文来剖析这一点。

第二，给予适度自由。有一首叫《借他们一艘船》的诗这样写道："借他们一艘船/他们能到达天边/借他们一块卵石/他们会用它造一座山/借他们几个动词/让他们编他们的圣经/借他们几支画笔/让他们再画一个天空/可要是不相信/那就给他们适度的自由吧/他们会共同建造一个宇宙。"如果我们把这里的"他们"看成是学生，那么，此诗给我们的启示是：给学生适度的自由是课堂生成性实施的关键。比如，一节课的大问题不宜过多，一般在三个以内，最多不超过四个，在提出问题后多给学生思考的时间和空间，做到"大象无形，大音稀声"。

第三，延伸课堂对话。课堂上，当学生感到有一滴圣洁的露珠滴落在灵魂深处的时候；当学生被没膝的丰草所震撼的时候；当学生被蜻蜓的薄翼感动莫名的时候……凭借符号与语言、自然与生灵、真诚与热情打开的话题就会一个个涌现出来，推动着课堂向前发展。例如教学《小柳树和小枣树》，可以围绕"喜欢谁？"来展开，当学生读到课文中写春天的部分时，有的学生可能喜欢柳树，不喜欢枣树，因为柳树很美，枣树光秃秃的，不美；有的可能不喜欢柳树，喜欢枣树，因为柳树骄傲，枣树对别人的嘲笑置之不理。当学生读到写秋天的部分时，也许情感会发生变化，有的会喜欢枣树，因为它不但会结枣子，而且能看到别人的优点，能宽容别人；有的仍会喜欢柳树，因为它知错就改；还有的既会喜欢柳树，也会喜欢枣树。随着学生阅读情感体验的变化，对话进入了深度空间，课堂也得到了生成。

第四，调控学习路径。课堂上，教师的教育机智主要表现在让学生的学习、课堂的生成沿着应然的学习主路径推进。我曾听一位教师教《比尾巴》，让学生创造性思考：还有哪些事物有尾巴，有什么用？学生说，鼠标是电脑的尾巴；头发是人的尾巴；长出一条尾巴好打架……虽然学生的思维走向了荒谬，但老师不引导，反而大加赞赏，闹出笑话。这也告诉我们，课堂生成需要高超的调控艺术。必须指出的是，高超的调控艺术并不意味着要花大量时间和精力，往往在不经意处着力，寥寥数语，简洁明快，看似平常实奇崛，犹如庖丁解牛，游刃有余，又如羚羊挂角，无迹可求。

阳光般评价

有阳光就有温暖，有阳光就有生长，有阳光就有闪光，有阳光就有照亮，有阳光就有透明，有阳光就有成熟。阳光般的评价也将赋予课堂评价这些新的内涵，让课堂迸发出生命的活力。

第一，送给学生阳光般的温暖。课堂评价是一种面对面的及时评价，教师要以心换取心，以情感染情，通过一个眼神、一个动作、一个句子来温暖学生渴求得到认可和理解的心。例如，学生把"3+2="的答案，写成了4，教师说："回答得不错，只差了一个。"既指出了学生的错误，又不伤害其的自尊心。

第二，发现学生的闪光点。教师和艺术家、科学家一样，最怕缺少发现的眼睛。评价具备了阳光的寓意，就意味着能迅速地发现学生的闪光点。例如，一位学生把"8+8="的结果写成了17，经询问，才知这位学生是这样计算的：8+8=，后一个8拿一个给8组成10，8还剩7，得17。尽管计算有误，但其闪光点在于：知道用"凑十"法计算，应该给予肯定。

第三，捕捉学习中的"虫"。从某种意义上说，学生的学习是一个试误的过程。这些学习中的"误"，我们可以把它形象地称为"虫"。评价借助"阳光"，也含有捉"虫"的意思。例如有位教师教《观潮》，提问："你准备什么时候到钱塘江观潮？"一个小女孩说："我等到将来当上了妈妈，带着我的女儿玛丽一块儿去看八月十五日的大潮，一边看，一边给女儿朗读《观潮》，让她受到美的熏陶。"有的学生马上在下面说："哎呀，羞，臭美！"这说明一些学生对那位小女孩的看法存在偏颇，教师可以让学生分析，对这种平常的，但很真切的想法予以肯定，教师可以对那位小女孩说："现在可要好好读书，尤其是学好朗读，不要让你女儿小瞧你！"

第四，拓展学习思路。评价不仅仅是一种判断、一种认可、一种检验，也是一种引领、一种开启、一种拓展。例如，当对学生的作文进行评讲时，发现有的学生善于在作文中应用歇后语，教师不妨也来几句歇后语评价学生的作文，如"铁挥敲锣——响当当""狗赶鸭子——呱呱叫"，从而打开学生运用语言的思路。

第五，提升学习经验。通过评价，帮助学生理清思路，总结感悟和思考所获，从而让学生的思想一步步走向成熟。这也是阳光评价的应有之意。例如，某教师在教《早发白帝城》时，学生为作者该不该写猿声发表两种意见，一种是猿猴的叫声一点也不好听，李白当时那么高兴，不应该写那么难听的猿声；一种是李白当时被皇帝赦免了，太高兴了、太愉快了，猿声虽然难听，李白却觉得非常悦耳动听，就像一支快乐的送行曲。老师评价道："都有道理，在现实中，可以选择和谐的内容来写；也可以从不和谐中谋求和谐。"

建构心根课堂，情境化设计是基础，生成性实施是关键，阳光般评价是保证，三者缺一不可，它们的最终目的在于让课堂教学焕发出生命的活力，成为滋育心根的活动。

其大无外，其小无内
——太极境界的课堂

　　人的心灵灵活多变，既可宏大无比，也可细如牛毛。既大又小，古人用"太"字来表达。心根上的课堂以人的心灵为中心，在"大""小"之间变换出无限风光和色彩，其妙处全在这个"太"字上。"太极"是心根课堂的最高境界。

"太"是天地自然之道

　　"太"字最早源于"太极"一词，7000多年前伏羲画太极图时并没有使用"太极"这个说法，是2500年前孔子整理《易经》时首次使用的。《易·系辞》说，"无极生太极""易有太极，始生两仪，两仪生四象，四象生八卦"。何谓"无极"？"无极"表示宇宙大爆炸之前的混沌状态，无中心、无边际，没有极限可言。老子在《道德经》中亦提到"无名天地之始"。何谓太极？宇宙大爆炸之后万事万物的总称。古人用一个"太"字总揽整个宇宙。

　　孔子为什么用"太"字来称宇宙万事万物呢？"太"是"大"与"、"（表示"小"）组合而成的汉字。既可以指极大，又可以指极小。"其大无外，其小无内"，即为"太"。战国时政治家、哲学家惠子认为，"至大无外，谓之大一；至小无内，谓之小一。"老子说，"道生一，一生二，二生三，三生万物。""道"就是"无极"。"一"就是"太极"。"一"既可以表示最大，也可以表示最小。同理，"太"也如此，是"大"与"小"的辩证统一。正如《庄子》所说，"因而所大而大之。则万物莫不大；因其所小而小之。则万物莫不小。""大"与"小"是可以相互转化的。比如，"太上皇"，如果皇帝认可他，他就会是权力最大的人，如果皇帝不予理睬，他就会是权力最小的人。英国诗人威廉·布莱克有一首哲理诗，"一沙一世界，一花一天堂；把无限握在你的手掌，永恒在刹那间收藏。"也说明了"大亦小、小亦大"的道理。

老子说，"道法自然。"一切"道"必须以自然为最高准则。所有背道而驰的做法，即使暂时没出现什么问题，甚至有某种程度的"收获"，但终究会受到自然的惩罚，得不偿失。教育也不例外，所谓遵循人才成长和教育规律，归根结底就是要遵循自然之道。"太"，"大""小"合体，是自然之道。"太"的状态是最符合自然的状态，也必然是教育要追求的境界。

"太"是学科教学之道

任何学科教学所触及的世界之"大"，都超出我们的想象。这里的"大"，一是现实的空间大，无边界。按照马克思普遍联系的哲学观点来看，任何学科教学都与整个世界，甚至宇宙相互关联。二是精神的世界大，无穷尽。雨果说："比大地更广阔的是海洋，比海洋更广阔的是天空，比天空更广阔的是人的心灵。"人的心灵世界是无限广阔的，学科教学的精神世界当然也无边无际。可以说，任何学科教学的外延都"其大无外"，触须伸向了人所有的现实空间和精神世界。

小课堂，需要"大学科"教学。只有让学科教学在宏大的疆域中驰骋，才能让学生越学越聪明，培养出高技能人才和精神的"操盘手"。然而，我们对此缺乏足够的认识，直到当今，唐代古灵禅师讥讽的"苍蝇"式读书方式依然存在，"空门不肯出，投窗也太痴。千年钻故纸，何日出头时。"比如，将教学囿于一篇篇豆腐干大小的文章或章节之中，久而久之，学生的视野也就只有巴掌大小了。即使有的教师试图突破教材的界限，找来一些课外读物，引进几个篇章或段落于课堂之中，但缺乏全球化的视野和深厚的精神文化底蕴，只是领着学生在教材文本的"家门口"转圈子。行之不远，怎能培养出敢于自我拔毛再生的苍鹰？"世事洞明皆学问，人情练达即文章。"课堂不应该是"螺蛳壳里做道场"，而应立于所身处的历史文化、社会人心之中。

"大学科"教学对教师提出了更高的要求。理想意义上的教师应该是"百科全书式"的人物。我就曾呼吁，教师去了解百业，到各行各业中去见习；去研究百人，了解全世界最有智慧的人；去研究百事，洞悉影响人类历史的重大事件；去阅读百篇，研究具有重大影响的各种思想。做足了这样的功夫，教师才可以左右逢源，信手拈来，恰到好处，进入"羚羊挂角无迹可求"的境界。小小课堂才可能融入"大学科"！

学科教学也可能很"小"。小到一个标点符号，一个字，一个词，一个句子；小到一声欷歔，一个表情，一次心跳，一丝细微动作，都有可能。前者是说课堂教学要深入到语言的最小单位去咀嚼，因为文本往往"居片言而据要""微言大义"；后者是说课堂要关注和探讨的问题可能很小，因为小问题、小细节之中往往有大文章、大学问，正如尼采所说，"只要你深掘，其下必有井泉"。当学科教学深入到文本最细微之处、问题最细节之处时，潜藏的意义就会汩汩而出，深刻的思想就会如芳香扑鼻而来，生动的体验就会刻写在心的天幕上。例如，《临死前的严监生》中有一个细节，严监生临死时伸出"两根手指头"。教学时，可就此大做文章。第一步，读出动作所指。启发学生思考："两根手指头"借指什么？在场的人有哪几种猜想？（两个亲人、两笔银子、两位舅爷、两茎灯草）哪一种符合严监生的意图？为什么？第二步，读出内心世界。启发学生思考：当人们根据"两根手指头"猜出这样一些答案时，严监生有怎样的反应？表达了他怎样的内心世界？第三步，读出人物形象。启发学生思考：两个亲人、两笔银子、两位舅爷与两茎灯草相比，谁重谁轻？"两根手指头"刻画了严监生怎样的人物形象？第四步，读出象征意义。启发学生思考：文章用"两根手指头"想表达怎样的写作意图？"两根手指头"具有怎样的时代象征意义？第五步，读出写作技巧。启发学生思考：当你看到严监生临死时伸出来的"两根手指头"，你会想到指的是"两茎灯草"吗？这样写有什么好处？如果文章不写屋子里人们的各种猜测，行吗？这样写又有什么好处？第六步，尝试写作体验。让学生想想生活中给你留下深刻印象的"两根手指头"或其他独特的动作，尝试写一篇短文。像这样，将课堂学习的问题聚焦在一个个有较大包容性的点上，细细琢磨，促成意义的"原子裂变"，所释放出来的教学价值是巨大的，对学生的影响也是深刻的。课堂上到底聚焦在哪些小小的点上，是由文本以及学生与文本此时此地相遇的感触所决定的，并不是固定不变的，正如巴赫金所说，"既没有第一个词，也没有最后一个词。对话的上下文没有止境。它们伸展到最深远的过去和最遥远的未来"。

学科教学既"大"，也"小"。学科教学有四种境界，这里以《石榴》教学为例来略作阐述。甲教师只是让学生把握石榴春天抽枝、夏天开花、秋天果实成熟的全过程。既没有将课堂置于宏大的背景之中，也没有深入到语言的精要之处，只停留在文本大体"写了什么"这个层面上。这便是第一种境界，即"无大无小"的学科教学。乙教师为学生提供了这样一段文字："枣庄石榴在清代被列为进京贡品。传说，慈禧太后对峄县石榴中的珍品'软仁石榴'极为赏识。据《中国土特产大全》载：枣庄石榴园是现今世界上最大的石榴园，有20万余亩，枣庄每年石榴产量高达500多万公斤，已被列为吉尼斯之最，被中外游人称为'冠世榴园'。"引导学生阅读后，并没有联系到"我的家乡在枣庄，这里有驰名中外的石榴园"一句，尤其是落板到"驰名中外"一词的理解上："驰"是什么意思？从哪些地方可以看出枣庄的石榴驰名中外？驰名中外与引文中哪个词语在意思上是相互呼应的？像这样，将语文课置于更大的背景来教，却深入不到文本细微之处，大而化之了事，这便是第二种境界，即"有大无小"的学科教学。丙教师教学"到了夏天，郁郁葱葱的绿叶中，便开着一朵朵火红的石榴花。花越开越密，越开越盛，不久便挂满了枝头。走进看，仿佛是一个个活泼的小喇叭，正在鼓着劲在吹呢"一段，深入到"火红"一词，提问："火红"是什么意思？一朵朵火红的石榴花"挂满枝头"是怎样的情景啊？石榴花火红预示着什么？但教学仅停留于此，没有进一步联系石榴园"驰名中外"的宏大背景来理解。像这样深入到文本细微之处，读出了一定的意义，但缺乏宽阔的视野，只就词论词，就句子论句子，就符号论符号，便是第三种境界，即"有小无大"的学科教学。如果丙教师将"火红"的理解进一步拓展：一是与枣庄石榴的盛况与名气联系起来，在"火红"与"驰名中外"之间找到内在联系；二是与文人墨客笔下的石榴花联系起来，结合"似火山榴映小山"（杜牧）、"游蜂错认枝头火"（张弘范）、"火齐满枝晓夜月"（皮日休）等诗句来互文理解。像这样，小中见大、大中观小，就进入了第四种境界，即"大大小小"的学科教学。"大大小小"的学科教学就是"大教学"和"小教学"的辩证统一。大是珍珠，小亦是珍珠。课堂教学即有了"大弦嘈嘈如急雨，小弦切切如私语。嘈嘈切切错杂弹，大珠小珠落玉盘"（白居易《琵琶行（并序）》）的意境。

"太"是对待学生之道

心根上的课堂既把学生看得很"大"，又看得很"小"。学生之"大"首要的是确立其主体地位，成为课堂学习的中心，教学服务的对象。这说起来容易，做起来难。在"重流程、轻自然""重预设、轻生成"、"重走秀、轻落实"的教学中，课堂"老大"依然是教师，学生愈来愈"小"，只是蜷缩在教学环节窄缝里的一棵柔弱的小草，难以长成参天大树。教师应该因学而教，以学论教，以学定教，教为学服务，让学生真正"大"起来。学生之"大"，也在于课堂中的学生是一个"群"，而且是一个庞大的"群"。为什么说这个"群"是庞大的呢？课堂中的一个学生并不仅仅是"一个"，一班学生也不仅仅是"一班"，除了一起学习的同学之外，还有隐形伙伴，甚至可以说，整个人类都是学生的学习伙伴。隐形伙伴主要有三类：一是不在眼前的同龄学习者，这些学习者可以是现在的同龄人，也可以是过去的同龄人，比如上几届的学生。可以通过网络，或者其他手段，把他们遇到的问题、独特的见解和作业作品等引入课堂，进行对话。二是曾经阅读或者写作过相同内容的名家大师。把他们在阅读或者写作相同内容时的方法、见解、作品等引入课堂，供学生借鉴或者探讨。三是网络中的虚拟伙伴。把存放在网络中的研究成果引入课堂，或者与不知身份的学习者探讨学习的内容。根据课堂教学的需要，让这些隐形伙伴"现身"，这样学生对话的对象将成倍增加，所得就更多了。其中，尤其要重视，让名家大师成为学生的学习伙伴。学生与名家大师一起学习，"取法乎上"，至少能"得乎中"。比如，指导学生理解"知之为知之，不知为不知，是知也"这句话时，引入三个名家的解读：第一种解读是，知道就说知道，不知道就是不知道，实事求是，这才是智慧。第二种解读是，说知道、不知道要看当时的情况来定，也就是见人说人话，见鬼说鬼话，这才是智慧。第三种解读是，世界既可以认知，也不能完全认知，认识到世界是可知与不可知的统一，这才是智慧。让学生对这三种解读进行比较，就会更加深入地理解孔子这句话的含义，读出自己的理解来。

学生之"大"，还在于学生具有学习的本能和创造的天然潜力。这就要求我们，尊重和发现学生的潜能，让他们自我学习，自能发展。坚信孔子所说，"弟子不必不如师"。在课堂中，充分利用一部分学生的学习成果教其他的学生，或者适时用好"小先生制"，有效开展"兵教兵"的活动。比如，我曾在开学初将全册语文课本分给全班学生"备课"，每两个学生共同"备"一篇课文，要求学生寻找家长、教师等外援来完成。教学到某篇课文时，即预设一定时间让"备"了这一课的学生上台"执教"，并负责辅导后进生，效果很好。

与此同时，我们还要把学生看得很"小"。学生之"小"首先表现在日常生活理解和前概念的不准确，甚至错误。加德纳曾经指出，"在某种意义下，教育的目的应该是去修正在全世界所有儿童生命前五年中几乎必然出现的各种错误概念与简化定型的人物形象。"由此可见，教学就是要给学生的观念、知识"捉虫"，帮助他们建立更准确、更完整、更深刻的观念。学生之"小"也表现在学生学习过程中总会不时产生模糊、片面、错误的认识，需要教师点拨。比如，《荷叶圆圆》中有一个句子："小青蛙说：'荷叶是我的歌台。'小青蛙蹲在荷叶上，呱呱地放声歌唱。"学生朗读这句话时，将"放声歌唱"读成"大声歌唱"。这二者的区别，也许学生并没有在意，但这恰好是教学的契机。教师可以让学生采取两种方式来歌唱，看看在效果上有什么不同，从而得出："放声"不但有大声的意思，还有不一样的意思，"放声"是发自内心的、充分表达情感的歌唱，没有受什么约束的歌唱，与荷叶圆圆这样的环境很协调。

学生之"小"还表现在学生视野不宽，思维方式简单，容易凭感觉、感情做事，理性不足。这就需要教师把学生引到开阔处，给学生思维一个宏大的背景，让他们在这个宽阔的原野中驰骋；引到深入处，让孩子思维深度"卷入"知识内部结构，在弄清它的来龙去脉的同时，学会思维，增长理性；遇到细节处，通过有价值的细节，让知识在学生头脑中进行准确定向和定位，照亮知识整体结构和内在联系；拨到动情处，在具有浓厚情感要素的学习资料之处加以挖掘，拨动孩子的"情弦"，引导孩子的情感，使之更充沛、更深刻。

教师对待学生的态度同样是"大"与"小"的辩证统一。学生在课堂中的处境有四种境界。第一种境界是"没大没小"，学生主体地位既没有得到尊重，身上的"小"也没有得到深入关注，教学只是完成教案的推演，教大于学。第二种境界是"有大无小"，虽然学生成了课堂的主角，但教学没有针对性，没有直面学生的"小"，或拔高了要求，或偏离了航向。第三种境界是"有小无大"，课堂关注了学生学习的"小"，但是采取满堂灌、满堂问，或者其他方式，强力灌注，学生的主体地位被剥夺了，学生的主动性没有充分调动起来。第四种境界是"既大又小"，课堂既确立了学生的主体地位，又关注了学生实际存在的"小"，满足了学生的学习需要。这第四种境界是我们所追求的境界，进入了这种境界，我们对待学生就可以说进入了"太极"的境界。

让 指间迸发颤颤悠悠的音符
——实践体验的课堂

  课堂是学生与世界、与生活对话交往的场所。世界文化、生活经验等要能转化成学生心根成长的"养料",离不开学生体验,即"以身体之,以心验之"的过程。从这种意义上说,心根课堂就是实践体验的课堂。那么,什么是体验呢?体验是一种个性化的生命活动,存在于个体的精神世界中,童庆炳认为,"在体验世界中,一切客体都是生命化的,都充满着生命的意蕴和情调"。不同的人,有不同的体验及其体验的世界。体验就像弹奏时指间迸发的音符,是一种在与世界的交往过程中产生情感,生成意义的活动,这里的"世界"既包括人的内心世界,也包括外部世界,在与人的外部世界交往中生成感受、领悟,在与自我的内心世界交往中生成反思,包括积极的自主思维与领悟,自我发现与建构等。实践体验的课堂就是要让指间迸发颤颤悠悠的音符。体验也是一种主体性的认识和反思性的实践活动。亲自参加某项实践活动可以产生体验;阅读某段文字,调动已有经验储备,进行心灵对话,也可以产生体验。只不过,前者是"亲验",后者是"想验"。体验是包含感受、情感、理解、联想、领悟等诸多心理成分在内的复杂心理活动,这个心理活动具有图景性,它不是以单纯语言文字符号的逻辑转换为主的逻辑思维活动,而是以图景转换为主的非逻辑思维活动,具有非线性、非规定性和非统治性,以及耗散结构。因此体验者很难逻辑分明地说清自己体验的心理过程。

以体验通透心根

体验不同于感觉和知觉。假如你一边喝茶，一边读书，书上的一行行字在你眼前掠过，你一手翻书，一手端起茶杯，闻到杯中散发出的淡淡茶香，嘴里品味着茶的甘苦，周围十分清静，只听到窗外有几只小鸟在清脆地叫。你听到、看到、尝到、触摸到这一切，这种对正在发生的或直接面临的事物的映象就是感知觉。如果在这个过程中，你感受到读书的惬意，产生了某种情感冲动，对读书有新的感悟，这才可以说，你在"这一个"读书活动中有所体验。由此看来，体验不是处于低层次的感知觉，而是一种瞬间性存在的领悟，伴随有一定的情绪冲动，是主体与客体世界的融合与统一。体验是直抵心根的重要通道，学生有了体验，才能有效地将知识、文化等"养料"输送到"心根"之下，促进心灵的成长。

第一，体验能开启心灵。教育要"到心灵"，体验是前提，因为没有体验，学生就无法去体认，无法敞开心灵，与世界对话，教育也就无法进入学生的精神世界。我们常常会发现，学生对所学课文或章节内容没有一定的体验，很难从心底去认同，去理解，即使读"白发三千丈，缘愁似个长"这样悲凉的句子也无法动容。相反，学生有了亲身体验，就很容易产生共鸣，教育就容易在学生心灵扎根。比如，关爱残疾儿童是学生都明白的道理，但不一定人人都有发自内心的感受，如果让学生用一只脚走路、一只眼睛看东西生活一天，他们就会真切地体会到残疾儿童需要关爱，并愿意付诸行动。

第二，体验能调节心灵。体验总是伴随情感而产生的。没有情感的体验是不存在的。积极的情感、积极的体验能激发人积极向上，消极的情感、消极的体验能使人堕落。体验到阳光、雨露和成功的学生，很容易从此走向成功，走向积极的人生。

第三，体验能建构心灵。陈佑清认为，"体验活动不是以达到某种外在的实体结果来进行的，而是通过改变主体的意识和心理世界来进行的。"一方面，体验是理性思考的基础和原材料，是理性思维和感性思维的黏合剂，通过体验，能让知识生命化、个性化，从而真正变成学生的"个人知识"。比如，学生有了对"冰雪融化、大地回春"等景象的个性体验，阅读写春天

的文章时，就会通过回味、反刍与思考，对春天的内涵有不同一般的认识，也许会说出"冰融化就是春天""春天就是妈妈早晨的笑脸"等诗一样的句子来。另一方面，体验是人内外世界交往的平台，聚合了大量的信息，含有大量缄默的部分，或者说"可以意会，不可言传"的部分，它就像浸泡在海水中的冰川，支撑着人的显性知识。通过体验，能让学生建构起复杂的意义系统，托起他们的知识大厦。而且这些缄默的体验成分具有丰富性、关联性、非线性、非规则性、非必然性，是人创造的源泉和动力。这一点，在现实中也是得到证明的，没有哪一位创造发明者不是对所研究的内容有很深的体验，并且大多数的创造源于他们的某次非同寻常的体验。因此，让学生充分体验生活世界，不但可以为他们建立丰富的人生，更能为他们创造人生打下坚实的基础。

第四，体验能认识心灵。通过体验，学生能真切地感受到自己的存在，产生自我认同感、价值感，从而增强自我意识，促进学生个性的和谐发展。比如，只有当学生亲手制作工艺品时，才知道自己这方面的能力如何，也才能明确自己的兴趣所在。

以体验哺育心根

体验对学生学习，乃至整个人生都有影响。那么，如何让学生进行积极的体验呢？其主要途径不外乎四个方面：

第一，置身感知。让学生到情景中去感受，获取全方位的信息，从而有所思考，有所感悟，有所触动。这里的情景有两类，一是现实的场景，一是模拟的或虚拟的情景。当然，对于体验来说，到现场得来的体验要真切、丰富而强烈些。就拿看演出来说，到现场去看，总比在电视机前看体验到的多得多。就学生而言，让他们走进生活世界去看、去听、去闻、去想，建立起真实而复杂的体验，有利于他们对知识的理解，有利于他们建构起个人的意义世界。比如，学习三角形，要弄清它的稳定性，不妨让学生到生活中去观察，看看桥梁、房屋等中的三角形设计，自己去领悟其中的奥妙。但时时、处处、事事都到现场是不可能的，如果要深刻理会"霜叶红于二月花"的诗句，没有条件让学生置身于枫叶红遍万山的景象中去获得第一体验，就可以通过观看相关的录像片去体会。

第二，亲身实践。在实践中，学生能调动多种感官参与，体验不仅是多维度、多层次、多元化的，也是较为充分、较为主动、较为独特的。新课程、新教材安排了许多学生动手实践的活动，比如参观访问、动手制作等，我们要尽力让学生去实践、去体验。即使教材中没有明确规定的内容，我们也可以结合本地本校实际，组织或提倡学生亲身实践，获取真实的体验。比如，学习《葡萄是酸的》一文时，可让学生在课前去品尝葡萄，去观察人们在哪些情况下说"葡萄是酸的"这句话，为阅读课文储备体验；学习了"统计"一节，让学生就班级、就学校、就家庭，或就社区某个方面的数据进行实地调查统计。

第三，返身关照。体验除了"亲验"，还有"想验"。"返身关照"就是一种"想验"。这也是必不可少的。让学生调出已有的生活储备、生活体验，参与到新知识的建构中来，或者在建构自己的意义世界中及时反思，在关照自我中体验自我的成长景况，并把自己的心态调整到最佳档。比如阅读，学生如果打开一本书，接触一篇文，其他书的另一些篇章，古代的、近代的，甚至异国的，同时都被打开，同时呈现在脑海里，在那里颤然欲语。一个声音从白纸黑字间跃出，向我们说话，其他的声音，或远远地回响，或细语提醒，或高声抗议，或由应和而向更广的空间伸张，或重叠而剧变，像一个庞大的交响乐队，在肉耳无法听见的演奏时，交汇成汹涌而绵密的音乐。那么，学生的返身关照就是很精彩的。

第四，移身共鸣。俗话说，"人同此心，心同此理。"体验虽然具有不可传授性，但我们可以通过感染移情的方式，在调动已有储备的基础上获得与他人体验类似的体验。比如，某人动情地讲述他的经历或体验，我们通过想象也能获得类似的体验，这就是"移身共鸣"。因此，在教学中，教师与学生、学生与学生的对话，可以相互感染，互相丰富各自的内心体验。这是一种既简单又有效的体验途径。

以体验发展心根

在课堂教学中，我们要注意教给学生体验的方法，让他们通过体验，自

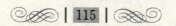

我发展心灵，培育心根。主要的体验方法有：

第一，沉浸法。通过师生互动，创造一种情景，让学生沉浸其中，从而获得具体化、情感化的体验。这种情景可以是实在有形的，如一种交流讨论的情景；也可以是虚拟的，如在网络中模拟生活情景；还可以是无形的，如一种感情脉动的情景。学生置身于情景中，定会有自己的体验。

第二，实践法。让学生动手去做，在做中学，做中悟。比如，一米有多长，可以让学生用直尺量出一米，再让他们用手去比，用步子去丈量，去亲身体验一米的长度。这就是所谓的"体验数学"。

第三，内省法。在学习中，让学生随时关注自己的体验，并进行自我反思。比如，阅读了一段文字，让学生说说内心的感受，对自我的体会进行再认识，再判断；做完一道数学题，让学生说说自己的体会，等等，都是内省体验的方法。

第四，交流法。学生在学习中、活动中有不同的体验，这是正常的。在指导学生体验时，让他们之间展开对话，通过交流来互相影响、互相感染，并从中获取新的体验。这也是一种很好的指导方法。

第五，沉淀法。人生经历不是由生活事件构成的，而是由人生体验构成的。可以说，有不同的体验，就有不同的人生。让学生把一晃而过的积极体验沉积下来，或者让这些体验在新的学习中逐渐"生长"，有利于学生整个人生的发展。我们可以让学生写体验日记，用笔来记录体验；也可以让学生在心灵中玩味体验，把积极的体验珍藏起来。

以体验测试心根

通过对学生体验的了解，可以推断学生心根的发展情况。严格地说，体验本身没有对与错，但有深刻与浅薄、积极与消极之分。学生在学习与实践中有没有体验？体验得怎样？还是需要评估的。判断学生体验得怎样，可以从四个维度去看：一看学生的体验是不是真切。因为只有体验得真切，留给体验者的印象才深刻，也才有利于个人知识的建构。比如，当阅读某篇文章时，有的学生只觉得有所触动，而有的学生还能明白之所以触动的原因，以及触动的内涵，由此可见，后者的体验就真切得多。二看学生的体验是不是

心根课堂——让教育随学生心灵起舞

深刻。因为只有体验得深刻，学生领悟到的东西才越多，才越有教育的价值。比如阅读《浅水洼的小鱼》，学生对小鱼被困在浅水洼里的处境体会的就不同，有的感到自己就好像浅水洼的小鱼，心里很难受，而有的却从文章中一个"蒸"字的字形结构，体会到小鱼在太阳暴晒下所受的煎熬和痛苦，很显然，后者体验得深刻些，对文本的理解也深入些。三看学生的体验是不是积极。尽管我们允许学生有不同的体验，尊重学生真实的体验，但对于一些消极的体验要及时诱导，促使学生产生积极的体验。四看学生的体验是不是丰富。同样的经历，但由于个体差异，其体会到的内容各不相同，有的体验丰富，有的体验单一。对这些进行判断，有利于我们指导时因势利导。

有了对学生体验的评判标准，那么如何评判呢？尽管这是一件较难的事，但我们还是可以采取多种方法进行判断。一是观察法。通过观察学生的表情、行为等来判断学生体验的情况。尽管体验是学生内心的活动，但这些内部的活动变化往往会在人的表情与行为中露出蛛丝马迹，因此通过观察学生的外表和行为，可以对学生体验的情况进行推测。二是对话法。通过与学生进行对话，了解学生体验的情况，尽管学生体验很难完全用语言来表达，透过学生自己的语言叙述，我们还是可以窥见学生体验的大体情况的。三是映射法。让学生把自己的体验通过图画、动作等表现出来，教师通过研究学生的这些"作品"来观察分析学生的体验。四是自白法。让学生通过写体验日记的形式把隐藏在内心深处的体验表现出来。尽管通过语言很难描述体验的全部信息，但我们可以见一斑而推全貌，对学生的体验有所了解。

精 骛八极，心游万仞
——全息沟通的课堂

当今，人类已经进入了信息化时代，信息技术为解放人的心灵提供了条件保障。课堂因信息技术的支撑为学生心灵的发展开拓出了"海量"空间。新建技术使全息沟通的课堂成为可能。"精骛八极，心游万仞。"心根上的课堂演化出与信息化社会合拍的崭新形态，这里姑且称之为新课堂。

里程碑式的解放

信息技术不仅冲击着固定形态的现有课堂模式，而且社会对人才的需求也提出了更高的要求。固定形态的课堂再也难以培养出新时代的人才了。心根不再蜷缩在狭小的课堂之中，而是借助信息技术迎来了里程碑式的解放。

第一，意义、经验、非灌输。新课堂承载的是有目的的教学活动。所谓有目的，就是要引导学生探寻意义、获取经验，而不是"放羊式"，任其自由发展。这里的"目的"包含两个方面的内容，一是吸收显性的意义知识，二是感悟缄默的经验知识。前者是外显的，可以通过"传递——接受"获得，如三角形面积公式，就可以直接获取，后者是隐性的，只能通过"活动——体悟"来获得，不能传递，如探寻三角形面积公式的体验。因此，新课堂是非灌输的，不是停留在"传道，授业，解惑"的外在形式上，而是成为学生意义探寻和经验获得的载体。传统的课堂，往往只抓住了前者，而忽视了后者，从而把课堂僵化了，禁锢在越来越小的场所里。这是当前我们的教学改革要力求突破的。

第二，全息、流变、不确定。新课堂以现代信息技术为支撑，能全面实现与世界的联系，现实世界、虚拟世界和人们的心理世界均成为课堂的构成元素。从这个意义上讲，它是全息的。这时，"课堂"的"堂"与其说是"场所"，不如说是一个"场"。但就具体的课堂而言，它毕竟只是一个全息元，一个网络的接点或"视窗"。因此，它是流变的，会随着现实世界、虚拟世界和人们的心理世界的变化而变化，它可能设在大自然的草坪、小溪边，也可能设在虚拟世界的某一个或几个网站上，还可能随人们相互交流中的某种激情而得以延伸。同时，它也是不确定的，利用什么样的材料，按什么样的形式来进行教学，具有很大的偶然性。学生所查找的资料不同，教学的侧重点和话题往往迥异。正是这些特点，使新课堂丰富多彩，具有艺术的魅力和"诗的无穷解"。

第三，开放、交往、非线性。由于传统的课堂被禁锢在教室里，往往具有封闭性的特征，其教学活动的展开，只能是师生二元对立的传授。尽管课堂展开的逻辑性、序列性十分清晰，但只能培养知识接受和应用型人才，难以培养真正具有创新精神和实践能力的人才。新课堂凭借信息技术，打破了教室的"墙壁"，成为无边界的系统，是开放的，几乎一切均可作为教学的内容，只是根据师生的特点有所选择罢了。在课堂展开的整个过程中，不再是师生的二元传递，而是师与生，生与生之间的交往。这个交往从总体来说是有序的，有共同探讨的话题，有逐步深入的层次，但就具体的细节和展开的方式而言又是非线性的，比如谁与谁交流，谁与谁合作，等等，均取决于课堂展开的情势，而不是事先人为所能预料和确定的。因此，新课堂不是演"教案剧"，教师不是导演，学生也不是演员，而是活生生的现实中的人在交往中生成新的课堂，展开新的课堂，发展新的课堂。

第四，情境、个性、不定型。就某个新课堂而言，它是具体的、情境性的，一个课堂，就是一种具体化的情境，由人、事、物、信息流等多因素组成。不同的教师所营造的课堂情境是不一样的，它是独特的、复杂的、不定型的，而不是过去那种"组复新巩布"的僵化模式。当然，在营建自己的课

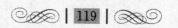

堂时，要以最大限度促进学生的发展为出发点和归宿，而不是为了"新"而求"新"。正是新课堂的无形和个性化，才为教师创造性地教，学生创造性地学提供了广阔的空间。由此反思，这么多年来关于模式的研究之所以成效不大，原因也许就在于此。毫不夸张地说，在"新课堂时代"，一个真正的教师所能建构的是一个独特的、富有创造性的课堂，而不是什么模式。

蝶变后的课堂形态

尽管新课堂是无形的，但其内在的规律还是可以把握的。它往往包含意义、情境、活动等诸多因素，我们可以从多种角度来描述它。

第一，意义的探寻与创造。新课堂不管形态如何多样，但其价值定位在于对人的关怀和促进人的发展与创造上。如果把新课堂看做人的生命过程中的一个"小场景"的话，那么每一个课堂都贯穿着人对生命意义的探寻与创造。这里至少包含两层含义：一是新课堂以关怀人和发展人为出发点和归宿。这也是让课堂富有生命意义的基本内涵。"关怀人"，就是要尊重学生的文化背景、生活经历、思想情感和发展选择，引发他们对人的生命意义的探寻。而传统的课堂往往把学生面具化了，按一个模式，一种情感来教学，把无数新的思想和创造性的理解给抹杀了。当然，这种尊重与关怀，不等于放任，不是"什么都是学生说了算"，而是注意抓住具有教育意义的引发点，如果有的学生思维误入了歧途，教师完全可以"拨乱反正"。不过，这一切的目的只有一个：促进学生的发展。二是对意义的探寻与创造应该成为贯穿新课堂的"红线"。否则，课堂将不成为课堂，教学活动也将茫然而不知所向。因为新课堂就如一篇精美的散文，始终要做到"形散而神不散"。如教一篇课文，尽管学生学习的形式可以不一，有的参考作家的创作谈，有的找来好几篇类似文章对比读，有的根据课文绘制情景图学，等等。但整个课离不开一个基本的意义探寻与创造过程，即从语言文字到思想内容，再从思想内容到语言形式。

第二，全息的开放与凝结。新课堂打破了传统的时空界限，在时间上，融历史、现在与未来于一炉，"融历史于现在"很好理解，就是把人类历史遗产的精华引入课堂，让学生来学习。而"让未来融入现在"就很让人费解了。其实，按未来学家的研究，未来总是在现在中生成的，所谓"寓未来于现在之中"，就是要抓住现在中的未来发展趋势，及时让学生了解最前沿的动态，为他们的未来发展打开一扇扇智慧的窗户。新课堂将冲破教室"墙壁"、学校"围墙"，融现实和心灵世界于一炉，形成"边界软化"的组织形态，从具体的现实场景来看，课堂可能在教室、操场，也可能在家庭、社区或网络中。但课堂毕竟是"三个世界"的一个"凝结"点，要从"三个世界"中摘取最适合学习的因素，构成一个有形与无形、线性与非线性的统一体。这就需要处理好三组关系：一是信息的无限性与选择的有限性的关系。在组织课堂教学时，我们可获得的信息是全方位的，有现实的也有虚拟的，但对具体的课堂教学来说，其选择也是有限的，不可能将所有的信息引入课堂，这也没有必要。其问题的关键就在于选择，进行最优化的选择。在选择时，要依据学科的性质和价值取向，学生的情感、学习程度和文化背景等的实际，以及现实课堂的条件。只有这样，新课堂才可能相对具体时空和学习对象来说是最优化的。二是问题的复杂性与教学的典型性的关系。新课堂打破了时空界限之后，一些必然的、偶然的问题如潮水般涌来，形成复杂的意义形态，如一篇《赠汪伦》，对学生来说，就不一定仅仅是朋友之间的情谊问题了，可能涉及诸多方面的思考点和探索点，怎么办？新课堂应正视这种复杂性，不拘泥于"一课一题"，而是尽可能让学生做多方面的探索，如教学《赠汪伦》，有的学生谈到了《赠李白》《赠董大》等一系列文章，对此教师要予以尊重和引导。但重视问题的复杂性并不等于让学生在复杂的问题中"兜圈子"，使课堂成为一团"乱麻"。相反，要透过复杂的问题，抓典型，以集中"优势兵力"，攻克我们学习的主要问题。如当学生提到多首赠别诗时，教师可以以"赠别"来纽接各种复杂的问题，形成典型的"问题域"：在这些赠别诗中，《赠汪伦》有什么特点和价值？这就让我们的课堂教学既有目标又不拘泥于目标，既有主题，又关注到"去中心"的话题，从而构建起具有独特个性的课堂。三是价值的主导性与文化的多元性的关系。新课堂摆脱了"唯教材是听"的格局，教材仅仅是学生课堂学习的一个比较典型的例子而已，其他的信息成百成千地引入课堂，必然带入多元文化的各种思潮，在教学中，师生持什么样的态度和价值观十分重要。我认为，既要尊重文化的多元性，又要尊重学生体验的独特性，让学生从中去辨别是非，形成个性化的人格，如关于愚公移山的认识，完全可以让学生提出自己的观点。但有一点不容忽视，在尊重多元性和独特性的同时，要注意价值的主导性，即保证学生的认识不违背或偏离人类的基本价值取向，让学生始终成为"真善美"的追求者，如有学生在批判愚公移山的做法时否认中华民族的伟大智慧，这就需要教师引导，让学生用历史的眼光去看问题。

第三，情境的转换与丰富。一个具体的课堂就是一个真实的情境，情境的转换与丰富，便形成了课堂展开与推进的美好图画。传统的课堂情境简单划一，缺乏实质上的关系转换，教学的内容都是从生活中"提纯"而来的，学生很难在实实在在的复杂情境中学习。而新课堂凭借新的教学思想和现代教育技术，注重课堂情境的丰富和关系的转换，为学生课堂学习提供复杂而典型的情境。具体表现在：一是课堂情境的多样性。新课堂不拘泥于教师与学生的传导模式，而是根据教学的需要，营造不同的课堂情境。有的是游戏性的，有的是对话性的，有的是实验性的，等等。即使是同一教学目标与内容，也因为师生的喜好和特点而设置不同的课堂情境，有的可能把课堂布置成类似于中央电视台谈话节目的形式，有的可能把课堂设在相关的场馆里，有的还可能通过多媒体课件，营造网络情境，让学生去感受。二是课堂情境的复杂性。正如叶圣陶老先生所说，生活即教育，社会即学校，课堂的外延跟生活、社会一样大。因此，课堂不仅仅限于书本知识，更不仅仅限于提纯了的应用情境，相反，一定的复杂性是训练学生全面、客观地看世界的必要条件。如学习三角形，就不能只满足于三个顶点、三条边和三个角的图形认识，而要把学生的视野引向现实生活，通过实地观察或多媒体网络展示桥梁、房屋、自行车等多种实物形态，去体会三角形的顶点、边和角，以及其独特的数学价值、审美价值和应用价值，这样形成的数学概念才有用。三是课堂情境的流变性。课堂情境的变化，说到底就是课堂内诸要素关系的变化。如教《荷花》，可设置四个场景：现场观看荷花；对照课文，赏析荷花；进入网络，用语言或图画交流对荷花的理解，并描绘荷花；召开"荷花"朗读会，让学生朗读课文或举办有关荷花的诗会。这些场景的转换，主要是伴随内在的人与人、人与物关系的变化而进行的。而传统的课堂情境之所以一成不变，主要是因为把情境的关系始终建立在师与生的二元对立上，只能建立起典型的"单向度"的课堂，而不是建立起"多向度"的新课堂。

第四，对话的生成与调控。新课堂是在师生的对话中不断寻找话题而展开的。生成与调控是新课堂的重要特点。每个话题都是由师生对话中自由引发出来的，具有随机性和非线性。但在这个"混沌"的表象里面，仍有教师调控的内在逻辑，但要注意以下两点：首先对话生成与调控的主体是师与生，而不是单独的某一个方面。如果仅仅是由学生引出话题，则往往受知识水平和生活阅历的限制很难处处提出有价值的问题。如果仅仅是由教师引出话题，往往又难以适应学生当时的情感和学习需要。因此，要通过师生共同对话，在对话中确立学习的主题。这就需要教师做到两点：一是要善于发现学生交流中有价值的问题，抓住学生学习的"兴奋点"，引导学生去学习；其次要善于启发学生把目光聚焦在有价值的问题上。二是对话生成与调控的最终目的是学生的发展，而不是教师本人的发展。有人指出，教学活动是师生双方共同进步的过程，即古人所说的"教学相长"，这无可非议，但不能因此把教学的目标定位在促进师生双方发展上，因为教是为学服务的，教的最终目的是促进学生的学与发展，教师在促进学生的发展过程中得到自身的发展是手段性的，也只有以最终促进学生的发展为目的，才能让教师得到自身的发展，从而更进一步促进学生的发展。因此，我们不能因为课堂教学是师生的对话与交往，而忽视了根本的价值取向，把课堂变成纯粹的"交流会""座谈会"。

我形我秀　心飞扬

——独一无二的课堂

　　课堂是由教师、学生、编者和文本，及其对话所构成的，由于个体生命的独有性和文本存在的独特性，按理说，不同时空、不同师生、不同文本所构成的课堂应该是个性化的，众彩纷呈的，然而现实中"千人一课、千课一面"的现象却普遍存在。建基于每一个独特的学生，每一个独特的心灵，每一个独特的心根课堂必然是个性化的课堂，是独特的心灵舞蹈。

追问本源问题

　　教师如果在备课的时候没有深入思考学科的本源问题，就不会缔建出有思想的学科课堂，更谈不上个性化的课堂。但是，如果一味追寻花样翻新的教育理念和思潮，而缺乏自己独到的见解，在这样一个急剧变革的时代里，稍不留意，就会"随风飘去"，被"浪"淹没，迷失了自己。英国哲学家维特根斯坦有一句哲言警示我们，"除了本质，你不要把他人的例子当作你的指南。"如果我们不断追问学科的本源问题，研究学科的本质，根据自己对学科的理性认识来备课，就能帮助我们保持一颗清醒的头脑，"坐定山巅看风云"，"我形我秀"教好自己的学科。

　　那么，教师缔建个性化的课堂需要追问哪些"本源问题"呢？这里以语文教学为例，一是弄清什么是语文，探寻语文的本源与实质；二是弄清为什

么要教语文，弄清语文的教育价值和功能；三是弄清语文要教什么，明晰语文的构成和要素；四是弄清怎样教语文，把握语文优课的标准和缔建策略。这四个问题概括起来讲，就是"何谓语文"的问题。然而，有专家指出，"何谓语文"这一本源性问题是现代语文教育的"理论之谜和历史之谜"。"在理论上，没有一种让人信服的说法，在实践上缺乏能经得住仔细推敲的做法！"如果这种看法是正确的话，难道我们就让它永远成为"谜"？不，语文教师有追问这些问题的能力与责任，只要我们卸下一身叹息和迷茫，剔除内心的浮华，用澄明的心灵去叩问，语文教育的春天就会在我们个性化的课堂中绽放。而问题的关键是如何去追问。这里以我对"什么是语文"的追问为例说说基本的思维策略。

第一，咀嚼历史的记忆。我曾力图揭开语文教育历史的面纱，让从心儿吹出的风一页一页地翻开历史，又一页一页地合上。在梳理历史的过程中，慢慢去寻找那打动心灵的东西，或许是一段文字，或许是一本文集，或许是一种思潮，或许是一点感悟，或许是一滴智慧。在语文教育的烟波浩渺中，清洗历史的沉疴，采撷最有价值的思想。我对"什么是语文"做了如下梳理：

对工具说的批判

·工具性不是语文或语言独有的属性，因此不能以工具性作为语文课程本质的表征。

·它绕过了"语言"这个最本质的内核，犯了舍本求末的错误。

对人文说的批判

·语文有人文性应当不错，但有人文性的并非语文一门课程，也难讲语文的人文性比历史、政治等人文课程更突出。说语文具有人文性是成立的，说语文的本质是人文性，在学理上是站不住脚的。

对文化说和生活说的批判

·把语文指称为"文化"或"生活"，实质上是对语文内涵的无限放大。

第二，发现今天的价值。一切萌动的向望，在心灵的感悟之后；一切灵魂的灿烂，在根植于心灵深处的考量之后。将目光注视着今天的语文教育实践，追问的回音定会光照我们探索的灵魂。比如，我听一位中学老师上作文课，面对枝头最后一片枯叶——有同学赞扬"莫叹秋风萧瑟，自有别样风情"，有同学叹息"怎一个愁字了得"，有同学呼唤"还记得我们春天的约会吗？"……我心为之一怔：学生通过语言这个窗口与自然、生活、文化世界对话，不正是语文的真实写照吗？语言学习性才是语文的本质！这使我对"什么是语文"有了新的认识。

第三，回应明天的召唤。语文教师就某一"本源问题"进行了历史与现实的追问后，必须用厚实的理论信仰回应语文教育明天的召唤，明确回答语文的"本源问题"。关于什么是语文？我的回答就是："语文就是学生透过语言去认识世界，从而掌握语言的学科课程。"

我想，只要教师对所教学科的"本源问题"——做出了明确的回答，其教育的生命与世界就能得到延伸，思想与希望就能蜿蜒出意义的溪流，激情与智慧就能绽开艺术的花朵。我对理想语文课的描述是：

语言文字在儿童那里鲜活起来了；

文本意象在儿童那里丰富起来了；

语言感悟在儿童那里深刻起来了；

情感体验在儿童那里充盈起来了；

语文技能在儿童那里发展起来了。

厘定思维基座

所谓思维基座，指的是人们思考问题的逻辑起点和立论基础。思维基座的大小决定思维视野的宽窄、思考能量的盈亏和创造空间的边界，以及实践境界的高低。备课时，教师应该站在什么样的思维基座上来缔建个性化的课堂呢？先看一个案例：

《少年闰土》一文开篇有这样一段话："深蓝的天空中挂着一轮金黄的圆月，下面是海边的沙地，都种着一望无际的碧绿的西瓜。其间有一个十一二岁的少年，项带银圈，手捏一柄钢叉，向一匹猹尽力刺去。那猹却将身一扭，反从他的胯下逃走了。"甲、乙、丙三位语文教师就如何教学这个语段展开了讨论——

甲说："这一段话逼真地刻画出少年闰土的形象。教学时，可以先让学生朗读，感悟少年闰土的形象，再分析作者是怎样写出少年闰土形象的，最后要求学生背诵这一段话。"

乙说："这样教太死板，教语文不是把课文中的人物或语段'装'进儿童的脑袋里，而是要将工具性和人文性统一起来。有必要将看瓜刺猹那个月夜与少爷四角的天空，少年闰土与老年闰土的形象进行对比。"

丙说："我要请教二位，这段文字对儿童意味着什么？它将给儿童的生活世界怎样的影响？在我看来，如果把这段文字作为儿童发展的一份养料的话，我们不但要通过静思默想、对比朗读、背诵描摹等方式将少年闰土的形象'刻写'在儿童心的天幕上，而且要让儿童学着作者观察和描写的方法去刻画生活中的'少年闰土'。"

很显然，案例中的甲老师是站在书本世界中缔建课堂的，他思考问题的出发点是如何将文本"装"进学生的头脑，其立论基础是日常语文观，"教知识"是他的目标追求；乙老师是站在语文世界中缔建课堂的，他以课程标准中关于语文的特点作为缔建课堂的出发点，其立论基础是规范语文观，"文道统一"是他的目标追求；丙老师则不然，他是站在生活世界中缔建课堂的，儿童、语言与生活所构成的世界是他缔建课堂的思维基座。

"教育意味着打开觉知之门，是我们通向人生的巨大活动。"（印度克里西那穆提语）我赞同丙老师的思考方式，突破"此山中"，站在生活世界中去教学。这就需要我们把缔建个性化课堂的"思维基座"厘定在更广阔的世界上。只有这样，教师才能在三尺讲台上悠然舞蹈，炫出个性生命的光彩。

洞识教学境遇

从某种意义上说，课堂教学是一种"相遇"，是作者、编者、教师和儿童心灵与心灵的相遇。而相遇中的心灵有时脆弱得像一只玻璃樽。完整的，闪着宝石般的光彩；破碎了，一切都失去了。即使她曾繁华得似一幅风景画，一片秋叶的飘落也为她覆上无尽萧索；即使她曾浪漫得如一首情诗，一颗眼泪滑落，也为她增添无穷的落寞。请看一个案例：

一位小学高级教师在上课时讲到红军远征时，面临粮食短缺，饥饿难耐，大家不得不以皮带充饥时，一位学生好奇地问道："那他的裤子怎么办？

不会掉下来吗?"教师立即变了脸色厉声道:"你说的是什么话? 你是什么思想?"吓得那位学生战战兢兢,上课也听不进去,并且再也不敢随便提出问题了。

很显然,这位教师的做法使儿童的心灵受了伤。造成这种局面的原因是多方面的,但有一点不能忽视,那就是教师没能洞识教学境遇:一是没能透彻地了解儿童,儿童提出那样的问题是天真和爱思考的表现,但教师以为是"捣乱";二是没能深刻地认识文本,课文描绘红军长征,其用意在于让读者体会长征精神,而学生所提出的问题是与长征精神相连的,教师却没有看出来;三是没能充分认识自己的角色,教师自我放逐了指导的权利和义务。

教师如何走出这种困境呢? 我坚信这样三句话。第一句话:千重要,万重要,吃透教材最重要;这个法,那个法,不懂教材没得法。第二句话:千般好,万般好,适合学生才最好;这样教,那样教,不符学生不算教。第三句话:千变幻,万变幻,凸现个性最奇幻;这里寻,那里寻,不显自我难成形。其含义概括地讲就是:教师要洞识教学境遇中的文本、儿童和自己,因为只有这样,才能把"相遇的心灵"这只易碎的玻璃樽磨砺成金刚或钻石。

第一,力透纸背,叩击"此时"的意义。文本背后是一片意义的天空,意义的海洋,意义的无穷无尽的世界。教师钻研文本时,力透纸背,就是要透过文面意义去把握其中的文化内涵和生活关联,以及文本作为教材的课程价值。中国典籍《申鉴》中有这样一段文字,生动地阐述了罗与目的关系:"有鸟将来,张罗待之,得鸟者一目也。今为一目之罗,无时得鸟矣。"因此,在这里还得指出的是:文本的意义世界犹如一张偌大的网络,每一个字词或句子都是这个网络上的"一目";教师钻研文本时,不但要抓住一些关键的字词句去涵咏,更要将这些关节点的意义链接起来,形成我们对文本的整体而深入的理解。"人不能重复踏进一条河流。"每一次教师钻研文本都应该是一次新的相遇。一头是心灵,一头是世界,文本则是窗口、桥梁。每一次阅读,都应该有新的打动点,都应该明确"此时"的意义。正因为如此,我们完全可以常教常新。教师对文本的透析,所领悟到的文面意义、文化内涵和生活关联并不需要一股脑儿地"给予"学生,而要用课程价值这把筛子来选择,把那些可以实现课程价值的内容"凝结"起来,以备教学时所用。

当然，这些具备了课程价值的东西也不一定都要搬上课堂，要根据教学境遇、儿童对象来作第二次选择。

第二，洞察心灵，了解"此在"的儿童。儿童每天都是新的。每堂课，教师都需要再次洞察儿童的心灵，了解此时此刻此在的儿童所思所想所感，而不是笼统地对儿童作出概念化的判断，把"单纯""幼稚""聪明"等如标签一样贴在儿童的脸上，失去了对具体境遇、具体对象的复杂化和个性化的判断。请看一个有趣的案例：

今天，为了臭美。我穿了一条时下比较流行的低腰裤裤。没想到，在课堂上，漏了点点肚肚，竟被眼明的学生发现了，并大笑着大声说："老师的肚肚漏出来了！"其他同学的目光"唰"地投向我的腰际。我晕！这小子，不看黑板，看我这里干吗？我用一只手麻利地扯了扯衣服，企图拉长掩盖一些。看到正学的"吃饱"这个词语，我灵机一动："呵呵，看来老师吃得饱饱的哦！"我故意很夸张地挺了挺肚肚。一下子，小朋友都学着我的样子做出吃得饱饱的样子，再也没来看我的蛮腰了。我长长地吁了口气。

也许我们可以批判这位年轻女教师的穿着打扮，但我们不得不承认，她敏锐地洞察到儿童此时此刻"好奇"的内心世界，相机引导，化解了一场尴尬。

第三，认识自己，发挥"此有"的才能。如果要让课堂具有教师自己的个性，就必须从"我"的维度来缔建"我"的课堂。这无疑给教师提出了三点要求：一是要充分认识自己，寻找自己适合做教师的理由，并有理由地发挥自己的独特才能，追求"人课合一"的美好境界；二是要不断提高和丰富自己，挖掘自己的潜能，时时更新"自我"，使自己的教学越来越丰盈，越来越高超，越来越能够满足教学创造的需要；三是有条件时可以采取多种手段弥补自己才能的不足，善假于物，使自己暂时不具备的才能"此时拥有"，比如，教师的朗读水平不够好，可以用录音来"补缺"；没有到过课文所描写的名山大川，缺乏实感，可以借助录像再现之。

驰骋教育想象

爱因斯坦说过："想象力远比知识更重要，因为知识是有限的，而想象

第二章　神与物游　"课"随心舞

力概括着世界上的一切并推动着进步。想象才是知识进化的源泉。"有人说，目前，最没有想象力的是教育。也许这种批评有点过火，但是给我们的警示是发人深省的。在备课时，教师要努力驰骋教育想象。

第一，挣脱专制文化。应该说，我国几千年的优秀文化传统是取之不尽，用之不竭的瑰宝，但是这瑰宝也有瑕疵，比如，专制文化的痕迹就比较重，成为禁锢人们思想的"高墙"。生活其中的教师也难以逃脱这样的桎梏，怎么办呢？肩负传播和孕育新文化职责的教师应该具备挣脱专制文化的勇气和智慧，做到"不唯上，不唯书，不唯欧美，不唯权威，更不理会炒作与献媚"，面对教育改革的浪潮，面对名家大师的课堂，多一份冷静，多一份独立的思考，让"教学批判"成为自己的第三只眼睛。

第二，突破心智模式。人思考或处理问题时，有了一定的心智模式，就会迅速简洁高效地完成任务。但也会因此形成一种思维定式，不利于创造性地解决新的问题。记得有一次，我组织开展"情感型课文"的现场教学研讨活动，执教的十余名教师都无一例外地致力于让学生流下眼泪，似乎谁的眼泪流得越多谁的教学就越好，那课堂简直是"泪流成河"，目不忍睹！我评课时，忍不住问执教者：这就是"情感语文"？很显然，执教的老师们误入了"流泪即为情感型课文教学的价值取向"这"藕花深处"了，要知道：好的课堂刺激的是人的灵魂，而不是刺激人掌管内分泌控制的腺体。由此可见，教师只有不断地进行心智突围才能让自己的教学生命如常青树一般，年年发芽年年新。

第三，寻觅教学创意。意大利诗人马拉古兹有一首著名的诗歌叫《其实有一百》。岂止儿童有一百，教学也是由一百组成的，一百种理念、一百种设计、一百种策略，引导儿童去唱歌去理解一百个世界，去探索去发现一百个世界，去发明去梦想一百个世界。教学应当有创意！教师应当是创意大师！

教师如何突破旧有的心智模式，去寻找教学创意呢？这很难用几句话来回答。重要的是，一要随时反思自己的教育追求和课堂教学，尤其是开展"批评与自我批评"，每过一段时间，对自己的教学理念和实践进行批判和清理；二要了解儿童，学习儿童，阅读儿童读物，如童话、童诗等，学会从儿童的视觉去创造课堂；三要广泛接触教学相关领域的事物，比如，看看其他学科怎么教学，企业家、政治家、文学家等等怎么思考，广告设计师、建筑设计师等怎么创意，如此一来，他山之石即可以攻玉；四要大胆想象，根据教材文本和自己的教学对象，开展头脑风暴式的想象，将一个个哪怕不是很成熟的创意记录下来，再作出适当的选择和组接。

第四，假想演绎课堂。有了大的教学创意以后，教师要在心中反复演绎可能的课堂教学情境，想象课堂上会出现什么样的情况，自己如何应对，等等。这种假想就是"象之思"。当我们可考虑的要素越多，细微之处想得越清楚，预案越多，教学的时候就越从容。比如，当你执教《鲁提辖拳打镇关西》时，如果你播放了电影片段，问学生：是影片好，还是原著好？一位学生说，影片好，一位学生小声说，还是原著好。你是否会在想象中模拟出解决问题的教学情景：

师：同学们阅读了小说精彩的部分，欣赏了相关的影视片段，大家觉得阅读小说和看影视片段感受有何不同？

生（大部分齐答）：看影视更过瘾。

师：不错，影视片给人视觉感观上强烈的刺激，演员的表演也很到位。但有没有同学觉得读小说更有味的？说一说你的理由。

生：有，小说中对"三拳"的描写更生动、更形象。这种生动形象是电影电视中难以表达出来的。

师：说得好。还有没有其他见解？

生：您经常启发我们说，一千个读者眼里有一千个哈姆雷特。阅读小说，我们全班50多个人眼里应该有50多个鲁提辖；而影视片里只有一个鲁提辖。

师：说得好！那就让我们潜心阅读小说，细细品味这三拳的描写为什么精彩有味？让我们每一个人通过不同的阅读体验读出每一个眼中的鲁提辖。

（学生自由阅读和讨论，教师从三拳描写的感观角度、比喻句的运用，三拳部位选择和描写先后顺序安排去指导。）

如果教师在备课时长期坚持这样的假想，其心灵经验就会与日俱增，不愁设计不出个性化的课堂来。

第三章·抵达内心 开花结果——心根课堂的教学路径

　　课堂教学的终极追求是"为生命立心，为人生育根"。教师是儿童心根生长的"重要他人"，教学的基本路径是：从触摸儿童心灵之根，到打开儿童知觉的大门，再到抵达儿童的心灵深处，呵护心灵胚胎，突破语言之茧，繁衍心灵枝蔓，润泽心根，丰富心灵意象，促使心灵蝶变。任何人的心灵都只能自己"特许访问"。儿童心根的生长归根结底还是要依靠儿童自己，心飞字舞，内聚外扬，浸润，通透，享受，磨砺，内化，强健，记录，咀嚼，犹如雏鸟破壳，犹如白驹过隙，一点一点地积累，一点一点地延展，一点一点地生长，一点一点地开花，一点一点地结果。

倾听黑洞内的生命回响
——触摸心灵之根

心根，乃课堂之"结"，教学最终应该深入到学生的心根之中。要做到这一点，了解和触摸学生的心根是前提。正如奥苏伯尔所说："如果我不得不把全部教育心理学还原为一句原理的话，我将会说，影响学习的最重要因素是了解学生已经知道了什么，根据学生原有的知识状况进行教学。"了解儿童心根不是抽象地把握，而是实实在在的具体认知；"触摸"不是蜻蜓点水式的涉及，而是深度介入其内在的隐秘空间，最大限度摸清学生知识储备、思维构造、感受特质等，而不是一般的心灵感受、想法等。"知人知面不知心"，何况是触摸人的心之根？要在课堂教学中做到这一点很不容易，倾听来自心灵"黑洞"的生命回响，需要有相关技术的支撑。

印记分析

心灵是黑洞，心根更是黑洞中的黑洞。但俗话说，"人过留言，雁过留声。"人，无论是静止，还是运动，都会留下"印记"。通过分析这些印记，我们不但可以了解人的言行举止，而且能够间接了解他人、他时、他地的心理活动，有限度地深入人的心灵，触及心根。因此，教师必须深谙印记分析。

第一，语言分析。语言为心灵之声。汉代扬雄在《法言·问神》中指

出："故言，心声也；书，心画也。声画形，君子小人见矣。"语言是印记分析的重要凭借。语言是师生心灵之约。教师通过分析学生的语言，可以了解他们的观念、情感、思维方式等，触摸到孩子的心根。请看一个案例：

一直默默坚持写课堂体验的优秀学生赵晴问我："体验了不就行了吗？为什么要写出来？我可否不写一次课堂体验？"她想体验一下不写课堂体验的感觉。我没直接回答她的问题，而是允许她先去体验无体验的体验。她在4月7日的课堂体验上只写了一句话："今天我不写政治体验，因为我需要的正是这种无体验的体验……"第二天，她却补了一篇课堂体验，题目是：《体验无"体验"的体验》。她写道："上次没写课堂体验确实是轻松，但我可以在这里说句实话，不写课堂体验我也的确想过：哎，挺好，可以少写几次了。但我又想：我是为了体验自己没写'体验'的'体验'。我明白了，写体验是为了记录下自己的所思所想，并且督促那些不自觉的同学体验自己一天的生活。当然，这也是一项作业嘛。我觉得，政治体验和其他作业比起来还是很好的！不知其他同学怎么想，但我相信，如果一直这样坚持下去，我们养成体验生活的好习惯，会从中受益匪浅！"

第二节课，我回答了她的问题，我在黑板上写道："写的过程是思考、整理、澄清、创作、记录、产生、积累、成长、宣泄、释放……的过程。"她把这句话记下来，并在下面写下她的感受："创作是快乐的，创作过程和创作后的应用都是快乐的。每个创新都是对生活的挑战。"课后，她又补充了自己的体验："下午听了老师的话，我好像一下子对'体验'充满了敬佩感，它会使我们进步得更快，更好地认识自己。"

仔细分析案例中赵晴的口头和书面语言，我们不仅能了解她的思想观念，也不难看出她的思维方式：反向思维——体验无体验的体验；延伸思维——从教师对"写体验"的解说中延伸出对创新的理解；深度思维——从写体验的正反体验中产生对"体验"的敬佩感和深刻认识，以及她细腻、辩证、深刻的感受性。这正是优秀学生所具备的心理品质。当然，我们不排除"心口不一"的现象，但即使故意掩藏内心世界的语言表达也会露出心根的蛛丝马迹，也可以从掩饰的语言中透视人的内心世界。

第二，行为解剖。行为是心灵之"象"。德国诗人海涅在《慕尼黑到热那亚旅行记》中说，"行为是精神的外衣。"通过观察、分析人的一连串行为，或者由人的言行演绎出来的故事，不仅可以了解人的心理，也能够洞察人的心根。我有这样一次亲身经历：

那天，我站在讲台前，望着那一张张稚嫩的脸，那一双双渴求知识的眼睛，满怀激情地向他们描述着"美丽的秋天"。我注意到，坐在第一排的雅雅听得津津有味，眼中闪烁着智慧的火花，圆圆的脸蛋泛着红光。此时同座的小男孩东东却侧着脸，聚精会神地看着雅雅，呆呆地，突然，猛地凑上去，亲了雅雅一口。

面对这突来的事件，我先是一愣，然后继续上课，心里却无数次闪现刚才的镜像。下课后，我来到东东旁边坐下，问："你觉得雅雅可爱吗？"

"可爱。"

"是呀，雅雅人长得漂亮，上课听讲又那么认真，成绩也好，的确可爱。"

"你喜欢她吗？"

"喜欢！"

"怎么表达？"

"不知道。"

"那老师告诉你，可以直接对她说，'你太可爱了'，也可以暗下决心，好好学习，争取像她一样可爱。好吗？"

"好！"

东东课堂上亲吻了同桌，内心深处是怎样的？他有怎样的思维方式？我通过对他行为的观察和询问，做出了这样的判断：课堂上的这个亲吻不是罪恶，不是污秽，而是纯真的情感，是一种没有找到恰当表达的"美丽的错误"。于是，用真诚的心去尊重那份情感，去诱导那份情感，演绎了一段唯美的"电视散文"。

第三，作业透视。作业为心灵之"迹"。它不仅是学生学习成果的表达，也是学生内心世界的外显。因此，通过分析学生的作业可以剖析他们的心灵世界，抵达学生心根最幽微处。比如，学生学习了"乘法分配律"后，计算 $80\times125+8\times125$，有不少学生出错。第一种错误，$80\times125+8\times125$ 写成

（80×125）×（8×125）的样子；第二种错误，11+8×125的；第三种错误，不够仔细，计算错误。仔细分析这些错误，不难发现孩子们的思维障碍：第一种情况属于"一错再错"——受正负思维迁移。学生的出错跟学生的思维能力有一定的联系，小学生的思维很容易受"定势"的影响，往往先入为主的事物在对新知识作用的同时，既有积极的一面，即"正迁移"，又有消极的一面，即"负迁移"。所以在知识的迁移过程中，思维定式促进正迁移的产生，就能使问题得到正确的解决；当它束缚了学生的思维，就会产生错误。第二种情况属于"模棱两可"——受知识结构混淆。心理学告诉我们，前面学习的知识影响后面知识的学习，这是前摄抑制；后面学习的知识对前面学习的知识反过来干扰，这是后摄抑制。学生在学习中常常会受到新旧知识的前后抑制，产生错误。第三种情况"敷衍了事"——受作业习惯干扰。学生可能一个数字抄错了，或一个数据漏算了，导致了作业的错误。主要是学生在做作业时，以应付的心态，来完成老师的作业，不珍惜自己的劳动成果，敷衍了事，是由于没有养成良好的作业习惯和书写的习惯所导致的。

现场考察

人生活在具体的情景中，心灵不能独立于场景而存在。触摸人的心根，离不开具体的场景。深入人的活动现场，能更真实、鲜活地把握人的心根。只要我们方法得当，一定能做到佛陀所说的"妙观察智"。

第一，交流谈话。哥伦比亚大学教授海弗特在其所著的《教学的艺术》一书中指出："观察他们，和他们谈话，和他们交往讨论，大大方方地听他们的谈话。从他们平时随随便便的聊天、漫不经心的闲谈语调里，学习了解他们的情绪和心智发展的情形。还有一个可以帮助你的方法是：回想你自己少年时代的那些事。……想得越逼真、越热情，你对青年们也就越了解。"尽管这里说的是对青年的了解，其实对儿童的了解也同样如此，与他们面对面交流，是可以了解他们的心灵的。

第二，限时解决。苏霍姆林斯基曾说，"有经验的教师总是牢记着亚里士多德的那句名言：思维是从疑问和惊奇开始的。"让学生在真实的、或者模拟的问题情境中限时解决问题。通过观察学生解决问题的过程，分析了解他们的心灵世界，触摸他们的心根。比如，让学生在 30 秒内完成选择题，并说出理由："豚鼠的黑毛对白毛是显性，一对黑毛杂合体豚鼠交配，产生 4 个子代，它们的表现型可能是（　　）。A. 全部黑毛；B. 3 黑 1 白；C. 1 黑 3 白；D. 以上都有可能。"某个学生选择了 B，理由是：根据分离规律"一对杂合等位基因杂交后代分离比是 3∶1"，所以选择 B。很显然，这位学生出错的原因不在于规律本身，而在于因解题定势套用了一般规律，没有考虑到分离规律中 3∶1 分离比是统计规律，适合足够的样本，而本题恰恰是小样本，学生受思维定式的影响，误入了歧途。

第三，头脑风暴。这是美国奥斯提出来的，一种激发集体智慧产生和提出创新设想的思维方法。在头脑风暴中，学生思想、情感等会集中表现出来，是了解学生个性心理差异的最好时机。有这样一个教学片段：

师：在你的心目中，未来的图书馆会有哪些全新的创意设计？让我们展开"头脑风暴"！

生 1：我认为每一种书都要放一个房间。如果我想找太空的书，就可以进入"太空的房间"，里边很黑，还有一块晶莹透亮的玻璃，里面是宇宙，是我们至今发现的四万个星球的位置。

生 2：我认为现在的图书馆可以贴一些可爱的墙纸，这样就比较温暖。而且椅子也是多种多样的，这样不会单调。这样更人性化，更有人情味儿。

生 3：我会把图书馆的基座设计成一艘船，房子就像一本打开的书，就像张开的帆，让人一看就联想到，乘着书的船，在知识海洋中遨游。

生 4：我觉得当今世上，有太多不能上学读书的盲童，他们不知道社会上的一草一木。所以我认为在图书馆里装上一些按钮，一按，就可以读出故事的一波三折，以及主要内容，让他们在书海中遨游。在他们旁边放一位机器人助手，照顾他们的不便之处。

由此，我们可以推断，学生 1 心灵无拘无束，比较浪漫；学生 2 比较务实，但想象空间不够宽广；学生 3 富有艺术的想象力；学生 4 富有悲悯之心。

第四，游戏。莎士比亚指出，游戏是小孩子的"工作"。席勒说，儿童游戏中常寓有深刻的思想来源。学生在游戏中的表现最自然、最本真，最能折射出他们的内心世界。我们可以从学生的游戏中去观察和透析他们的心根。比如，某教师给学生提供了四幅漫画，第一幅是在一间房子里，一张桌子上摆着一个黑包，两个人正在握手；第二幅是一个人拿着黑包在前面跑，另一个人在后面追；第三幅是两个人相对而立，其中一个人正在开包；第四幅是一个人拿着黑包在跑。让学生对这四幅漫画进行重新排序，并配上说明词。有的学生以 4—2—3—1 排序，分别配以"有小偷""追""终于捉住了""多谢你挽回了我的损失"。有的学生以 1—4—2—3 排序，分别配以"朋友见面分外亲热""有人偷包""死死盯住""看你往哪儿跑"。还有的学生以 2—3—4—1 排序，分别配以"抓小偷""让我瞧瞧都有些什么""这个包归我了""见者有份"。由此可以了解学生的思维、情感和心态。

第五，心理实验。心灵是一个"黑匣子"，不能直接看到，但可以通过一些心理实验来了解。在心理学界，做过许许多多心理实验，成为我们了解人心及其规律的重要手段。通过做心理实验，既可以了解心理的普遍规律，也可以了解某个学生的个性心理特征。心理实验并不神秘，普通教师也可以设计并实施。比如，1972 年，北卡罗来纳州大学的 Beulah Amsterdam 做过这样一项实验：首先悄悄地在 6～24 个月的婴儿鼻子上粘一小红点，然后把他们放在镜子前。孩子的妈妈指着镜子里的影像问孩子："那是谁？"之后研究者们开始观察婴儿的反应。Amsterdam 测试了 88 个婴儿，最终只能得到 16 个孩子的可靠资料——婴儿终究是婴儿，而且很多孩子不想玩。从这 16 个婴儿身上，Amsterdam 发现了三类反应：6～12 个月：那是别的孩子！婴儿的行为好像在镜子里的是另一个人——一个他们想友好相处的人。他们会做出接近的动作，比如微笑、发出声音等。13～24 个月：退缩。婴儿看到自己在镜子里面的样子不再感到特别兴奋。有些看起来有些警惕，而另一些则会偶尔微笑一下并弄出些声音。对这种行为的一种解释是婴儿这时的行为很自觉（感到自己存在，可能表现出自我概念），但是这也可能是面对其他孩子的反应。20～24 个月以后：那是我！大约从这个时候开始，婴儿开始能够通过指着自己鼻子上的红点，清楚地认出自己。这明确地表明他们认出镜子里的是自己，而那块棉球是在自己的鼻子上。

外围论证

对人的了解，尤其是心灵世界的了解，不是一蹴而就的，需要持续的、多方位的观察、分析。其中，外围论证是不可或缺的，即通过"第三方"了解当事人的心理。

第一，众人评说。对于一名学生心灵世界的掌握了解，应广泛听取各方面的意见、评价与看法，尽可能达到全面、客观、公正。这就包括听一听周围学生的意见，从干部到普通学生，从男生到女生，从本班到外班；任课教师的评价，前任任课教师及前任班主任的介绍，学校领导、工友的观察，还包括毕业母校教职工的意见；家访中倾听家长的说法，街坊邻居的谈论等等。

第二，背景透视。了解学生的姓名、出生年月、性别、民族、身体状况、学习成绩、爱好特长，以及其家长的年龄、工作、家庭住址、联系电话等基本情况，以及学生每个学期的鉴定，教师记录的班级日志等。通过对这些背景的了解来分析学生的心灵世界和形成过程。

第三，统计分析。主要包括学业成绩统计，也包括其他各方面的统计，如参加劳动等为集体服务情况，迟到早退次数，教师与其谈心实施教育的记载等等。成绩统计必要时应该较为详尽，有时甚至要详尽到某科某题，为的是使之真正为教师的查漏补缺提供依据，而不是为成绩排队需要。通过记载统计，力求了解学生的思想素质和知识水平的全貌。

穿 透泥土，对着天空绽放
——打开觉知的大门

　　教学不是把白纸黑字输入学生的头脑，重要的是让学生透过白纸黑字去觉知，去想象，去感悟，开出情感之花，结出意义之果，就像植物穿透泥土对着天空开放。教学一个章节、一篇课文，首要的是打开学生觉知的大门，使他们能够顺利通达教材背后的世界。"打开"不是一个简单的动作，而是一种科学，一种艺术，一种实践智慧，有若干关键点需要深刻把握。

自由·敞开

　　印度哲学家克里希那穆提有句名言，"如果没有自由，人类就会衰萎。"学习同样如此。心有自由，行动才能自如。只有拥有一颗自由的心，才能激活生命内在的能量，来一次完美的学习旅程。教学是学生、文本和教师"三方对话"，但这种对话必须以学生自由学习为基础。现实教学中，有的在时间上设限，没有给学生自由学习的时间，或者即使给了也没有给足，学生的心还没有完全打开就在草草收场的自由学习中闭合。时间决定空间，学习时间的闭合意味着觉知空间的萎缩，自由思考之灯的熄灭。有的在内容上设限，教师一厢情愿地设定一些问题或者关注点，让学生成为知识的奴隶，一味跟随、顺从和模仿教师的思路，不知不觉地关闭了自主学习的心向。比如，某教师教学《冬阳·童年·骆驼队》，第一课时便从小轩《梦驼铃》、杨海潮《月牙泉》的歌词引入，直奔文本最后的语段"我默默地想，慢慢地写，又看见冬阳下的骆驼队走过来，又听见缓缓悦耳的驼铃声。童年重临于我的心头"。接着，让学生围绕这个语段来阅读全文。这看似深刻和巧妙，实则"强制"了学生的思维，让学生一开始就局限在狭窄的学习空间之内。作为第一课时教学是很不合适的，因为让学生站在某个权威、教条或结论的阴影之中，他们就无法点亮自性之光了。有的在程序上设限，对任何年级、班级和教材，都采取一样的程序、方式教学，根本激不起学生学习的兴趣，就像艺术家想要表达一些新的东西，然而在画布之后仍旧是那副陈腐的头脑和身体。有的在方法上设限，一开始便要求学生按照某种固定的方式学习，学生缺乏自主性和选择性。学习只有在彻底的空性中，新的觉知才会被打开，才能收获更多自己的东西。方法的执著让"三方对话"成为例行公事，学习的美便随之消失。

要让学生自由地漫游于学习世界，并不是只要给足学生学习的时间就可以了，而需要千方百计地打开学生的心扉，让他们的心灵敞开，再敞开。沉心静气是心灵敞开的前提。只有当心静下来，才能真正进入学习世界，发现更多意义，聆听更多来自内心的声音，捕捉与世界对话的每一个声息。学习前，可以让学生静息半分钟，做几次深呼吸，清空漂浮的杂念。学习时，可以伴随轻柔的音乐进入，一边阅读一边思考，将每一个细小的感触记录下来。

内在的兴趣是心灵敞开的关键。只有当学生对学习本身产生了浓厚兴趣之后，才能最大限度地敞开心扉，与世界持续对话。如果学生一开始学习即被学习内容所吸引，教师要抓住学生的兴奋点"扩大战果"，既可以让学生交流最感兴趣的地方，相互感染；也可以就学生共同感兴趣的问题进行探讨，延伸拓展；还可以引进背景资料，启发想象。就拿《冬阳·童年·骆驼队》来说吧，学生大多对课文题目很感兴趣，觉得新颖别致。第一课时教学就可以让学生先根据课文题目作画，或者写一个片段，或者为课文匹配最能表达这个意境的图片、影视作品，再阅读文本，根据对文本的初步印象作画、组图或剪辑文字，然后前后对照，展开对林海音童年时光的探寻，从不一样的文章题目走向不一样的童年时光。

情思飞扬是心灵敞开的核心。当学生心灵缓缓进入学习视界之后，教师指导的着眼点不在于让学生从学习内容中获取多少意义，而在于促进学生情随文涌，思随文舞。比如，第一课时牵引学生阅读要防止过早定向，被思想所绑架，所提问题应该宽泛而有包容性，让学生说说：读了课文，知道了什么？还想知道什么？有什么印象、感受或触动？联想到了什么？采取放胆批注、头脑风暴、讨论对话等方式，让学生将"首遇"学习内容的内心世界"暴露"出来，既注重个体的充分学习，又注重群体的充分对话，为后面的深化学习作全景式铺垫。

附着点·冲突

教学是师生共同之旅。起始制约着过程，投射着方法，影响着结局。教学的起始课，从哪里出发？有人说是浏览全文，有人说是了解与文本有关的资料，有人说是破解题目，还有人说是弄清学习提示或课后问题，等等。这些都对，但又不完全对。说对，是因为我们可以将这些作为学生学习的起点；说不对，是因为确定教学的起点不能够仅仅依据教材的"给出"，更重要的是因人而异，找到教材在学生心灵中的"附着点"。附着点是根据地、起跑线。整个教学要由此展开。如何寻找这个"心的附着点"呢？既要看学生的生活背景与知识结构，更要看他们与教材首遇后的心理状态。可以根据学生年段特征和已有学习状况来推断，比如课文教学，低年级侧重于学习字词和读通文本，中年级侧重于读通文本和了解大意，高年级侧重于了解大意和把握文本结构；也可以备课时，组织个别学生"试学习"，借一斑窥全貌，通过了解学生"试学习"的情况来确定；还可以通过开课谈话了解学生预习情况来生成。

一旦教材在学生心灵找到了附着点，真正的学习即开始了，与之相随的便是"冲突"，因为"心智的本身和思想就是冲突""所有的信念活动和感觉都是冲突"（克里希那穆提）。认知冲突是教学首遇的冲突。教学是消解，还是强化？不能一概而论。教师可以根据这些认知冲突是否影响学生整体把握教材意义和心灵自由敞开为标准，确定是否立即予以消解。有的认知冲突阻碍了学生揭开教材面纱，影响了最基本的学习，需要及时消解。比如，生字新词往往是学生首遇的认知冲突，如果它们影响了学生通顺朗读和整体了解，就必须在第一课时"扫清字词障碍"，或者可以将生字新词教学贯穿到几个课时之中。有的认知冲突触及了教材的"深水区"，不但不能消解，反而需要进一步强化，为深入学习制造"悬念"。比如，教学《搭石》，学生质疑：为什么课文要把这种石头叫"搭石"，不叫"踏石"，或者其他名字？这个问题触及了文本的核心意义，正是"搭"这个普通的动作，联结了故乡的小路，构成了家乡的风景，链接了乡亲的情感，因此第一课时可"存疑"，只激活问题，而不作解答，留待第二课时深入探讨。

情感冲突是教学的重要推进器。酿制、纠结、碰撞、释放是教学活用情感冲突的基本方式。教学伊始重在酿制和纠结情感冲突，为后面的教学作情绪引导。因此，教师要善于引导学生将初步学习中的小小触动汇聚成大的情感涌流，并在学生情感世界与教材情感世界之间找到"冲突"。比如，教学《落花生》，学生阅读文本前，可能更喜欢苹果、石榴之类，但文本强调的是对落花生的喜爱，这就生成了情感冲突：到底喜欢苹果、石榴之类，还是落花生之流？可在第一课时将这个情感冲突摆出来，引发学生思考。

文化冲突是更为深层次的教学冲突。破解文化冲突，实现文化理解与和解是教学的最高境界。学生年段越高，越要重视文化冲突。比如，教学《花是种给别人看的》，学生初读后质疑：同样是种花，为什么中德两国大不相同？如果仅仅理解为我们要向德国学习，未免太肤浅了。需要启发学生从文化的角度去挖掘，可以为学生提供有关两国文化的研究资料，让他们在第一课时阅读这些资料，在第二课时展开深入探讨。

不少经典作品都离现在的学生生活背景和阅历较远，产生代际冲突是必然的。代际冲突的存在，赋予阅读传承、理解和创新等更多价值和意义，必须让学生默观它、觉察它、深入它、和解它。一般的方法是启发学生用历史的眼光看历史的人物、事件和背后的一切，在理解的基础上超越，在超越中实现代际文化血脉的传承。教学伊始，既要让学生从自己的生活背景和认知出发来学习教材，质疑问难，凸显代际冲突，又要引导学生查阅资料，了解内容的时代背景，站在和解冲突的起跑线上，更要敏锐地察觉师生之间代际冲突在学习同一教材时的具体体现，为后面消解冲突作铺垫。比如教学《第

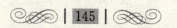

一场雪》，学生读了文本后觉得美，但他们这个感觉仅仅来自文本所描绘的风景，而教师因对文本时代背景有深入的了解，知道这篇文章出自自然灾害年之后，人们看到瑞雪，怀有一种"兆丰年"的喜悦。师生关于第一场雪"美"的感觉明显存在代际冲突。教师可在第一课时将这样的冲突摆出来："我理解这场雪不仅仅是景色美，更有一种超越景色的美，这种超越景色的美指的是什么？"激发学生第一课时后去查阅背景资料，为第二课时埋下伏笔。

内心开花·集体头脑

教学伊始必须将学生自由充分的学习放在首位，"请勿打扰"是每个学生学习空间外首先要挂出来的牌子。个体自由充分学习的目的是让他们"内心开花"。"开花"意味着自由成长——像地上的花朵没有阻碍地绽放。但是，这并不意味着学习需要"孤独"。"独花不是春。"在学生充分自由学习的基础上，尤其需要"脑的链接"，在"集体头脑"中寻找个人的心灵空间和理解的突破。

在场链接是教学最经济的链接。所谓"在场链接"，指的是将一起学习的师生的思想链接起来。一般的方式是，让他们充分表达学习的初步感受或收获，并将这些收获通过板书或者电脑屏幕展示出来，并作出简单的归纳整理，形成一个"理解束"。后面的教学就可以从这个"理解束"中找到深入学习的线索和路径。在场链接因其时空聚焦、沟通容易，成为教学起始课的主要方式。

实时传输链接是信息技术条件下教学的新突破。所谓"实时传输链接"指的是利用互联网平台，将在学习相同教材的班级、学生链接起来。学生既可以看到本班同学初步学习的情况，也可以了解其他班级学习的情况。这样，初步学习后就可以形成"理解库"。更多意义被学生捕捉，更多疑问被学生发现，更多疑难被学生消解。如果是在场链接给了学生一条河的话，那么实时传输链接可以给学生一个海。与此同时，在链接中要防止学生被海量的信息所淹没，可以借助现代搜索整理技术，将理解信息进行分级管理，将最有价值的信息呈现给每个学生，将被查的信息暂时掩藏起来，将无价值的信息删除。

超时空链接是拓展教学空间的重要形式。所谓超时空链接指的是不局限于当前，给学习建立资源库，将关于某一教材的学习参考资料与学生的学习链接起来，供学生学习时自由选择。其中，尤其要注重教材、学习史料的利用。同一教材，可能包括作家、名人等成千上万个读者学习过并留下了自己的体会，这是学生学习极好的参照。有的教材、学习史料可能汗牛充栋，如《论语》，教师切不可一股脑儿都塞给学生，而要有选择地提供微缩的、最有价值的东西给学生。学生在充分自由学习之后，能够了解名家大师学习时的所思所感，无异于让学生与这些名家大师成为"同学"，会极大地打开学生学习的视野，提高学习的层次，再也不会重复"萝卜＋萝卜＝萝卜"的故事了。当然，由于年龄、阅历和学识等原因，学生不可能完全和名家大师"跳舞"，甚至看不懂名家大师的"舞蹈"。这就需要教师根据学生需要择善而从，指导学生"舀一瓢饮"。

心跳是最美的语言
——心能抵达

教师劳作的田野不在别处，就在学生心灵的田野上。抚慰、唤醒、滋养和发展学生的心灵是教师工作的核心要义。但这一切的前提是"心能抵达"，心跳是最美的语言，只有教师的心灵抵达学生的心灵时，教育才能够发生。

心能抵达的关键是教师

白居易在《天可度》有一句诗："唯有人心相对时，咫尺之间不能料。""心能抵达"，这看似很简单，但事实上并非如此，在具体的教育教学活动中，教师和学生近在咫尺，心却难以抵达，甚至离得很远很远的现象普遍存在。请看一个真实的教学故事：

有一位小学生造了个句："我躺在小溪里睡觉。"语文老师看后，训斥道："你多马虎，怎能在小溪里睡觉呢？"那位小学生垂着头，流泪……。事后，有人问那位小学生："你为什么那么写呢？"这位学生抽泣着，委屈地说："我把自己当作一条小鱼……小鱼不在小溪里睡觉吗？"

很显然，这个故事里教师的心没能抵达学生那梦幻般的心灵，没能捕捉来自学生心底那微小而生机勃勃的声音，教学注定要失败。其实，教学犹如蜜蜂酿蜜，没能抵达芳香四溢的鲜花是难以真正开展工作的。是什么原因造成教师的心难以抵达学生的心灵呢？这可不是一个好回答的问题！

心灵哲学上有一个著名的"他心问题"，即"我知道我是有心智的，但我怎么能知道我以外的他人也是有心智的？"既然他人是否有"心智"也难以确定，"心的抵达"更是一个难题。这不，常常听人说"知人知面不知心""其实你不懂我的心"。尽管这在客观上造成人与人之间，当然包括师生之间的心灵隔膜，但是这并不意味着教师的心就不能抵达学生的心灵。请看一个有趣的课堂插曲：

教师正在津津有味地讲述郑成功收复台湾、建设台湾的伟大功绩。突然发现一个学生在课本上郑成功的肖像上画了几滴眼泪，然后展示给周围同学，引来哈哈大笑。

教师看了同学的画，缓缓地问："老师觉得他这么画一定有他的道理，谁能说郑成功这位顶天立地的男子汉、名垂千古的民族英雄，为什么要流泪呢？"

生1：激动的眼泪——战胜荷兰侵略者，收复失地。

生2：欣慰的眼泪——汉族人民教给高山族兄弟农业新技术，亲如一家。

生3：痛心的眼泪——"台独分子"妄想分裂祖国，骨肉分离。

师：我们共同的心愿，擦去郑成功的泪水，让台湾早日回到祖国的怀抱。

由此可见，一颗心抵达另一颗心完全可以通过察言观色、心灵类比、语言沟通、肢体传达等多种方式进行。而造成心难抵达的原因也可以从中去寻觅。就教师而言，心灵难以抵达学生心灵的主要原因：一是教师对学生的心理缺乏基本的了解，尤其是对处于某种情境中的具体心理把握不够。二是教师的教育观念存在问题，没有把学生当作真正的人，当作有年龄特点的人，当作有丰富心灵的人，其教学严重忽视学生的"心灵"，甚至抽空学生的心灵，扭曲学生的心灵，遮蔽学生的心灵，阻隔学生的心灵。三是教师缺乏抵达学生心灵的能力，比如，观察能力差，"看不准"学生心灵；分析能力差，"猜不透"学生心灵；语言能力差，"说不进"学生心灵；亲和能力差，"融入不了"学生心灵；教育艺术差，"贴不近"学生心灵。更何况，学生的心灵不是单一的、单色的，而是有层次的、斑斓的，教师的心灵抵达学生的心灵也有"深浅之分"。有的只进入外在的感知层面，或者一般的认知层面，有的进入了思维层面，有的进入了情感层面，有的进入了灵魂深处，甚至触动了潜意识等等。这都直接决定教育效果的多少和成败！罗曼·罗兰认为，"要散布阳光到别人心里，先得自己心里有阳光。"因此，教师还要有一颗"阳光的心灵"。

心能抵达的方法是顺应

一切教育从"心"开始。"心能抵达"是教育的门槛，也是教育的本领，更是教育的艺术。当我们开启最神圣的教育教学活动时，先想想：心如何抵达？如何抵达学生心的幽微处？关键是顺应儿童心理。请看一个教学片段：

生："我"让小珊迪去换零钱被马车轧断了双腿该负法律责任，马车车主把小珊迪双腿轧断了也该负法律责任。但是在这种情况下，为何无人问津？

师：感谢你给我们提出了一个很有趣味的问题！（对提问者竖起大拇指）要问答这个问题，我们应该怎样思考？（目光扫视全班学生）

生：联系课文来思考。

生：联系时代背景来思考。

师：非常好！让我们把目光投向 100 多年前的爱丁堡吧！

（生观看能反映爱丁堡 100 年前社会背景的电影剪辑短片）

师：找到答案了吗？请谈谈你的理解。

生：100 多年前的爱丁堡处于资本主义发展时期，人们疯狂地掠夺财富，对穷苦人的生活漠不关心，因此，没有人站出来为小珊迪说话。

生：100 多年前的爱丁堡，根本没有保护儿童和穷人的法律，所以，也没有人去追究谁的法律责任。

生：英国著名作家狄更斯曾经批判当时的英国是一个剥夺平民而不关心穷人生活的国家。小珊迪和弟弟是一对孤儿，当然没有人为他们"申冤"了。

生：……

师：在这样一种无人问津的情况下，小珊迪躺在一张破床上，生命垂危（投影出示课本中的插图），想到的不是自己，而是——

生：（齐读）"我换好零钱往回跑，被马车撞倒了，轧断了两条腿。我就要死了。可怜的小利比，我的好弟弟！我死了你怎么办呢？谁来照顾你呢？"

师：从这段话，我们可以看出，小珊迪想到的是什么？

生：找回"我"的几个便士。

生：弟弟小利比今后怎么生活。

师：一边是没有人为珊迪的遭遇负责，一边是小珊迪尽一切努力，为别人负责。读到这里，你有什么感受吗？

生：小珊迪的命运太悲惨了！我真同情他！

师：能具体说说是从哪些字词中体会到的吗？

生：我是从"撞倒""轧断""死"几个词语体会到的。

师：你善于抓住表示动作的词语来体会，我真为你高兴！你能带着这种体会读一读小珊迪的话吗？

生：（有感情地朗读）"我换好零钱往回跑，被马车撞倒了，轧断了两条腿。我就要死了。可怜的小利比，我的好弟弟！我死了你怎么办呢？谁来照顾你呢？"

师：还有其他体会吗？请结合具体的字词来谈谈。

生：小珊迪"人穷志不短"，诚实的品格令人敬佩！他"换好零钱往回跑"，一个"跑"字，说明他想尽快把钱给"我"，不是"我"开始断定的那种人。而腿被车轧断了，"快要死了"，还要弟弟去还钱，更说明他很诚实。

师：是啊！请你读出小珊迪这种形象来——

生："我换好零钱往回跑，被马车撞倒了，轧断了两条腿。我就要死了。可怜的小利比，我的好弟弟！我死了你怎么办呢？谁来照顾你呢？"

师：读得真好，用朗读为我们画出了小珊迪的美好形象！继续交流其他的体会。

生：小珊迪关心弟弟，是一位好哥哥！

生：小珊迪是一个懂得爱的人！

生：小珊迪很重视亲情，有人情味！

生：……

师：你们的理解都很深入，令人钦佩！让我们带着对小珊迪的敬佩，齐读小珊迪这段让人永远难忘的话吧！

生：（齐读）"我换好零钱往回跑，被马车撞倒了，轧断了两条腿。我就要死了。可怜的小利比，我的好弟弟！我死了你怎么办呢？谁来照顾你呢？"

师：如今，我们的世界比100多年前的进步多了（播放现代社会的背景音乐与画面），正如××同学所说的一样，如果出现了类似小珊迪的情况，是应该追究法律责任的。但我们的世界光有法律也是不够的，还需要有像小珊迪一样的——

生：良好品德！

师：正因为如此，100多年后，我们读了这个真实的故事，还会和100多年前的作家迪安·斯坦雷一样感动，一样发出这样的赞叹——

生：（读）直到今天，谁读了这个故事不受感动呢？饱受饥寒的小珊迪的美好品质，将永远打动人们的心。

这个教学实例是由一位学生的问题而生成出来的。那位学生所提的问题看似与我们的教学主题无关，但仔细分析起来，他的问题来源于"现代思维方式与历史现实之间的矛盾冲突"。执教老师敏锐地发现了这其中的教学价值，于是，将文本故事所发生的时代图景与学生如今所处的时代图景对比起来，引发跨越时空的对话，教师即刻进入了学生的心灵世界，并在层层深入的对话中，让学生进入文本人物的内心世界，感受小珊迪那美好的品质。

心能抵达的动力是情感

白居易说："感人心者，莫先乎情。"爱因斯坦认为，"情感和愿望是人类一切努力和创造背后的动力，不管呈现在我们面前的这种努力和创造外表上是多么高超。""心能抵达"的动力是情感，教学要做到"心随文舞，情随字飞"。请看一个教学片段：

师：在去年，唱歌是鸟儿向大树表达友情的最好方式，听歌，也是大树对鸟儿表示友好的最好方式。而现在，鸟儿飞回来，首先看到的是怎样的情景啊？如果她要唱歌，会怎么唱？

生：（自由读鸟儿见树根的4个自然段）

生："树不见了，只剩下树根留在那里。"（出示此句的课件）

师：只剩下了树根，那是怎样的情景啊？

生：树根没头没脑地躺倒地上，这儿一根，那儿一根，很乱。

生：树根横七竖八地摆在地上，孤孤单单的，很可怜。

生：树根还在流血，还在哭泣，湿漉漉的泥土就是她的眼泪。

师：大家把树根当作人来想象，说得太好了，既有情，又有意！这里说"只剩下树根"，那么，没有剩下什么？

生：没有剩下绿绿的树叶。

生：没有剩下粗大的树干、树枝。

生：没有剩下绿荫如盖的树冠，没有剩下高大挺拔的树干。

生：没有剩下鸟窝。

生：没有剩下鸟儿的家。

生：没有剩下鸟儿的叽叽喳喳的叫声，也没有剩下鸟儿的歌唱。

生：没有剩下大树在微风中跳舞的样子。

生：没有剩下鸟儿和树在一起的快乐和幸福。

生：没有剩下过去那快活的日子，也没有剩下过去那充满阳光的日子。

师：是啊，这一切的一切，都被伐木人的斧头、电锯给"断送"了，没有留下那美好的一切，现在——

生：（朗读）"树不见了，只剩下树根留在那里。"

师：（播放树木被砍伐留下树根的录像画面，并伴随低沉幽怨的音乐）此时此刻，如果鸟儿要唱歌，她会唱一些什么呀？

生：大树朋友，你到哪儿去了？你不是说过，要听我唱歌的呀？可是，我怎么见不到你？

师：悲怆地发出内心的呼唤！你是大树最深情的鸟儿朋友！

生：天哪！是谁"杀"害了我的大树朋友？我一定要查到底！

师：为朋友两肋插刀！你是大树最真情的鸟儿朋友！

生：伐木人，还我家园，还我鸟窝，还我朋友！

生：砍伐树木的人们，我讨厌你！是你们夺走了我的朋友。

生：我给××补充。夺走鸟儿朋友的不仅仅是伐木人，也还有那些厂长，那些企业。

生：还有，还有那些做生意的人，使用火柴的人。

师：凡是参与了的，都是"帮凶"，你都不能容忍！

生：没有树干，没有树枝，没有绿叶，也没有鸟窝，看不到你的身影，大树朋友，我多么悲痛。

师："去年仿佛还在眼前，而今却一切都已变迁"（歌词），为朋友伤心流泪。你真是大树最珍爱的朋友！

师：刚才，大家抓住"只剩下"三个字，把自己置身到课文情景中去想象，去揣摩鸟儿的内心，读出了这么多东西，真不简单！我仿佛看到了小鸟在流泪，在哭泣，在寻觅。她是应该唱呀，唱出自己心中的感受。可是，鸟儿没有唱。这是为什么？

生：因为鸟儿突然面对大树被砍的情景，一下子懵了，唱不出来了。

生：因为鸟儿太伤心了，唱不出来了。

生：不是因为太伤心，是因为心里太着急，要去找大树朋友，所以，来不及唱。

师：是啊，因为——

生：树不见了，只剩下树根留在那里。

人们常说，心灵不在它生活的地方，而在它所爱的地方。此处抓住"只剩下"三个字，把去年和今年所见之景对比起来，既活化了画面，又在强烈的反差中，激荡了学生心灵。从学生的发言看，其情感之水汩汩流淌，言切切，意浓浓，心随文舞，情随字飞。"纵使晴明无雨色，入云深处亦沾衣。"（张旭《山中留客》）一直通透到儿童的心根，有谁会不激情澎湃呢？

亲吻生命的潮汐
——与儿童心灵一起律动

　　教育的"本原处"在人的"心根"，心根是人的智慧之源，道德之基，力量之本。那么，我们如何滋养、培育儿童的心根，实施心根教育呢？这不但是一个仁者见仁、智者见智的问题，也是一个具有探讨价值的永恒问题。我国著名教育家陶行知先生说过，"真的教育是心心相印的活动，唯独从心里发出来的，才能打到心的深处。"是啊，教育是心灵的事业，必须回归心根——"打到心的深处"。只要我们坚持一切从"心"开始，通过人与自然、社会，乃至整个人化世界的交往，打到心的深处，亲吻生命的潮汐，与儿童心灵一起律动，教育就会"繁花似锦"，乃至"硕果满枝头"。

　　浸润在复杂充盈的全息世界中滋育心根，不是纯粹的心理训练，更不是脱离现实世界的空中楼阁。相反，应该特别注重开启儿童的心灵，让他们把"心"敞开，浸润在我们这个复杂充盈的全息世界中去。这里的"世界"包括自然世界、其他物理世界、虚拟世界，等等。一旦儿童的"心"沉浸在这个世界了，他们就会去发现，去感悟，去获取，再一点一点地通透到他们的"心根"下。比如，教儿童认识几何图形，阅读关于大自然的作品，就必须让他们把"心"放到生活世界、自然世界中去，在定睛看一看，动手摸一摸，用鼻子闻一闻等以后，让他们说一说自己的心灵感受，以加深他们的内心体验。但是，实际教学中，我们不可能时时处处让儿童走进真实广袤的现实生活中去。这就需要我们营造类似情景，让儿童"浸润其中"。一是营造

模拟现实场景，如，学习有理数的计算，可以模拟一个商品交易场景，让学生去体验；二是拓展书际场景，通过"心的链接"，在文章与文章之间，书与书之间建立一个"理解的场"；三是打开网络场景，人类站在一张芯片上向未来眺望，互联的网络就成了一座通往目的地的桥梁。谁曾想，就那么轻轻一点，一切便铺天盖地而来，心灵便会踏上天涯；谁曾想，就那么茫然一敲，快快然就滑进了一个时代。网络让课堂成为世界的一个接点。我们的教学要主动与网络对接，让儿童"用心"走进有益的网络世界中，在获取有益信息的同时，和那些跳动在网络中的"心灵"对话。比如，我让儿童通过聊天来写作文，由于儿童的心完全沉浸在其中，结果写出了真情感人的作文；四是建构心灵场景，教育需要造境，物理的、虚拟的、心理的，但最终是心灵的。比如，教学《去年的树》，课前谈话以交朋友为话题，激发学生说话的热情，用激将法，激起学生唱歌的欲望，活跃课堂气氛，通过幽默、风趣的点评，激活学生的思维，从"唱已有歌曲"到"自创歌词"，为整节课营造了一个师生心灵交汇的场景。

通透在丰富多元的文化对话中

越来越多的研究表明，人的学习不是个体"独上高楼，望尽天涯路"的活动，而是一个群体交互着力的活动，对于儿童来说更是如此。我们要激活儿童的心灵，以适合儿童的文化为载体，让他们在相互对话中，延伸思想，迸发情感，在心灵深处"刻下印记"，从而充盈"心根"。我想，静谧之中，寻找一些深藏的灵性和感悟，与文本、编者、作者和共同阅读者展开心灵对话，让绯红的情韵相伴心弦绽开蝶舞的花蕊，为心的色彩增添几分温情；让天际流云穿越时空的隧道化为闪亮的生命而放声歌唱。心根也就有了来自世界，来自多元文化的养料。

享受在鲜活灵动的人类精神中

奥地利哲学家鲁道夫·斯泰那曾说："全部的宇宙都包含在人类的精神中，这里所说的人类的精神与现代物理学所说的人类的精神是完全不同的，它所具有的能力与物理学的人类精神之间的差别有几个数量级。"没有精神，人就会从这个世界"出场"。儿童学习，不单是接受教育，也是来"享受"人类精神的。让儿童在享受中，逐渐积累"精神的快感"，凝结成鲜活灵动的"心根"。我们可以通过这样几种方式，让儿童去"享受"：一是置身体验。什么是体验？"体验"是一种"以身体之，以心验之"的活动，它指个体的身心与世界交往并生成感受、情感、领悟、反思等的认识与实践活动。要让儿童深度体验，就必须把儿童置身于一个个活灵活现的人物形象，一幕幕色彩缤纷的生活场景，一回回波澜起伏的故事情节，一幅幅情景交融的审美意境之中，以此来浸染他们的心灵。二是仔细品味。"读书必知味外之味；不知味外之味而曰我能读书者，否也。"比如，指导儿童阅读老舍《母鸡》一文时，就可以扣住"鸡母亲"一词品味：为什么文章题目叫"母鸡"，而文中却称"鸡母亲"？为什么不称"鸡妈妈"？通过思考，让儿童进入作者的精神世界中，去"享受"作者的"独特的精神体验"，"使味飘飘而轻举，情晔晔而更新"。三是静默与诵读。默想，让文本"亲吻"灵魂，精神在心根上"飘悠"，不失为一种快意的做法。当然，人的喜怒哀乐，一切骚扰不宁、起伏不定的情绪，连最微妙的波动，最隐蔽的心情，都能由声音直接表达出来，而表达得有力、细致、正确，都无与伦比。因此，吟诵更是一种精神的"享受"。

磨砺在全息官能的实践活动中

滋育心根，不能就心灵而言心灵，要让儿童去实践，并且尽可能开启全部官能。柯勒律治有句名言，"每个恰当地看见的物体都开启心灵的新的官能。"这仅仅是问题的一个方面。我们不单是通过看来开启官能，我们也通过闻、嗅等多种方式来感受看不见的"物质"。"在不可见的世界里，物质＝能量＝意识，三者是一体的，可以相互进行转换。也就是说，意识可以与物质、能量相互发生作用，物质也好，能量也罢，其源头都是意识。"世界著名右脑教育专家七田真博士写道："物质和精神是根源于一个世界而产生的，原本并没有分为两个概念。在波动的作用下，人可以通过冥想和想象，进入到这个本源的世界。"因此，通过听、看、说、做于一体的全官能的训练方法，敞开潜意识，开启潜能，提升自我价值感，就会"释放全部潜能"，让心根与我们全部的世界交流信息，吸取有营养、有价值的知识。比如，我在教作文时，曾经让儿童用鸡蛋来"拼斗"，充分体验后作文，结果学生写出了十分精彩的作文，单从学生拟的题目就可以窥见一斑：《"华山"论蛋》《刀光剑影——蛋王争霸赛》《风萧萧兮易水寒，蛋王兮一去不复返》《"倒霉蛋"真的倒霉了》……

生长在不断追寻的探究创造中

一个真正看重自己、不愿意虚度一生的人，是不会仅仅只盯着鼻子底下那一小块地方的，更不会只惦记口袋里那一张小存折。他对世界充满了好奇，他关心一切是非善恶，想探究所有的兴衰常变，无论那是现在、过去、将来，也无论那是身旁、远处，还是地球另一边。因此，他的心根不是简单的生长，而是不断发展和创造。成人如此，儿童更是如此。我们在教学中，首先要相信儿童有创造的潜能，"在人的心灵深处，都有一种根深蒂固的需要，这就是希望自己是一个发现者、研究者、探索者"。其次，要给儿童创造的时间和空间，比如教学《送孟浩然之广陵》和《送元二使安西》这两首古诗时，就可以抓住"送"字启发学生创造性想象：两首诗都写"送"，有什么不同？有什么相同？为什么会有这样的相同与不同？这样，创造性思考的空间就很大。再次，要给儿童创造切实的指导，比如，我在进行《假如我是一棵小草》的作文教学时，把孩子们带到校园的草地上，让他们闭上眼，在草地上尽情地打滚儿，尽情地欢笑，亲近小草，并对孩子们说："假如你是一棵小草，你闻一闻、摸一摸、想一想，有什么感受"。孩子们把"心"沉浸在绿绿的小草中，每一个人都变成了"诗人"：有的说："我是一棵小草，陶醉在亲爱的泥土中，想象云朵回家的路，和春风一起洗脸。"有的说："我是一棵小草，正探出头来，和春风握手，然后一起聊春天的故事。"有的说："我是一棵小草，生长在校园的假山旁边，我自豪，幸运地和鲜花、小树一起跳舞。"……在孩子们尽情感受、尽情想象时，我掏出事先准备好的诗歌，和着音乐，朗诵起来："我是一棵小草，一棵在阳光下茁壮成长的小草……"在进一步强化孩子们的感受后，再布置作文，结果孩子们写出了让人惊叹的习作。通过这样的教学，孩子们的心根就会得到真正的哺育。

内化在真切细腻的心灵体验中

当儿童在教育活动中有了体验，有了感悟后，培育心根最关键的一步就是让儿童把这些体验和感悟积淀下来，内化成心根的养料。这也是比一般的心灵教育更深入的一步。如何内化？一是自我优化。启发儿童通过冥想、呼吸、暗示、想象等步骤，抑制左脑的同时激活右脑，使右脑的"（沉默区域）silent area"发挥作用，将所获得的感悟、经验进一步优化。比如，每参加完一项活动，每读完一段文章，每与人进行了一次谈话后，都静静地回想，对所思所感进行第二次加工。二是静坐养心。我国古代很早就重视了这一教育方法，苏东坡说，"欲令词语妙，只需空且静。"著名理学家朱熹主张，"学者半日静坐，半日读书……学者不做此工夫，虚过一生，可惜！"王阳明更是从《易经》中得到启发，亲自练静坐，并总结经验，用于教育事业中。梁启超说，"每日静坐一二小时，……他日的一切成就，皆基于此。"为什么要静坐？因为静能增慧，静能开悟，静能入圣，静能证道，静坐是我们与无限智慧接触的大门，乃入世成就大业的"密码锁"。三是无限玄想。《中庸》中有一句话，"尊德性而道问学，致广大而尽精微，极高明而道中庸。"在引导儿童玄想时，我们既要朝宏大、广阔的方面想，又要朝细微的方面想。朝宏大的空间想象，能整体把握事物，给事物定位。但这还不够，要让思想产生更大的威力，就必须让它进入精微的层次，因为思维的层次越精微，所产生的能量就越大。比如，教学《最美的叶子》，可以抓住题目，先让学生进入文本的语言文字细微处去体会，再联系自然世界、生活世界、虚拟世界等去玄想：最美的叶子还可能是什么？为什么？在让儿童思绪和情感驰骋之后，把自己的"玄想"记录下来，如果内容充实，可以添一个诸如《叶子的遐想》之类的题目；如果内容单薄，也可以写进日记，或者学习后记。这样一来，学生学习一篇文章，就会联想到多篇文章，多种事物，获得多种体验。

强健在科学高效的友善用脑中

心根是人脑和机体活动内聚的心理经验。脑是心根依附的、最直接的人

体器官。科学合理地用脑直接决定心根的形成状况。因此，我们在培育儿童心根时，要时时处处保证和指导儿童友善用脑，根据脑良性运作的规律来组织教学，实施心根教育。比如，在低年级的语文教学中，我们就可以把 35 或 40 分钟一节的课分成几个小节，在"节"与"节"之间穿插健脑操，调节儿童用脑。在中高年级识字、阅读、习作时，启发儿童用"心智图画"来广泛建立字词句段篇之间、阅读与作文、语文与生活等多个层面的链接。

轻 轻地捧起，柔柔地摊开
——呵护儿童心灵胚胎

　　儿童期是人心根发育的胚胎期。胚胎，意味着起源，意味着根基，意味着无限的可能。因此，关注和呵护儿童心灵的胚胎期，是教学的第一要务。呵护儿童心灵的胚胎，就像对待新生的婴儿一样，需要轻轻地捧起，柔柔地摊开。

蓬勃的心灵胚胎

　　1990年安徒生儿童文学奖得主托莫德·豪根曾说："我们的生活是基于童年的。童年是我们借以相互交流和与年轻交流的主要源泉，也是了解我们自己和全人类的基本源泉。"童年的心灵胚胎蓬蓬勃勃，具有这样几个特点：

　　第一，孕伏着原始的丰富性。处于心灵胚胎期的儿童所表达出来的言语看似简简单单，一览无余，实则内心充盈，"那最初的思想本身却有原始的丰富性，往往在单纯中蕴涵着后来发展的各种萌芽和因素，有它的特别的机制和有机的结构"。

　　这种原始的丰富性来自种族的遗传。弗洛伊德认为，人那里存在着"原始遗产"，出生时就携带着"种族发育根源的碎片"，当儿童心灵发展起来以后，这种潜藏的"原始遗产"就会慢慢地从后台走向前台，因此，儿童那里包孕着精神形态的原始丰富性。

这种原始的丰富性来自原始意象的积累。当儿童来到这个世界以后，他就会开启官能，认识这个世界。目之所及，形象和画面都会摄入他的心灵；耳之所听，天籁声、人语声、器械声等都会涌入他的心灵；体之所触，事物的形状、质地、温度等都会传入他的心灵。如此种种的讯息，无一不成为原始材料，在儿童主动探寻的过程中，与儿童特有的想象构筑着心灵世界。

这种原始的丰富性来自原初情绪的印迹。儿童在接触世界、认识世界的过程中会自然而然地产生各种情绪，如高兴、惊讶、不快、痛苦、失望，等等，这些都会留在儿童心灵的记忆中，成为其学习的冲动和丰富的源泉，正如生物学家威尔逊所说，"如果说，真实的资料是种子，日后能长成知识及智慧，那么，感性的情绪和印象便是这些种子生长所必需的沃土。童年时光正是培育沃土的时机。"

这种原始的丰富性还来自丰富言语的积淀。儿童从出生就开始感知各种说出来的言语，进入学校以后，又开始感知写出来的言语。这些言语以各种形式千变万化地呈现在儿童的世界里，丰盈着儿童的心灵。儿童所表达出来的言语仅仅是其心灵世界冰山的一角，藏在有限言语表达背后的是一个极其丰富的世界。

第二，包孕发展的可能性。康德指出："包孕着人是一个有限的理性存在，但有无限的可能性。"儿童有限的心灵胚胎期正孕伏着儿童心灵无限发展的可能性。因为如杜威所说："儿童的生活是琐碎和粗糙的，他们总是在以自己心目中最突出的东西暂时地构成整个宇宙，但那个宇宙是变化的和流动的，它的内容在以惊人的速度消失和重新组合。"在这"消失和重新组合"之间，儿童心灵发展的多种可能性就被孕育起来。反之，如果儿童没有充分经历这个胚胎期，其多种可能性就会早早地萎缩，如同没有绽开的花朵，其千姿百态将不复存在。

这就要求我们既要关注儿童心灵的现实，更要关注儿童心灵发展的可能。海德格尔说，"可能性高于现实性"。但长期以来，我们的教学总是停留在儿童的现实性上，偏重对儿童此时此刻表现的评判和引导，患上短视、功利与急躁的毛病，也就难免平庸、肤浅与狭隘了。

这就要求我们既要规避儿童心灵走向不可回头的歧路，更要关注儿童心灵的充分孕育。"童年是一个深刻的话题。"儿童文学作家秦文君曾说,"儿童就像一块糖,只要舔一舔就会感觉到甜蜜。但是,它也可能是一颗有苦涩味道的药丸,会让你一辈子都记住一些教训。"因此,我们在允许儿童走一些弯路,走一些黑路的同时,要警惕儿童心灵走向不可回头的歧路。当然,我们更要看到,儿童心灵的可能性存在于生命之中,需要我们充分尊重;存在于实践之中,需要我们给足孕育的时间;存在于自由之中,需要我们创造良好的发展空间。

第三,包孕内在的生长性。夸美纽斯早在17世纪就指出:"在自然的一切作为里面,发展都是内发的。"处在心灵胚胎期的儿童,从表面上看,他们处于静息状态,似乎很愚钝,很幼稚,懵懵懂懂,发展变化缓慢,似乎进步不大,而实际上,他们内心在发生着深刻的变化,其变化之剧烈超出了我们的想象。

正因为如此,我们要善于静观和等待,让儿童自己去感知和探寻生活,正如生物学家威尔逊所说,让儿童"当一个野人,什么学名、解剖知识都不知道,也不要紧。最好能有一段时间随意搜寻和做梦"。

正因为如此,我们要善于遵从和让路,让儿童自己去探寻事物之道,沿着自己个体生命发育的天性前行。千万不要忘了蒙台梭利的教导,"如果发展儿童个性的关键在于他自身,如果他有一种发展的进程和必须服从的规律,那肯定存在着一种微妙的力量,成人不合时宜的干预会阻挠这种力量的秘密发挥。"

第四,包孕根柢的永续性。老子曾说,"夫物芸芸,各复归其根。"儿童心灵的胚胎期就是儿童心灵"根"的生长时期。加斯东·巴什拉在《梦想的诗学》中写道:"以其某些特征而论,童年持续于人的一生。童年的回归使成年生活的广阔区域呈现出蓬勃的生机。首先,童年从未离开它在夜里的归宿。有时,在我们心中,会出现一个孩子,在我们的睡眠中守夜。但是,在苏醒的生活中,当梦想为我们的历史润色时,我们心中的童年会为我们带来它的恩惠。必须和我们曾经是的那个孩子共同生活,而有时这共同的生活是很美好的。从这种生活中人们得到一种根的意识,人的本体存在的这整棵树都因此而枝繁叶茂。"推而广之,儿童心灵的胚胎期将持续影响人的整个一生。

由是观之，我们更要让儿童在心灵胚胎期里有丰富的生活经历，儿童心灵发展应该有充盈的生活体验。

由是观之，我们更要让儿童在心灵胚胎期里经受多种文化的冲击，因为"儿童携带着的这部分潜能在现实文化的冲击下，表现出神奇的美、巨大的创造性和无尽的可塑性"。

由是观之，我们更要让儿童在心灵胚胎期里彰显心灵的个性，因为从某种意义上说，个性是儿童生命活力的表现，以及走向独立和创造的基础。儿童敢于个性化表现，说明他有独特的感受和思考。

罪恶的过度训练

有一位学者曾经说过这样一段话："我们每一个人都会发现，我们现在的儿童不是懂事懂得太晚，而是懂事懂得太早了。他们的幼年、童年和少年的心灵状态不是被破坏得太晚，而是被破坏得太早。"从某种意义上说，早熟，也是一种人生的透支。就儿童心灵发展而言，过早的、过度的形式训练是阉割儿童心灵胚胎的罪魁祸首。正是这样的训练，儿童心灵刚刚萌芽就立即被污染、僵化。儿童心灵胚胎期的人为缩短和剔除，不但影响儿童心灵的发展，而且也影响他们成就卓越的人生。我们应该警惕和反省以下几种训练方式：

第一，鹦鹉学舌。儿童处于心灵胚胎期，不少教师为了让他们尽快"入格"，往往采取过度训练的方式搞"速成"，把灵动的教学变成如同利用公式解数学题一般。殊不知，儿童在"套"各种学习要求的过程中，思维也被形式化了，过早成人化、模式化。如此反复训练，儿童思维结构就自然而然变成"拳脚套路"，丧失其活泼的姿态。比如，有一位教师让儿童仿写《荷花》中"我忽然觉得自己就是一朵荷花了……"一段时，有个孩子写了这样一段话：

"我忽然觉得自己就是一朵菊花了，穿着鹅黄的衣裳，站在阳光里。一只苍蝇飞过来，带着浓浓的臭味，我一恶心，就醒了过来。"

读罢这样的儿童作文，真有点让人哭笑不得，究其原因，不得不归咎于儿童鹦鹉学舌般的"仿写"了。

第二，机械"填词"。儿童在心灵胚胎期，难以完成一些复杂的学习，这本是一件十分正常的事情，可是有的教师"等不及""看不惯"，硬要让儿童在胚胎期也要完成高难度的学习。于是，让儿童"填词"便成了一种教师常见的手法。比如，作文教学，有的由教师定好了作文主题，让儿童"填词"；有的搭好了作文架子，让儿童"填词"；有的编好了作文的故事，让儿童"填词"，等等，不一而足。这样机械被动地"填"出来的作文，看不到儿童的影子，看不到真情的流露，看不到个性的绽放，有的是中规中矩、千人一面的货色。有位教师指导儿童写《我的同学》，全班同学写出来的内容大概都是：有一回我病了，XX同学风雨无阻地给我补习。那天下着倾盆大雨，又打雷，我以为他不来了，可是他竟然冒着雨来了……第二天他因发高烧不能来了，我很想念这个好朋友。这岂不是笑话！

第三，挤牙膏。把本来活泼愉快的学习弄成机械的"文字游戏"，像挤牙膏似的启发学生一点点地练习，无视儿童心灵的整体性和丰富性。比如，有一位教师让儿童用"花苞、冰雹、跑步、旗袍、拥抱"等词语编故事，有位孩童是这样写的："早晨，我们一家人去森林里散步，听到路边的花苞'啪'的一声开了，醉人的花香让我们感觉很舒服。到了中午，我们拿出带来的食物一会儿就吃饱了。当我们正想在树下躺着休息的时候，突然下起了冰雹，树上玩耍的猴子吓得拥抱在一起。我们赶快跑步回宾馆。妈妈穿着旗袍，跑不快，爸爸抱起妈妈，拉着我跑起来。"真实状态下的写作会出现这样的语段吗？很显然不会。这是由教师非得要儿童用几个"bao"来编故事所造成的。

诚然，过早的、过度的训练，能够让儿童学得一些知识和技能，在短期内让我们看到儿童心灵发展的"成果"。但是草虽然长得快却成不了参天大树，不经过长时间的胚胎孕育，儿童真正的心灵活力难以充分彰显，后续发展会受到影响。

原始的自我探寻

顾城有一首著名的诗，其经典的诗句是："黑夜给了我黑色的眼睛/我却

用它来寻找光明。"儿童来到这个世界上，学习文化知识，发展心灵也需要经历一个在黑暗中寻找光明的过程。没有这样的过程，儿童心灵难以真正地发展起来。"如果我们打乱了这个次序，我们就会造成一些早熟的果实，它们长得既不丰满也不甜美，而且很快就会腐烂：我们将造就一些年纪轻轻的博士和老态龙钟的儿童。"儿童心灵的胚胎期正是儿童蒙昧的、原始的自我探寻的最好时期。"儿童是有他特有的看法、想法和感情的；如果想用我们的看法、想法和感情去代替他们的看法、想法和感情，那简直是愚蠢的事情。"在心灵胚胎期，儿童最应做的事情是：

第一，自由生活着，并探寻着。苏霍姆林斯基明确指出："儿童就其天性来讲，是富有探索精神的探索者，是世界的发现者。"丰子恺在《给我的孩子们》中就曾这样赞叹道："你们每天做火车，做汽车，办酒，请菩萨，堆六面画，唱歌，全是自动的，创造创作的生活。"我们应该给儿童充分的时间和空间，给儿童充分的尊重和支持，让他们自由地生活，自由地探寻。探寻着去生活，充分地生活。这样的生活，儿童必然有所发现，有所感悟，有所思考，有所想象。比如，一位儿童发现他家养的小白兔看见他吃稀饭，忽然不吃东西了，眼睛盯着他手里的稀饭，好像很想尝一尝，他便把稀饭给小兔子尝了一口，发现小兔子吃得津津有味。作为教师听了孩子的介绍，是否可以这样引导："你怎么知道小兔子吃得津津有味呢？你再试一次，仔细观察一次，把这个'津津有味'记录下来，好吗？"儿童去探寻生活，除了这样的事先无目的地寻觅之外，还可以进行有意识、有目的的探寻。比如，一位美国女教师给学生布置了一道作文题："找出自己将来希望从事的职业。针对这未来的职业写一份报告，而且每个人都要访问一个现在正在从事那行业的人，做一份口头报告。"这是一种设计了的探寻生活的方式，只要适合儿童，比第一种更为有效。

第二，大胆涂鸦着，并探寻着。低年级的儿童学习完全可以采取"涂鸦式"，即用自己喜欢的方式，或色彩，或线条，或文字，或歌声，或言语来表达自己所感知的世界。著名作家肖复兴辅导儿子肖铁作文时，就起于肖铁6岁之前。他让肖铁对着录音机说话，说后和他一起听，并且告诉他这就是作文。后来，肖铁对"作文"兴趣大增，对着录音机说个没完，简直觉得自己就是一个作家了。这无疑是一个丰富儿童原初意象，让儿童大胆涂鸦的典型例子。儿童大胆涂鸦是发展心灵的好形式，目的在于培养儿童表达的兴趣和习惯，让他们自由发展心灵，不设任何框框，真正做到想说就说、想写就写、想唱就唱、想做就做。在这样自由涂鸦的过程中，只要我们稍加点拨，儿童就会尝试着用各种方式去学习，去探索未知的世界。

第三，创造想象着，并探寻着。我们不要给儿童思维、想象等设边界，让他们放胆去创造，去想象，一定会收到意想不到的效果。想象，往往孕育着创造的嫩芽。要开发儿童创造的潜能，发展他们的想象力便是一把金钥匙。因此要创造空间，让儿童创造着，想象着，探寻着。有一个故事讲的是：某小学走廊里陈列着一幅很有趣的画，那是一个由孩子的脚印组合而成的画面。每当有来宾参观学校时，校长总是很自豪地向来宾介绍说，这是一个学生在脚上涂了油彩，用力踩出来的。他认为这个孩子的思维方式不同一般，创造力不可估量，就把画郑重地陈列在这里，旨在倡导一种创造精神，鼓励所有的孩子都有自己独特的思维方式。

牧养儿童的心灵

福泽谕吉深刻地指出："教育的关键不在于传授如何创造人生本来就没有的东西，而是在于使人生本就有的发扬光大。不管多么熟练的植树者，只有在草木具备了它的天性的前提下，才能使其苗壮成长，超此之上是无计可施的。"滋育儿童的心根，贵在激活和顺应。

第一，播下热爱的种子。爱是最大的动力。儿童想要不断成长必须要用深爱做根。教师要把播下"热爱"的种子作为重中之重的事项来做。据说，美国一所小学，儿童第一天入学，上的就是"作文课"，老师把儿童带到图书室，席地而坐，教师随手从书架上抽取一本故事书，给儿童们讲起来，讲完后，问儿童，"后来呢？会出现怎样的结局？"让儿童用笔在纸上随意画出自己想象的结局。教师一一看过，大加赞赏，并帮助儿童签上名字。接着，将每一个儿童的作品叠成一叠，装进一个书皮里，在封面上写上他们的名字，并告诉儿童，"孩子们，你们真能干，不一会儿就写了一本书，这可是你们写的第一本书，现在你们人小，写的是小书，今后，你们长大了，还会写大书，像这书架上的书一样大。"说着，将孩子们写的"新书"郑重地放在书架上，孩子们高兴地离开图书室，还有的说，"哦，我们能够写书了。"这无疑是一个给儿童播种"热爱学习"的种子的典范。

第二，点开含苞的花朵。儿童学习中任何可取之处，都是含苞欲放的花骨朵，教师的责任就是点开这含苞的花朵，让他们迎着希望生长。季羡林在回忆学生时代的情境时，这样写道："有一次，在董先生的作文课堂上，我在'随便写来'的启迪下，写了一篇记述我回故乡奔母丧的悲痛心情的作文。感情真挚，自不待言。在谋篇布局方面却没有意识到有什么特殊之处。作文本发下来了，却使我大吃一惊。董先生在作文每一页上面的空白处都写了一些批注，不少地方有这样的话：'一处节奏'等。我真是如拨云雾见春天……我的苦心孤诣连自己也没有意识到的，却为董先生和盘托出。知己之感，油然而生……"从这一段话，我们不难看出，董先生教作文，抓住学生一些可取之处进行点化，让他们在自我发现中，悟出了作文之道，促进了心灵成长，从成功走向了成功。

第三，嵌入向上的藤蔓。风筝，借助一根细绳而获得了生命。花朵借助向上的藤蔓而迎着太阳开放。面对儿童的心灵胚胎，教师有责任牵引，给儿童向上的藤蔓，这是常见的引导方式。比如，一位儿童看了《珍珠港》，写了这样一段话，"今天，我看了一部很长很长的电影，大概有 5 个多小时，我快要睡着了，有很多飞机轮船大炮都给炸掉了，我想拍这部电影一定要花很多钱，我算了一下，大概要花好几万，有点浪费，还不如捐给希望工程，让那些不能上学的小朋友上学，但是如果那些小朋友知道上学那么累，不知道他们还愿不愿意上学。"很明显，这位儿童的作文表达不够准确，而且暗藏着"上学很累"的心灵感受，任课教师不但要调整自己的教学，而且要对这个儿童进行必要的心理辅导，以及准确表达的指导。这样的指导就犹如藤蔓一样，把儿童引向更为广阔的作文空间。

儿童是自然的花朵，宇宙的精华，他们心灵的发展就是要建一个"心灵的宇宙"，除了上述激活和引导策略之外，我们应该给儿童更多鼓励的、支持的、宽容的，甚至是惊讶的目光，促进儿童心灵胚胎健康成长。

穿越纤纤字符
——文字间的心灵繁衍

  人学习虽然要用眼睛看，用耳朵听，甚至用手去触摸，但学习不是眼睛、耳朵和手的运动，而是"心灵的盛宴"。这个盛宴是用语言来"烹饪"的。当然，由于学习目的不一样，这种"盛宴"也呈现出不同的旨趣、风格和品位。就学生学习而言，我们所要关注的不是"盛宴"本身，而是"盛宴"背后的心灵生长。在现实教学中，我们到底关注了多少？程度如何？是值得反思的。

真善美知识的堆集

  王国维曾说，"'真'者，智力之理想；'美'者，感情之理想；'善'者，意志之理想。完全之人物不可不具备真善美之三德。"（《王国维文集》第三卷，中国文史出版社1997年版，第57页）此言不差，人的确需要有真善美三种品性，但并不意味着教育要一股脑儿地将真善美的观念、知识灌输给学生，使之成为"真善美知识的堆集"，正如雅斯贝尔斯所说，"教育是人的灵魂的教育，而非理智知识和认识的堆集"。但在现实阅读教学中，这种"堆集"的现象比比皆是。例如：

  学生齐读课文《推开窗儿》以后，王老师先让学生猜想"最初的窗儿是什么样的"，接着板书"窗"的象形字，告诉学生从"窗"的象形可以看出

古代窗儿的样子。然后让学生朗读和背诵带有"窗"字的古诗句，如"山月临窗近，天河入户低""帆影多从窗隙过，溪光合向镜中看"……告诉学生，其实有时候，古诗中的"窗"不仅仅指真实的窗户，更指人的心灵之窗，有了美丽的心灵之窗，人的心胸就很开阔，有境界。读完古诗后，王老师又让学生欣赏中国建筑、园林，乃至于寺庙中各式各样窗儿的图片。最后，教师总结："在中国，窗子是一种文化。"

在这里，教师启发学生求真，了解"窗"的字源；求美，欣赏建筑中的各种窗；求善，告诉学生要有美好的心灵窗户。但是，这一切并没有真正的"入心"，成为学生内在精神结构的一部分，因为整个教学没有心灵的沉思、对话和滋长，更没有心灵的碰撞和震撼。其实，真善美的知识并不能直接成为人的精神品性，需要有一个"转化的过程"。这个"转化的过程"就是文字与心灵对接的过程，磨砺智慧的过程。除"真""善""美"之外，学生更需要"慧"这一重要的元素。

雏鸟的破壳而出

教学是一个孵化"真善美慧"的过程。虽然我们要为学生学习创造一定的条件，对学生学习施加一定的影响，但是学生学习的过程我们不能代替。学生学习就如雏鸟破壳而出。我曾经亲眼目睹了这样一幕：雏鸟颇费周折啄破蛋壳，探出小脑袋，张大红嫩红嫩的小嘴，呼吸着新鲜空气，吞食着鸟妈妈送来的虫子，开始了生命新阶段的旅程。以此来隐喻学习及教学，会有什么样的启迪呢？

第一，如果把雏鸟蛋壳及其蛋壳外面的世界看作学生学习的教材，那么解读教材犹如雏鸟啄破蛋壳，只是一个开始。教材是学生学习要进入的那个世界的入口。文字即为"蛋壳"。要进入教材背后的精神世界必须首先啄破蛋壳，这就是我们经常说的"披文入情""披文入理"等。有了这一步，算是拿到了进入精彩背后的精神世界的"入场券"，但这并不等于已经将整个教材背后的精神世界浏览了一遍。遗憾的是不少课堂就像上面的案例一样，只到门口逛了一圈，并没有"进场看戏"或"参与"，心灵没有任何真正的触动。

第二，获取教材的思想、情感和言语等则如同新鲜的空气和鸟妈妈送来的虫子，是生命的必需品。尽管它们是生命所需要的营养，但并不是生命已有的组成部分。要让营养品变成生命的组织，需要"新陈代谢"，需要"机体的转化"。因此，教学时不能只满足学生获取教材的思想、情感和言语，而要着眼于对这些精神的营养进行心灵的编码，成为人的精神世界的一部分。其中，至关重要的一点就是学生已有生活背景和精神世界的参与。要让学生的每一次学习，都带着整个生活世界和精神世界而来。比如，阅读《推开窗儿》，就要充分调动学生关于窗儿的生活储备，生活体验，沉思遐想，以及心灵的向往，在叩问文本中，在字里行间去生成新的体验、思考和憧憬。

第三，对雏鸟而言，自己的生长才是最根本，最核心的。学生学习，心灵的成长也是如此，是我们特别要关注的。因为学生学习的根本目的不在于掌握教材的内容，而是凭借教材，凭借语言，促进他们心灵的生长。这里包含两层意思，一是学生学习，虽表面上是作用于教材，但最终是作用于自己的心灵；二是学生心灵的成长，虽然离不开教师的指导，但最根本的还是自己亲历学习过程，"自己的心灵自己长"。前面的案例中，如果教师不是那样泛泛地让学生学习"窗儿"，而是让学生在窗儿与古诗、图画中去寻觅思想、情感和表达的语言，情况将会大不一样。由此可见，学生学习，解读只是开始，吸收只是基础，心灵的转化才是最根本的要义。

文字间的心灵繁衍

怎样才能让学生学习成为心灵转化的过程，而不停留在"真善美知识的堆集"层面上呢？我认为，关键是要让学生从文字间去繁衍心灵。为什么这样说呢？一是因为教材，尤其是优秀的教材，每一个字，每一个词，每一个标点符号，每一个句段背后都隐藏着一颗心灵，如果学生学习时能激活并捕捉到这些"文字间的心灵脉动"，心灵的生长就有了源泉；二是因为心灵绝不是抽象的，也不是与世隔绝的。相反，心灵是客观世界的反映，离开了客观世界，心灵将会枯竭，借助文字来发展心灵是一条超越时空的好途径，无论教材的作者或所描写的时代和情境现在如何，是远去了，消失了，还是改

变了，或是依然存在，都毫不影响其成为精神的营养，供学生吸收，如柏拉图所说，帮助学生"心灵从朦胧的黎明转到真正的大白天"。

在静静的教材下面流淌着作者的思想、情感和意志。学生带着自己的思想、情感和意志，穿越语言文字，和作者、编者对话、交融，衍生出自己新的思想、情感和知识，坚定自己的信念和意志，便是繁衍自己心灵的过程。这里仅以教学唐代诗人张籍《秋思》（洛阳城里见秋风，欲作家书意万重。复恐匆匆说不尽，行人临发又开封。）的几个片段为例来谈谈具体的做法。

第一，丰富感质。所谓"感质"指的是感觉经验、感受、情感、情绪等心理状态，它们不具有意向性。比如，看到一片绿叶，我们产生的色彩感觉就是一种感质。感质不仅是人心灵世界的重要组成部分，而且是人意向活动不可或缺的基础。一个感质贫乏的人难以有丰富的意向，也就难以有丰富的心灵。因此，我们要善于丰富、激活学生的感质，在文字间找"感觉"。学生阅读《秋思》，如果没有思念亲人的感受、情绪，没有对秋风的直接感知，是难以真正理解的。因此，在教学时，需要根据学生的情况，丰富和调动他们的感质经验。

师：（教师板书"思念"一词）同学们曾经有过这样的感受吗？

生：有。

师：请说说。

生：有一次，爸爸出差到新加坡去了，我很想念他，连上课的时候，头脑里也满是爸爸的身影。

师：对，这种感受就是"思念"。

生：放暑假了，我被妈妈送到乡下外婆家里去，黄昏的时候，我在院坝里玩，听到远处有小孩哭着喊"妈妈"。我忽然想起我的妈妈来，恨不得马上"飞"回去，见到我的妈妈。

师：你描述得很生动。触景生情，你产生了"思念"的情绪。

生：……

师：诗人张籍常年在外，更是思念在心头。而这个时候又偏偏秋风吹起（播放"洛阳城里见秋风"的影视片），如果是你，你有什么感受？

生：感觉很悲凉，更加思念亲人了。

生：感觉有点凄惨。

师：凄惨？用哪个词更准确？

生：凄凉。

生：……

在这个教学片段中，学生过去的感觉经验被调动起来了，也直接感觉了"秋风"的意味，二者交融在一起，帮助学生形成了心的感质。在这样的心灵状态下来学习文本，不但会更加入情入境，而且其本身也是发展心灵所必需的。

第二，延展心智。心理世界除了感质外，还包括我们的判断、推想、思考、问题解决、揣测、规划等思维活动或心智活动。在文字间繁衍心灵，就是要让学生处于意向状态，在文字间延展自己的心智。一般的方式是通过联想、推理、判断等方式，让学生向深处想、宽处想、远处想。

——多元联想。

师：同学们都知道，秋风是不能直接见到的，而作者却说"洛阳城里见秋风"，他见到的是什么？

生：他见到了枯黄的落叶随风飘飞。

师：无边落木萧萧下。

生：他见到了城墙上的枯草在摇曳，十分荒凉。

生：他见到了生意店的布幌子在随风起舞。

生：他见到了秋风卷着碎纸片和尘土在大街小巷里奔跑。

生：……

师：是啊，秋风来了，一片凄凉的景象。这些撩拨得人心烦意乱，是作者想见到的吗？

生：不是！

师：秋天来了，一年也快进入最后的岁月了。在洛阳城里忙碌奔波，他最想见到什么？

生：他想见到他的老母亲，为她梳理满头的银发。他想见到他的老父亲，为他送上热气腾腾的茶水。

生：他想见到他的妻子，想看到她思念的容颜。

生：他想见到他的兄弟姐妹，和他们一起收割田野里的庄稼。

生：……

师：是啊，这些他都想见到，却不能见，他只能写信去问候，所以——

生：欲作家书意万重。

师："意万重"，说不尽的思念，说不清的情绪。你能从诗人的眼中看到什么？

生：看到思念的泪花。

生：看到闪烁的思念。

生：看到哀愁和乱乱的情绪。

这个教学片段，围绕一个"见"字让学生展开一层接一层的联想。先是联想"见到什么"，再联想"见不到什么"，最后联想"见什么的眼睛中有什么"。从学生的回答中，我们不难看出其心灵的波澜，丰盈的意念、情感和意象盛满了他们的心灵。

——叩问关联。

师：有同学读了这首古诗，在题目旁边批了几行字，"思念很多很多"。你能从诗句中看出来吗？

生：我从"意万重"看出来，作者的思念很多，说也说不完。

生：我还从"说不尽"直接看出他想要表达的意思很多，思念很多。

生：从"又开封"三个字也能看出，信都交给了捎信的人，捎信的人都要走了，还要拆开信看看，害怕要表达的意思没有表达完，说明思念很多很多。

师："意万重""说不尽"和"又开封"都说明作者的思念很多很多。它们之间有联系吗？

生：有。

师：请说说是什么联系。

生：因为"意万重"，所以"说不尽"，因为"说不尽"，所以"又开封"。

生：还有，因为"又开封"，所以说"意万重"。

师：看来诗歌的逻辑十分严密，意思环环相扣，滴水不漏啊。

如果对文本仔细分析，我们不难发现，任何优秀的作品，字字珠玑，字字关联，其内在的联系是丰富的，多层面的，就像人的血脉和神经一样，无处不是紧密地联系在一起的。因此，学习要善于在字里行间中找联系，让心灵在这里变得更丰富，更深刻。

——捕捉隐喻。

师：作者张籍写对家人的思念，选择"秋风"来烘托气氛。"秋风"里隐藏着什么样的喻意？

生：秋风喻示着他的思念很苦很苦，很悲凉。

师：说得不错，因为一般来说，秋风是凄凉的象征。

生：喻示着他的思念很复杂，很纷乱。

师：为什么这样说？

生：因为在秋风中，人们的头发被吹乱了，衣衫也被吹乱了，身边的树木，杂草也被吹乱了。让人也心很乱，理不清思念的头绪。

师：所以——

生：欲作家书意万重。

师：所以——

生：复恐匆匆说不尽，行人临发又开封。

师："秋风"还可能喻示着什么？

生：秋风还可能喻示着作者生活境况并不好，越是这样的时候越是思念家乡，思念亲人。

师：是啊！这些虽然诗歌没有写出来，但我们完全可以合理地推断，在阅读中丰富诗歌的内涵。

"秋风"在诗歌中看似只是烘托一下气氛，其实还有很多隐喻，这些都可以让学生去推论。一层层揭开现象背后的隐喻，隐喻背后的隐喻。心灵也因此变得更立体，更色彩斑斓。

——纵横捭阖。

师：诗映数学可以使数学意境深远，那么数学入诗又将有什么样的效果呢？

（屏幕显示）司马相如的数字家书："一二三四五六七八九十百千万万千

百十九八七六五四三二一。"卓文君的复书："一别之后，两地相思，只说是三四月，又谁知五六年，七弦琴无心弹，八行书无可传，九连环从中折断，十里长亭望眼欲穿。百思念，千思念，万般无奈把郎怨。万语千言道不尽，百无聊赖十凭栏，九重登高看孤雁，八月中秋月圆人不圆。七月半，烧香秉烛问苍天。六伏天，人人摇扇我心寒。五月里，榴花如火偏遇阵阵冷雨浇。四月间，枇杷未黄我欲对镜心意乱。三月桃花随水流，二月风筝线儿断。郎呀郎，巴不得下一世你为女来我为男。）

师：可见数学入诗又使诗妙趣横生。那么向量入诗又有什么样的意境呢？

（屏幕显示）数学诗：我的向量：给你一个方向，你就是我的向量。给你一个坐标系，你就在我心中飞翔。给你一组基底，带着我，扬帆起航。繁复的几何关系，变成纯代数的情殇。优美的动态结构，没有人情冷暖世态炎凉。哪怕山高路远，哪怕风雨苍茫，不管起点在哪，你始终在水一方。啊，我的向量，你是一股无穷的力量，溶进了我的身体，在我的心中，静静地流淌！）

生：大声朗读，小组讨论，说体会与感想。

师生：（屏幕显示）总结——向量的魅力：魅力来自坐标——向量的算法性；魅力来自方法——广泛的应用性；魅力来自模式——思维的规范性。

这个数学教学片段，将数学与诗歌结合起来，纵横捭阖，凸显了向量的诗意与数学美。学生的思维、想象、情感等在文字间得到生长、繁衍。

心 飞亦字舞，内聚亦外扬
——在儿童心根处蔓延

课堂教学的沉沦在于它"太忙碌于现实，太骛驰于外界"（黑格尔语），教学改革宜"转向心灵"，诉求于儿童内在心灵的实践。因此，我提出并倡导"心根课堂"，希冀教学在儿童的心根处蔓延，使他们滋长出美好的心灵，葱茏出枝繁叶茂的人生。

为生命立心，为人生育根

从终极追求来看，课堂教学到底要干什么，又能干什么？这恐怕是我们每一个教师都不能回避的问题。教育，乃人的教育，而非其他。司马云杰在《心性灵明论》中说，"人之所以最为灵性聪明，在于心也，在于心的虚灵不昧，在于心之洞然而虚，昭然而明，能够超乎尘外，轴乎八极，在于它能够弥纶天地，贯通古今，烛明天理，使万象无所隐遁。"教育要培养人，就得始于"心"而止于"心"，"为生命立心"应是教育的本质追求，那种"小和尚念经"或"只有外在热闹"的教育都不是真的教育。对儿童来说，接受的是最基础的教育，为其一生打基础的关键在于"育好根"，因为根健苗才壮、叶才绿、花才艳、果才实。统而言之，"为生命立心，为人生育根"则是所有课程和教学的终极追求。如何理解这一终极追求呢？

有了"为生命立心，为人生育根"的终极追求，教育活动就有了追寻之

"的"，教育改革就不会陷入迷茫。为什么这样说呢？因为一切范畴概念，一切理论方法，一切原理、定理、定律，一切事实的归纳，一切理论的设定，一切经验的实证，一切逻辑的运演，一切观念理念的提出，一切法则秩序的肯定，一切信仰信念的建立，一切主义与世界观，一切见解与皇皇大论，以及种种生活世界与精神世界，都源于生命，源于生命中的"心"，源于生命中的"心根"。简言之，"为生命立心，为人生育根"就是培育"心根"。譬如打靶，瞄准了"心根"这个"靶心"，就会方向明确，路径直接，事半功倍，马克思所倡导的"人类全部力量的全面发展"就有可能实现。

"为生命立心，为人生育根"意味着教育要内在于、建基于、发展于人的心根。所谓心根，它不是泛指"心灵"或者"内心"，而是限指"人的心灵之根"，是人出生后接触世界，积累心理经验所形成的最本源的心灵根基，是个体生命活动的精神之源，是人心灵最深处的世界，由潜意识和部分稳定的意识要素组成。教育要"内在于"这个心根，就是说我们所组织的教育活动要触及儿童的灵魂，开启儿童内心的活动，尽可能激活他们心灵深处沉睡的世界，唤起其内在的想象力与创造精神。教育要"建基于"心根，就是说我们所开展的一切教育活动都要从儿童出发，从儿童心灵根基的现实出发，尽可能切合儿童"心灵的实际"。教育"发展"儿童的心根，就是要让儿童的心根丰润起来，活跃起来，更有智慧和心力。

美国著名哲学家约翰·塞尔曾指出，"我们实际上不仅是一方面具有心灵，另一方面具有语言，是心灵和语言相互补充、相互丰富，以至于对成年人来说心灵是通过语言来构成的。"语文所开展的语言活动，是最直接的"为生命立心，为人生育根"的活动，语言与心智是同根同源同发展的。而事实也的确如此，儿童起初有简单的前语言的意向性，然后便学会了简单的词语，紧接着，这种词语又反过来丰富他的意向性，而这种意向性又转过来促使他掌握更多的词汇，如此相互着力，推动着儿童语言与心智的协同发展，也就是儿童"心根"的发展。那么，我们的儿童要有怎样的心根呢？在我看来，至少要培育这样"五根"：一是仁爱之根，爱是生命最神奇的造化，爱是人之为人的起点，爱是人存在和发展的基石，爱是一切有价值的活动的源泉，因此，儿童一定要以"深爱作根"（王阳明语）。二是惟实之根，不惟书，不惟上，只惟实，求实也就是"求真"，尊重科学，讲究科学，儿童有了这科学作根基，就会不断求索，不遗余力地探寻所感兴趣的未知世界。三是崇善之根，儿童有一颗善心，于己则能自安自足，于人则能以诚相待，让生命在给予中不断生长。四是尚美之根，罗丹有一句耳熟能详的名言，"生命中，我们不缺少美，只缺少发现美的眼睛。""发现美的眼睛"就是心灵之"美根"。儿童有了惟实之根、崇善之根，也应该具有尚美之根，正如王国维所言，"'真'者，智力之理想；'美'者，感情之理想；'善'者，意志之理想也。完全之人物不可不具备真善美之三德。"五是智慧之根。教育的根本目的不在于让儿童掌握多少知识，而在于让他们拥有更多的智慧，因为知识关乎事物，智慧关乎人生；知识是理念的外化，智慧是人生的反观；知识只能看到一块石头就是一块石头，一粒沙子就是一粒沙子，智慧却能在一块石头里看到风景，在一粒沙子里发现灵魂。这里必须指出的是，将儿童心根的"成分"抽出来论述纯粹是表达的需要，对任何真实具体的儿童来说，这"五根"都是紧密不可分的。

世界言语化，言语心根化

印度哲学家克里西那穆提认为，"教育意味着打开觉知之门，是使我们通向人生的巨大活动。"世界、人、语言是构成教学的三大要素。儿童学习，是凭借言语来打开走向世界的"觉知之门"的。世界以言语编码的形式与儿童心灵相遇，在儿童心根处展开连绵的画卷。儿童则在与言语，与世界的对话中丰盈心根，建构属于自己的意义世界。从这个意义上说，"世界言语化，言语心根化"是儿童学习的心理过程，教学要遵循这个基本的心理过程。

何谓世界？《楞严经》指出，"世为迁流，界为方位……东、西、南、北。东南、西南、东北、西北、上、下为界，过去，现在、未来为世。"康德说，"世界就是一切背景的背景，也就是全体界域。"在教学中，我们不但要以整个世界为背景，而且要指导儿童认识教材背后言语化的世界，透过言语之孔来洞察世界，洞察世界的历史、现在与未来，此在、彼在与虚拟存在，以此来洞开儿童的心灵空间。比如，阅读《鸟的天堂》，我们就不能只满足于让儿童成为天堂的看客，赞叹几句"鸟的天堂的确是鸟的天堂啊"，而有可能让儿童沿溪溯源，对鸟的天堂的形成、对当地风土人情的影响等的一番研究，或者引出其他同类作品进行比较，亲自游览或借助多媒体观赏鸟的天堂，写出自己内心的"鸟的天堂"，等等。这样一来，儿童阅读一篇文章，不仅仅是一篇文章，而是通过这篇文章去阅读文本背后的历史、现实与未来；儿童写一篇文章，也不仅仅是一篇文章，而是通过这篇文章去表达此在、彼在与虚拟存在。这样的教学就有了宏大的时空感。

世界一旦以言语的方式进入儿童心灵，在心根处互动蔓延起来，儿童的心根就会得到滋育。一方面，言语本身成为构筑儿童心灵的养料，正如约翰·塞尔在《心灵、语言和社会》中所指出的那样，"除了最简单的思想以外，儿童需要某种语言来思考某个思想，除了最简单的言语行为以外，儿童为了执行某种言语行为也需要某种习惯语言，而其语句具有习惯的语句意义。"这就要求我们让儿童积累一些经典的词语、句子，并以此来丰富他们的思维。另一方面，言语背后还有多种养料，比如，科学的、文化的、思维的、情感的、艺术的、信仰的等多种养分。我们在教学时，千万不可自我放逐言语中的这些"微量元素"，给儿童送上残缺的"精神食粮"，而是要引导儿童透过言语这个孔去吸取其中的多种营养，让儿童心灵在言语的一次次叩击下，发展语言，丰盈情感，形成智慧，铸就信念，激励他们朝着真、善、美的美好人生迈进。

建基于心根，在场于心灵

精神分析学家阿德勒经过研究指出，"在生后的第五年末了之际，儿童已经发展出一套独特而固定的行为模式……以后，他即经由一张固定的统觉表来观察世界，在被接受以前，即已被预先解释，而此种解释又是依照最先赋予生活的意义而进行的，即使这种意义错得一塌糊涂，即使这种处理问题和事物的方式会不断带来不幸和痛苦，它们也不会轻易地被放弃。"支撑儿童"独特而固定的行为模式""固定的统觉表"的就是儿童的"心根"。儿童走进课堂，并不是一张白纸，而是带着这已经初步形成的心根走进来的。因此，教学要建立在儿童已有的心根上，而不仅仅是当前的心理上。要着力分析儿童已有的心灵模式，关键是了解真实的儿童，不要依据原则和理想来思考，因为正如克里西那穆提所说，"理论，是我们了解孩子，以及孩子自我了解的实际障碍"。对教师而言，我们可以通过与儿童对话，通过他们的课堂表现了解他们的思维方式和情感世界，因为心灵躲藏于人的公式化的行为之中。比如，某教师在教学《但愿人长久》时，通过与儿童交谈发现，他们对古代那种"千里共婵娟"的心境和情感难以理解，习惯于按照现代人的方式去想问题，便以此为基准展开了这样的教学——

师：孩子们，要是在现代，你和手足感情这么深，在中秋之夜，你会怎么做？

生：我会打电话。

师：怎么说？

生：弟弟，我想你！你一个人在外，要多保重哟！

生：我会发一封电子邮件，对弟弟说，"秋天天气凉了，你要多穿点衣服。你不要担心我，密州这个地方虽然偏僻，但，人很好！"

生：我会提前给弟弟寄一盒中秋月饼，重庆宾馆生产的那种。（众笑）

生：我也会给弟弟发一封伊妹儿，对他说，"祝你中秋快乐！"

生：我会坐飞机去看弟弟，和他一起看月亮。

生：我会给弟弟寄一张贺卡，在贺卡上写上祝福的话。

师：可在距今900多年前的宋朝，科学技术十分不发达，没有电话，没有电脑，没有因特网，没有飞机，手足相隔千里，山重水隔，就是寄一封信，也要数月才能收到，更不用说寄月饼了，早在路途中霉变了。苏轼又能做什么呢？

生：在心里想！

......

师：苏轼和弟弟是手足，手足情深啊！手足情深就手足情深吧，又是七年没有见面。七年没有见面就不见面吧，又逢中秋佳节。中秋佳节就中秋佳节吧，又见别人欢喜团圆。不团圆就不团圆吧，又见月亮高悬。月亮高悬就高悬吧，又是那么亮，那么圆。苏轼怎能不思念，难受，忧愁，祝福？又怎能不凭借月亮，来寻觅那一丝淡淡的宽慰？（至此，教师语言有些哽咽，许多学生眼里闪着泪花）孩子们，拿起书，让我们一起来表达这一份人间真情吧！

生：（配乐齐声朗读第五自然段）

采取这样的方式教学，不仅针对儿童已有的心根来展开，也以此内聚儿童的注意力，将全部心思投入到对教材的理解上，这也就是让儿童的每一个心灵都整体地在场。这既有利于儿童全心投入学习，又有利于儿童全部身心的发展。因为儿童心根的内在滋长，是整体性的，而不是堆砌，也不是额外的增加。当然，"在场于心灵"，不仅仅指儿童，也包括教师，包括教学中的所有的人。教师尤其需要有完美的心根并整体出场，上述教学中，教师满含深情地说了一大段话，不是炫耀，也不是累赘，而是内心情感的迸发，正因为如此，才引发儿童泪眼涟涟。只有这样，教学才是灵动的，心灵交融的，充满人性光辉的个性化的劳动。

心飞亦字舞，内聚亦外扬

这是对教学实施所期盼达到的境界。何谓"心飞亦字舞"？就是指在课堂中，儿童的思维、情感等飞动起来，让静态的言语舞动起来，活跃出一幅幅美丽的教学图景。何谓"内聚亦外扬"？就是指在课堂教学中，学生思维纵横驰骋，谈天说地，展得很开，毫不拘束，但主题明确，目标明确，直指儿童的心根。请看下面这个教学片段：

师：至此，我们从题目"钻进"课文，细细地把课文研读了一遍。我记得上课开始的时候，我们说过，题目是文章的眼睛。请大家再读读课文题目，看看这个"眼睛"的眼睛是什么？

生：（齐读课题）

生：这篇课文"眼睛"的眼睛是"集合"。

师：同学们，其实，"集合"，不仅仅是一个词语，也是一门学问，大家到了高年级了，还会在数学中学到许许多多关于集合的知识（板书"？"）；"集合"，不仅仅是一个道理，也是我们生活中永远也离不开的法宝，是我们的生活方式和生存方式，有了"集合"，我们的生活将更加丰富多彩，你看，我们学习的教室，生活的城市，没有哪一样东西不是集合的产物（板书"！"）；"集合"，也不光限于相互融洽的事物，有些事物，尽管看似矛盾的，但也可以如矛和盾一样，可以集合在一起，形成新的东西（板书"。"）。有兴趣的同学，可以带着这样三个标点符号（?!。），到生活中去寻找集合的学问、集合的法宝，创造出更多新生事物来。

教学《矛和盾的集合》，之所以既紧扣"集合"一词，又大力铺陈展开，正在于追求"心飞亦字舞，内聚亦外扬"之境。在教学中采取何种步骤能够逐步实现"心飞字舞，内聚外扬"的美好愿景呢？一般来说，有这样几个环节：

第一步，心灵对接。师生通过谈话，或开展其他活动，让心灵真正走到一起。这一步十分关键。一旦有所闪失，再好的教学设计都有可能难以实施。因此，不管是面对陌生的儿童，还是熟悉的儿童，都要能在一分钟内抓住他们的心，让他们的心和教师的心紧紧地连在一起。

第二步，磨砺心智。把教材引入儿童的视界，启发他们快速抓住主要内容，提出有关问题，或者选择问题开展研究，在琢磨教材中磨砺心智。这种磨砺，不仅仅是人的本质力量的高扬，是立于人性和美之上的人的自由自觉的活动，也是对人的本质的异化的抗拒。正因为如此，在磨砺儿童心智的过程中，既要高扬儿童美好的梦想和想象，也要善于给儿童心灵"捉虫"，消除一些不健康的想法、思维方式或情感习惯等。

第三步，丰盈延展。"心根课堂"不只"入乎其内"，也要"出乎其外"。要在磨砺儿童心根的基础上适当延展，或引入课外内容，或加以想象发挥，等等，打开儿童觉知世界的大门，走向未知的世界。请看一个教学片段：

第四步，自我建构。从某种意义上说，人有两个世界，一个是物质世界，一个是意义世界，这个意义世界是心根的重要组成部分，需要儿童自我建构。因此，在教学中，或者教学后，都要给学生心灵留下自我反思，自我融通，以及自我总结的时空，以帮助儿童在"觉知"后建构自己的意义世界。

一个新词就像一粒播下的种子
——语言的破茧与蝶变

个体心根的"触须"细密地布满每个人凹凹凸凸的时间和空间，是人一切言谈、举止、认知、情感、思维、做事等的底色，抹不去，褪不掉，藏不住，赶不走，吓不跑。教育的内在本质即奠基人的心灵根基。维特根斯坦有几句诗，"每天早晨/你必须重启掀开废弃的碎砖石/碰触到翠绿的、生机盎然的种子/一个新词就像一粒播下的种子。"语言的突破是心根发展的重要途径。

突破语言之茧

有语言专家指出：人活在语言中；人不得不活在语言中。如果不掌握和使用语言，人就无法描述、理解自己的经验，也无法形成复杂的经验；如果不掌握和使用语言，有无数的思想不能思想，有无数的情感不能体验，有无数的实在不能认识。语言是人精神生命的家。人类的精神建构依赖于语言。联合国教科文组织曾强调："语言一旦消失，世界上文化多样的繁荣景象将消失殆尽，我们追求美好未来的宝贵资源，如机会、传统、记忆、独特的思维方式和表达方式，也将随之消失。"印度狼孩和盲女凯勒的故事即证明了这样的道理。

个体心根的生长离不开语言。因为语言不但是思维的物质"外壳"，而

且是"在其中"，不存在未被语言影响的个体感受、体验，即便是无意识也概莫能外。更何况一切社会文化都是以语言的方式存续下来的。正如德里达所说，"文本之外无它物。"语言是人类感官的延伸。个体心根的边界是由语言来确定的。维特根斯坦就曾在《逻辑哲学论》中指出："我的语言的界限意味着我的世界的界限。"这里"我的世界"当然包括心根的世界。因此，我们常常能够根据人的语言表达揣摩一个人的心灵世界，捕捉一个人心根的大体轮廓和特征。

既然语言是个体心根存在的家园，那么要发展个体的心根就必须突破旧有的"语言之茧"。所谓"语言之茧"，指的是个体已有的、相对稳定的话语体系。这个话语体系即为个体心根的具体表现，它的限度即为个体心根的限度。杜威在《我们怎样思维》一文中指出："语言所设定的界限、语言所铸就的牢房也只有语言自身才能突破，语言处在不断的自我否定之中，语言设定界限又不断打破界限，语言不断建立结构又拆除结构，既自我肯定又自我否定。"因此，教学要突破儿童"语言之茧"，拆除旧结构，建立新结构。每一次学习与教学都应该是一次突破"语言之茧"、实现心根蝶变之旅。正是这样一次次"语言之茧"的突破，个体的语言得到了丰富和发展，心根得到了充盈和提升。从最本原的角度讲，教育的着力点不在教材，而在儿童的心灵；不在于对知识的掌握，而在于突破儿童已有的语言之茧，完成心根的一次又一次突围与建构。

促使语言蝶变

当前课堂教学改革要取得实质性进展，必须实现两个根本性的转变：一是从重视文本语言向重视儿童语言转变；二是从重视社会文化向重视儿童心根转变。一句话，促使语言及其背后文化的蝶变。这样一些思路值得实践和进一步探索：

第一，开展儿童语言及心根分析。这是课堂教学必须做好的功课，因为只有对儿童已有"语言之茧"有足够的认识，才能够发展好儿童的语言，丰盈好儿童的心根。我们可以在教学之初对儿童的语言世界进行深入分析，了解儿童独特的心根世界。比如，在教学朱自清的《春》时，可以事先让儿童

默写关于春天的词语、已经积累的语段和诗词，收集他们近期关于春天的作文或者布置他们写同题作文，对儿童的语言积累、语言结构、语用情况，以及对春天的文化认识等作出诊断分析，找到教学的逻辑起点和突破儿童语言之茧的切口。当然，这种语言与文化的分析更多的是在教学过程中进行。我们要善于从学生的质疑、答问等中捕捉儿童语言和心根世界的蛛丝马迹。请看一个教学片段：

生：我知道了这篇课文讲的是杨氏的儿子和孔君平之间的故事。

师："杨氏"是一个人的名字吗？

（全班沉默）

师："氏"在古代有两个意思（出示）：

(1) 在有特长或者有身份的人姓或者姓名后面加"氏"表示尊重。

(2) 旧时放在妇女或夫姓的后面称呼已婚妇女。（比如嫁给姓张的人就叫张氏，嫁给姓李的就叫李氏）。

师："杨氏"的"氏"应该选择哪一种意思呢？

生：选择第一种。因为这篇课文选自《世说新语》，记录的是有文化、有地位的人的言谈轶事。

师：你能联系整本书来思考，很好！还有别的意见吗？

生：也可以选自第二种。"杨氏"指姓杨的人的妻子，不能说就没有地位，没有文化呀。

师：说得也有道理呀。单从"氏"的两个意思看，第一个表示尊重，第二个并不一定不表示尊重啊，不直呼别人妻子的名字，也是中国文化一种特有的尊重呀。两种意思到底选择谁更妥当？

生：选择第一种，因为文章后面说"孔君平诣其父，父不在，乃呼儿出"。这里的"杨氏"指的是父亲，不是母亲。所以不能选择第二种意思。

学生说出"我知道了这篇课文讲的是杨氏的儿子和孔君平之间的故事"这样的语言来，即表明"氏"是儿童需要突破的"语言之茧"。教师首先引用词典上的注释帮助儿童打开理解思路，接着让儿童辨析两种意思与文本的契合度，突破其语言理解的障碍。在引导的过程中，教师将"氏"作为一种中国传统文化的符号，让儿童对此有文化的理解，这对他们发展心根大有裨益。

第二，设计亲近儿童需要的课堂教学。将儿童的语言、文化基础与课程标准的要求一一对照，即可找到儿童语言与文化发展的落差。这个落差即为儿童语言与文化发展的需要。我们要根据儿童思维、情感、技能发展等的需要来选择学习材料，挖掘学习材料，改造学习材料，重组学习材料，切实突破儿童"语言之茧"，发展儿童语言与心根，让课堂成为儿童的"亲亲课堂"。比如，某教师教学《搭石》，让儿童回想这节课的情境，以《最美的_____》为题说话。儿童新的语言破茧而出——

生：这节课最美的举手是我的同桌王晓艺，因为她平时很少举手，这节课却举了两次手，刘老师抽她回答，她也答对了。

生：这节课我们学得最美的段落是"每当上工、下工，一行人走搭石的时候，动作是那么协调有序！前面的抬起脚来，后面的紧跟上去，踏踏的声音，像轻快的音乐；清波漾漾，人影绰绰，给人画一般的美感。"

生：这节课最美的提问是汪洋林提的问题：为什么人们把这种石头叫"搭石"，而不叫"踏石"？这节课，我们都是围绕这个问题来学习的。

生：这节课最美的动作就是走搭石，刘老师读课文，我们踏脚，好像音乐课一样，很好玩！踏踏的声音，就像音乐！

这不仅是儿童语言的一次破茧，也是心根的一次舒展，一次洗礼，一次丰盈。

第三，激发儿童破茧蝶变的主动性。王尔德说过一句耐人寻味的话："教育是一件了不起的事，但是我们不要忘了，没有哪一件值得知道的事是可以被教出来的。"学习始终是学习者自己的事情。儿童发展语言，丰盈心灵，也必须由儿童自己来完成。因此，我们要做的有两个重点，一是充分激发儿童主动突破"语言之茧"的积极性；二是"誓死"捍卫儿童对学习材料选择、信仰、改造、批判、指正和延伸的权利。例如，某教师在教学《通往广场的路不止一条》时，发现儿童对"通往广场的路不止一条"能够理解，但是不够深入，更没有形成默会的认知。于是设计了让儿童们通过电话当堂连线自己崇拜的亲戚朋友，询问他们的理解，倾听他们的人生故事的环节。没有想到，儿童情绪高涨，连线空前热烈，为突破自己的语言之茧找到参照系。接着，让儿童连线自己的生活体验，谈自己对"通往广场的路不止一条"的理解。儿童终于冲破了固有的语言之茧，实现了心灵的一次飞跃。不但用生活中的实例来阐释"通往广场的路不止一条"的哲理，而且还悟出了"道法自然"的文化韵味。

第四，推动语言破茧后的文化蝶变。语言本身就是自足的领域，不存在独立于语言符号的纯粹事实，语言的意义存在于语言网络之中。文化存在于语言的缝隙和网络之中。当儿童语言破茧之后，需要引入社会文化的精华，激活儿童自身的创造力，推动语言的进一步繁衍，心根的进一步生长。请看这个教学片段：

师：（屏幕显示如下图）这有两幅图（PPT），反映的是数学中的两种位置关系，你能用一句诗来形容一下吗？

生：兴趣盎然，极力思考。

师生：大漠孤烟直，长河落日圆。

生：（鼓掌）

师：怎么样，有诗一映，由圆想到落日，使数学中的圆那么美！

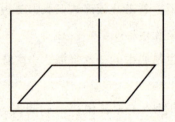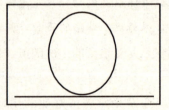

事实上，每一个语言突破点就像一个儿童语言与心根发展的"原子"，只要将其中蕴藏的能量释放出来，就会在儿童心灵中引发我们所期待的"原子爆炸"，突破语言之茧，解构旧有心根，重建儿童新的心灵文化。

发酵语言体验

学生学习教材之后，总会产生一些由语言文字触发的体验。这些体验既是我们教学的基础，也是滋育学生心根的材料。教学时，要充分利用学生的体验来帮助他们丰富和发展心灵，以达到"观海则意溢于海，登山则情满于山"的境界。

第一，追问体验之源。当学生自学有了一定的体验后，我们要指导学生分析，这些体验是怎样产生的？是哪些语言文字触发了他们的思考和信任？在追问中，让学生最初的学习体验像滚雪球一样越滚越大，越来越清晰可见，从而酿制出思想和情感的琼浆来，以达到哺育学生"心根"的目的。

第二，鼓励质疑问难。从某种意义上说，学习是永远的追问。学生学习不但可能产生诸多情绪体验，也可能产生一些疑问，这也是一种体验，即古人说的"愤""悱"状态。在教学中，我们不但要鼓励学生大胆提问，更要引导学生基于语言文字提问。这样的疑问，更具有滋育学生"心根"的价值。因为，学生能基于语言文字提问就说明他们的学习"触点"深入到了文本，心灵与文本实现了真正的"对话"，"意义的溪流"就会浸润学生的"心根"。

第三，冥想丰盈体验。学生有了学习体验之后，我们可以指导他们"冥想"：从语言文字引发的这一体验出发，联想自己过去的生活体验，了解到他人的阅读体验，以及古代和异域、异族的生活感悟，进行比较、分析，进一步丰富自己的阅读体验。比如，当阅读某一篇关于"月亮"的作品时，自己有了一些体验后，就可以合上书，静静地联想：古今中外，人们是怎样表达对月亮的认识的？自己在没有阅读这篇文章之前，对"月亮"有什么样的感受？自己身边的人是怎么解读"月亮"的？等等。有了这样的"冥想"，学生的"心根"自然就会丰盈起来。

第四，广开言路对话。言说是一种发酵体验的基本方式。一旦学生学习有了一定的体验，让他们通过言说的方式，或口头阐述，或书面表达，或表达认同，或表达批判，不但可以延伸学生的体验，而且可以让学生在分享体验中，逐步丰盈学生的感悟，使他们的"心根"更加丰富起来。请看一个教学片段：

教师正在讲解："滑动摩擦力的大小与接触物体间的压力成正比，与接触面的粗糙程度有关。物体表面越粗糙，同样压力下摩擦力越大；物体表面越光滑，摩擦力就越小。"后排一男生"哼"的一声。教师笑问："你对这个问题可能有更科学的看法，你给大家说说好吗？"不料学生以两块紧贴在一起难以侧向移开的玻璃为例，一口气介绍了"凸凹啮合说""黏附说"和"静电理论"。教师带头为该生热烈鼓掌。

让学生讲讲对问题的看法，这比那些不顾学生感受，一味问，一味讲的行为，要强百倍、千倍，心根在言说中得到磨砺。

在 心弦上镌绣文化的密码
——群读经典润泽心根

儿童心根的发展，主体是儿童本人，但也离不开赖以生存的各种各样的"群"。"群"在字典里的基本意思是"相聚而成的集体"，是自然、社会和文化，乃至整个世界存在的常态，实体的、虚拟的、思想的都概莫能外。我们常常在生活中说到或者听到关于"群"的概念：群鸟、群山、人群、读者群、产业群、城市群、QQ群、……离开了"群"，任何人、事、物、情、思、理都难以存在。海德格尔说，"作品存在意味着缔建一个世界。"儿童阅读作品也同样如此，"群读"是一种基本的学习方式，此其一。其二，人生苦短，学习无涯，唯有阅读经典，方可在有限的生命中获得更多的精神食粮。因此，"群读经典"应该是儿童课堂学习的常态。这里以《伯牙绝弦》的教学为例，说说课堂中如何"群读"经典。

在"背景群"里探"精神的能源"

任何经典都是特定历史的产物，是从特定文化土壤里生长出来的枝蔓，是特定枝蔓上绽开的花朵。每一篇经典背后都有一个庞大而复杂的世界，即"背景群"，那里面有"像蚂蚁窝似的生活"（维特根斯坦）。只有对这个"背景群"有所了解，才能真切地理解经典，探寻"精神的能源"。其中，最基本的方法便是孟子所倡导的"知人论世"。

阅读《伯牙绝弦》，一要"知人"，知道伯牙是春秋战国时期晋国的上大夫，是当时著名的琴师，既是弹琴能手，又是作曲家，被人尊为"琴仙"；钟子期不仅是深山里的一位打柴人，更是一名隐居埋名的音乐高人，收集整理了大量的乐谱竹简，把渔歌、牧歌、猎歌、樵歌、祭歌、宴歌、情歌……均分类在册。有了这样的了解，就可以推知：伯牙是"当官的"，而钟子期是"打柴的"，二人成为知音实属不易，不在情理之中；但是伯牙和钟子期都通晓音乐，二人成为知音事实上很容易，在情理之内。二要"论世"，大体知道春秋战国时期是一个奴隶制瓦解，封建制确立的大变革时代，是一个诸侯争霸，战争连年的大动荡时代，是一个社会经济发展、民族不断融合、文化异常繁荣的大发展时代。在这样一个时代里，人与人之间的关系也复杂起来，"求稳"和"求认同"的普遍心态促使人们"寻觅知音"，但动荡的社会"难觅知音"，这便成为人们的普遍慨叹。伯牙奉晋王之命出使楚国，乘船到汉阳江口，却路遇钟子期，虽然时间短暂，但知音知心，给伯牙留下了难以磨灭的印象。有了这样的了解，才能深刻领悟"知音"的可贵，以及伯牙"破琴绝弦，终身不复鼓"的举动。

用现代诠释学的观点来看，除了知人论世外，还需要"看文化"，经典是一种文化产物，是某个时代文化精华的集中体现和代表，了解经典产生的文化背景，对经典的阅读会更深一层。《伯牙绝弦》的故事产生于春秋战国时期，这个时期的文化的特点是"百家争鸣，思想异常活跃"。其中，老子"人法地，地法天，天法道，道法自然"的思想影响甚广，"寄情山水，道法自然"成为不少文人雅士的文化追求，伯牙与钟子期虽然身份不同，生活境遇也不同，但是在这文化志趣上是相同的，正因为如此，他们才能一见如故，成为"知音"。并由此开启了"高山流水"这一具有中国特色的文化之源。古琴曲《高山流水》成为中国古代十大名曲之一。有了这样的了解，阅读《伯牙绝弦》就不会仅仅停留在"知音"的层面上，更知"知音"的原委和"高山流水"的文化渊源。

在"意义群"里觅"内燃的火光"

一篇篇经典更像历史文化长河中的一堆堆篝火，它的含义的确不是"单向度"的，而是一个复杂的"意义群"，"每一个字都是无底的深渊"（果戈理），朝不同的时空，不同的维度释放出不尽相同的"内燃的火光"。阅读经典，既需要探寻本义，找到"光源"，也需要多元解读，追寻"火光"，常读常新，作充分的阅读，丰沛的解释。但是"多元"必须"有主"，不能误读。"一千个读者就有一千个哈姆雷特"，但是不管怎样还是哈姆雷特，不会读成李尔王。

《伯牙绝弦》正文连标点符号才96字，但含义却是十分丰富的。我们必须指导学生把握文本的基本意义：伯牙与钟子期从"知音"到"知心"，再到把朋友当作自己的"知己"，纯真的友谊是文本歌颂的主题。在此基础上，鼓励学生表达自己的多种理解：（1）"琴"即"情"，知音贵"真情"。伯牙与钟子期以"琴"相识，生情，二人短暂的相遇后便离开，人不在一起，但情在发酵，长满整个心灵，钟子期死后，二人生死两重天，伯牙破"琴"相别，实在是"伤情"。（2）山水情缘，绵绵无期。伯牙没有认识钟子期之前，所弹《高山流水》，无人能听懂，此时，"山是山，水是水"。后来与钟子期相遇，"伯牙鼓琴，志在高山，钟子期曰：'善哉，峨峨兮若泰山！'志在流水，钟子期曰：'善哉，洋洋兮若江河！'伯牙所念，钟子期必得之"。此时，山水因知音而生动起来，"山不是那个山，水不是那个水"。再后来，"子期死，伯牙谓世再无知音，乃破琴绝弦，终身不复鼓"。没有了伯牙的鼓琴，没有了钟子期的善听，"山还是那山，水还是那水"。但伯牙与钟子期的山水情缘并没有消失，而随着《伯牙绝弦》的故事千古流传。（3）"绝"非"绝"，"琴"绝而情不绝。"绝弦"的"绝"是断绝的意思，伯牙与钟子期因"琴"而成知音，子期死了，伯牙痛苦到了极点，不但"破琴"而且"绝弦"，虽然"终身不复鼓"，但"情"却没有断绝，成为永远的思念。（4）"所念""必得之"。所念"高山""流水"之物必得之，所念音乐旋律必得之，所念高雅情怀必得之。二人心有灵犀，一点就通。（5）"在"的意义。法国哲学家笛卡儿有句名言，"我思故我在"。伯牙与钟子期的思绪能同时"在"高山，"在"流水，真是"知音"啊！当钟子期不"在"世以后，伯牙也不"再"鼓琴，二人从心灵"同在"到阴阳两重天的"不在"，这无疑揭示了寻觅知音是"在"

世的一种价值。尽管这些解读关注点不同，有差异，但是都离不开"知音""知心""知己"这个母命题，这就叫"多元有主"。

在"言语群"里寻"技艺的踪迹"

指导儿童阅读经典必须关注它的言语形式，以及这些言语形式所构成的"群落"，品析经典的形式之美。《伯牙绝弦》这篇文章就有许多"言语群"值得阅读和教学时予以关注。比如，文章中有四个"善"字。"伯牙善鼓琴，钟子期善听"中的"善"是擅于的意思。"善哉，峨峨兮若泰山！"和"善哉，洋洋兮若江河！"的"善"是好的意思。在文章中，两个意思是有联系的，"擅长"是"好"的前提，"好"是"擅长"的结果，共同刻写了伯牙和钟子期是"知音"。文章中还有"峨峨兮若泰山""洋洋兮若江河"等叠词的运用，使文章具有音韵之美。可指导学生照样子填写："善哉，……兮"，学生可以这样来扩展：伯牙志在清风，钟子期曰："善哉，徐徐兮若清风！"；志在明月，钟子期曰："善哉，皎皎兮若明月！"；志在杨柳，钟子期曰："善哉，依依兮若杨柳"；志在芳草，钟子期曰："善哉，萋萋兮若芳草"；志在白雪，钟子期曰："皑皑兮若白雪"……这既进行了语言训练，又加深了对"伯牙所念，钟子期必得之"的理解。

当代作家张炜曾说："技巧是好东西，有了它作家才能活着；可技巧又是坏东西，它使一个作家快乐地死去。"言下之意，技巧不能没有，但必须和生活的体悟结合起来，必须和文本内容的创新结合起来。指导学生阅读经典也如此，在剖析言语形式的时候，必须和生活、文本内容联系起来，正如汪曾祺所说，"语言的美不在语言本身，不在字面上所表现的意思，而在语言暗示出多少东西，传达了多大的信息。"比如，当学生填写"善哉，……兮"以后，可以让全班同学齐声朗读并思考：为什么课文只写到伯牙弹奏"高山流水"而不写"清风明月""杨柳芳草"等？通过高山流水的意象，学生或许会体会到："高山"伟岸崇高，"流水"清澈绵长，更能象征友谊的纯真。如果深入挖掘，我们还会发现，在古代作品中，拟声达意有三种情况，一是有声无意，如"呦呦鹿鸣、嘤嘤鸟鸣、萧萧马鸣"等便是；二是有意无声，如"灼灼桃李、依依杨柳、滔滔江水"之类；三是有声有意，如《三禽言》中有这样的句子："布布谷，哺哺雏。雨，苦！苦！去去乎？吾苦！苦！吾苦！苦！吾顾吾姑。"而课文中的"峨峨""洋洋"属于第二种。由此可以进一步思考：为什么伯牙不弹奏"呦呦鹿鸣"之列，也不弹奏"布布谷"之类，却要弹奏"峨峨泰山""洋洋江河"？原来，"峨峨"乃泰山的情状，"洋洋"乃江河的情状，"有意无声"，而伯牙却能通过琴声来表达，可见其"善鼓琴"，这样的音乐，钟子期却能听懂，可见其"善听"，连起来看，便会觉得二人成为知音的确可贵。

在"作品群"里看"深藏的文化"

尽管经典是文化长河中最鲜艳的花朵，但是经典并不是孤零零的，以经典为原型母题的同题同类作品和作品系列构成"作品群"，成为"花丛"或"绿丛"，与经典相互诠释，相互补充，交相辉映。因此，需要把经典放到"作品群"中去阅读。大体的方式有两种：

其一，互文参照。以某一经典为主体阅读对象，引进其他相关作品来印证、比较和深化理解，触摸经典背后的文化根底和网络。阅读《伯牙绝弦》时，可以根据阅读的需要选择一些诗文来参照，如荀况的《劝学》篇"昔者瓠巴鼓瑟，而沉鱼出听；伯牙鼓琴，而六马仰秣"等，来相互印证、比较和组构，深化阅读。

其二，组群阅读。根据阅读目的，建立以经典为中心的作品群，通过追溯渊源，比较异同，分析形象，概括思想等，获取经典中的思绪与文化营养。以《伯牙绝弦》为中心，可以建立起多种作品群，如：（1）关于伯牙的。将《史记》与《荀子》《琴操》《列子》等书关于"伯牙"的段篇结集阅读。（2）关于山水的。伯牙虽已绝弦，但他与钟子期留下的"山水情缘"却开启了文人心中的不绝追求。谢灵运、陶渊明、王羲之、谢安、谢脁、李白、孟浩然、王维、苏东坡，他们都沿着这个母命题一路走来，一席中国文化史，出现的最频繁最密集的怕也就是"山水"这两个字。（3）关于"琴"的。"独坐幽篁里，弹琴复长啸"这是王维的意趣；"入耳澹无味，惬心潜有情"这是白居易的品鉴；"手舞石上月，膝横花间琴""我醉欲眠卿且去，明朝有意抱琴来"这是李白的潇洒；"江上调玉琴，一弦清一心"这是常建的禅意。在诗人眼里，琴不单是琴，它融入了太多的文人情怀，可以组建一个"诗歌琴韵"作品群来阅读。通过这样的阅读，让学生认识到："人类是一个故事，宇宙从根本上说是一个故事；故事为每一个社会提供核心的凝聚力；故事就是解释世界，只有通过这个故事，人们才能彻底而及时地认识到自己的存在。"从而成为"情的智者"或"智的情者"。

在"读者群"中学"阐释的方法"

经典是在阐释中建构起来的，没有人阅读，再好的作品都成不了经典。19世纪英国批评家德·昆西论·华兹华斯的经典化进程有一段名言："1820年之前，华兹华斯的名字给人家踩在脚下；1820年到1830年，这个名字是个战斗的名字；1830年到1835年，这已是个胜利的名字了。"这充分说明了，经典是"读出来的"，它有一个庞大的读者群。对于学生来说，这个读者群既包括在学生身边一起阅读的同学和老师，也包括虚拟网络中阅读此作品的作者，还包括过往阅读过此经典的所有"隐形读者"。指导学生阅读经典要充分发挥这三个"读者群"的作用。《伯牙绝弦》一文最早见于《吕氏春秋·本味篇》，记载如下：

伯牙鼓琴，钟子期听之，方鼓琴而志在泰山，钟子期曰："善哉乎！鼓琴，巍巍乎若泰山。"少时，而志在流水。钟子期曰："善哉！鼓琴，洋洋乎若流水。"钟子期死，伯牙摔琴绝弦，终身不复鼓琴，以为世无足复为鼓琴者。

后世读者不计其数，有不少阅读方法可供学生学习，比如，明代小说家冯梦龙读《伯牙绝弦》后，在《警世通言》这一本书中，用生动的笔触对这个故事进行了改写：

伯牙善鼓琴，钟子期善听。伯牙鼓琴，志在高山，钟子期曰："善哉，峨峨兮若泰山！"志在流水，钟子期曰："善哉，洋洋兮若江河！"伯牙所念，钟子期必得之。子期死，伯牙谓世再无知音，乃破琴绝弦，终身不复鼓。

冯梦龙这位"读者"，对经典做了哪些改写？为什么要这样改写？品析其中的缘由就是学习语文。原文说"巍巍乎若泰山"，而冯梦龙改为"峨峨兮若泰山"，是何缘故？仔细分析，不难发现："巍巍"和"峨峨"

在古汉语中都有高大的意思，但"峨峨"还有陡峭、盛美等意思。很显然用"峨峨"更能够反映伯牙鼓琴的情状。将"乎"改为"兮"读来更朗朗上口，有音韵之美。再如，将"伯牙摔琴绝弦，终身不复鼓琴，以为世无足复为鼓琴者"改为"伯牙谓世再无知音，乃破琴绝弦，终身不复鼓"，逻辑上更为严密。

像 闻到玫瑰花香味那样去感知思想

——丰富学生的心灵意象

何谓心灵意象？它不同于一般的心理表象，指的是人凭借语言文字、图画声音、自然现象与已有经验在头脑中形成的"有意义的表象"，是"一种理性观念的最完满的感性形象显现"是"一种暗示超感性境界的示意图"（朱光潜），也可以称作"精神的图像"。教材里有丰富的意象资源，每一个人物，每一道风景，每一个偶然投来的字眼和流盼，每一个细微的心灵跳动，都可以在学生的心灵中焕发出生命的光彩。

心灵意象是心根的关键要件

"意象"一词，在中国文论中出现得很早，如果从《周易·系辞》提出"圣人立象以尽意"算起，学界对这一命题的关注、思考已达两千多年。人们在学习教材时，将教材中的意象转化为自己心灵中的意义与图像，就成了心灵意象。尽管人们直接或者间接对心灵意象进行了大量探讨，但是缺乏目的性、根本性的认识，往往将心灵意象作为学习的"驿站"与附庸。其实，从教育与生活的意义上说，人们更需要丰富的心灵意象，而不是关于意象的知识。当你看到"杨柳"一词，仅仅知道所包蕴的依依惜别之意是不够的，还需要有诸如"昔我往矣，杨柳依依"（《诗经·采薇》）；"此夜曲中闻折柳，何人不起故园情"（李白《春夜洛城闻笛》）；"渭城朝雨浥轻尘，客舍青青柳色新"（王维《送元二使安西》）；"羌笛何须怨杨柳，春风不度玉门关"（王之涣《凉州词》）等意象在头脑中浮现。那么，丰富学生的心灵意象到底具有怎样的现实意义呢？

第一，心灵意象是人心灵的构图及其发展的重要元素。人的心灵构图，不仅仅需要言语、情感、态度与价值观，还需要丰富的心灵意象，它应该与知识、技能同等重要。因为心灵意象是一种独特的审美复合体，既是有意义的表象，又是有表象的意义，它是双构的，或多构的，只有储备了丰富心灵意象的人，才会有敏锐的感知，在其心里，"'赤'不但解作红色；'夜'不但解作昼的反义"；见了"新绿"二字，不但有满眼的绿色，也会"感到希望、自然的化工、少年的气概等等说不尽的旨趣"；见了"落叶"二字，不但眼前立即浮现飘飞的、散漫的枯叶，也会"感到无常、寂寥等等说不尽的意味"（夏沔尊）。反之，缺乏意象的心灵是呆板、僵化和死寂的，最终必将枯竭。

从另一个角度看，心灵意象还是一个人心根生长的养料。每一个心灵从稚气走向成熟，从简单走向丰富，从迟钝走向灵动，都离不开意象的丰盈。学习既要如王夫之所说，"会景而生心，体物而得神"，也要如王充所说"立意于象"，不断丰富心灵图景。比如没有储存"举头望明月，低头思故乡""古人不见今时月，今月曾经照古人"（李白）"可怜今夜月，向何处，去悠悠……"（辛弃疾）等心灵意象，就难以理解"江畔何人初见月？江月何年初照人？"（张若虚）的诗句。

第二，心灵意象是学习活动必须建构的心理过程。任何人在学习时，都离不开心灵意象的参与。没有或缺乏充分的心灵意象的形成过程，以及没有形成完整的心灵意象，就不是充分的学习活动，就不能真正养成我们所期待的素养。因为"志象者，出意也；言者，明象也"，"故言者，所以明象，得象而忘言；象者所以存意，得意而忘象"。（王弼《周易略例》）由此可见，言、象都是为了表达意的。作者感受、体味、挑选和捕捉有某种意义的意象，把它摄取到自己的心灵，形成许多意象的图画。理解作品即需要"搜求于象，心入于境，神会于物，因心而得"（王昌龄《诗格》）；叙说意象则需要"使玄解之宰，寻声律而定墨；独照之匠，窥意象而运斤"。（刘勰《文心雕龙·神思》)。用图示可以表示为：

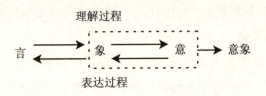

从这个图示，我们可以看出，学习要经历"言—象—意"的过程，其中，意象是意与象的高度结合，是"象中之意""意中之象"。心灵意象的生成与外化是其重要的学习实践过程。比如，阅读孟浩然的《春晓》："春眠不觉晓，处处闻啼鸟。夜来风雨声，花落知多少。"首先，进入我们眼帘的是"啼鸟""风雨""落花"这样一些词语，继而由此形成一幅春天的生活情趣画面。再细细品味，便发现：因春天夜短，又因"风雨"少睡，故既眠而不觉晓，直到闻"啼鸟"才知觉；"处处闻啼鸟"给人一种清亮的意境，暗含着喜悦，然而又想起夜里的"风雨"而不禁为花木担心；"风雨"吹打，"落花"不知多少，从中隐隐约约感受到作者惜春、伤春的感叹及因美好事物不能长留的无奈和痛苦。这样，"春晓"的意象即刻写在我们心的天幕上了。

第三，心灵意象是人参与社会实践与创造的关键成分。心灵意象是意义与图像的有机结合体，是创造性活动不可或缺的逻辑基点、加工方法、过程与结果。中国古典和西方近现代美学与文艺理论、现代科学技术和认知心理学等的研究成果都表明：心灵意象是艺术创作、审美创造、科学创造，甚至生活创造活动中所共同拥有的心理图像，也是统摄感性、理性认知活动及情感态度价值取向的精神活动。无论参与哪种创造活动，是经济的，还是哲学的，是科学的，还是艺术的，没有心灵意象的参与，我们都会寸步难行。正如美国科学史家和科学哲学家阿瑟·Ι·米勒在他的专著《科学思维中的意象》（1984 年）中所指出的那样，心灵意象是创造性思维的关键成分。著名的科学发现，如德国物理学家伦琴发现 x 射线、英国细菌学家弗莱明发现青霉素等都是心灵意象引爆创造的典型例子。而艺术领域的例子就太多了，比如，汤显祖创造了"牡丹亭意象"：杜丽娘梦中来到"牡丹亭畔""芍药栏前""湖山石边"，书生柳梦梅手执垂柳半枝，情邀以诗赏柳。以此意象演绎其"情不知所起，一往而深，生者可以死，死可以生"的"情"学观，以致

"《牡丹亭梦》一出，家传户诵，几令《西厢》减色"。因此，丰盈学生的心灵意象，培育学生的意象思维能力，是课堂教学不可推卸的责任。

第四，心灵意象是传承和繁衍文化的活化路径。接受不同文化意象的人，其理解和表达有不同的特性，比如，没有接触过中国文化意象的人，很难理解农村贴门神、贴招财进宝、贴红双喜的习俗，以及梅兰竹菊、青松翠柏的象征意义。从这个意义上说，学生学习从最根本的意义上说，就是文化的传承与繁衍。其中，意象的心灵生成与转化是必经之路，因为意象是文化的意义载体，"作品之有意象，犹如地脉之有矿藏，一种蕴藏着丰富的文化密码之矿藏"（杨义）。比如，"梧桐细雨"的意象即满腔愁绪和无限遐思的文化符号。唐·温庭筠《更漏子》有"梧桐树，三更雨。不道离情最苦。一叶叶，一声声，空阶滴到明"的诗句，雨声与桐叶结合，一叶叶，一声声，响在耳畔，滴在心田，怎不令思妇痛感离别后的孤寂呢？宋代女词人李清照的代表作《声声慢》中有"梧桐更兼细雨，到黄昏，点点滴滴。这次第，怎一个愁字了得"的词句，更是借"梧桐""细雨"中最后一点"寻寻觅觅"，造成"冷冷清清，凄凄惨惨戚戚"的失望收场，将女词人丧夫亡国之后历尽沧桑、饱经忧患的无限哀愁抒写了出来。元代著名剧作家白朴则将其描写唐玄宗与杨贵妃的爱情悲剧命名为《梧桐雨》，使剧名中那悲苦愁闷的情绪笼罩全剧。将这些文本意象转化为心灵意象，即是对这种文化的活化与繁衍。如果现代人都没有经过这样的意象传承与繁衍，其文化的意义就要失传，后人面对"梧桐细雨"，就难以体会到其中的愁绪与遐思了。

心灵意象是课堂生成的重要内容

晋代挚虞在《文章流别论》中指出："文章者，所以宣上下之象，明人伦之叙，穷理尽性，以穷万物之宜者也。情之发，因辞而形之；礼义之旨，须事以明之，故有赋焉，所以假象尽辞，敷陈其志。"由此可见，文章的语言文字中潜藏着丰富的意象。叶圣陶先生指出，"作者胸有境，入境始与亲。"学习就是潜入文字背后，走进作者心灵，活化文本意象，使之成为心灵意象的过程。学生学习，从接触文字、图像、公式等到发现文本意象，再到生成心灵意象，都需要教师精心指导。

第一，勾勒图像，衍生意义。在指导学生学习时，教师先协助学生依据文字、图像、声音等在心中勾勒出图像轮廓，再细细品味其中的滋味，衍生意义，从而合构成鲜明的心灵意象。比如，白居易有一首古诗叫《夜雪》："已讶衾枕冷，复见窗户明。夜深知雪重，时闻折竹声。"怎样才能让学生在心灵形成夜雪的意象呢？就可以先提出三个问题，帮助学生在头脑中勾勒图像：第一个问题，从题目可知，这首诗写的是晚上下雪，诗人在哪里？在干什么？第二个问题，他既然睡在被窝里怎么知道外面下雪？从诗句中找出依据。第三问题，这一场雪是大雪，还是小雪？请找出依据来读一读。学生对这样三个问题的明晰，头脑中就会浮现出夜雪的景象。随后，提出第四个问题，诗歌所描绘的情境，给你什么样的感觉？寻象观意，体会诗人内心的寂寥与冷清。再回过来指导学生有感情地朗读全诗，就可以在心中形成寂寥、冷清的雪夜意象了。在实际教学中，除了通过提问，还可以通过语言描述、教师引读等多种方式来帮助学生勾勒图像，衍生意义，生成意象。比如，某教师教学《向量中的数学文化》，深情地朗读了这样一段文字，在学生心灵中塑造了数学美的意象：

数学美，桂林的山，阳朔的水。数学美，婴儿的笑，少女的眉。数学是花园，四季如春吐芳菲。数学是桥梁，一路彩霞白云飞。数学是驿站，数形怡情忘却累。唱不尽和谐与简洁，道不完奇异变幻美。且不说周髀算经话勾股，且不说杨辉三角唱堆垒，哥德巴赫猜想遥相望，陈省身猜想迎春晖。啊，数学美，细细地品，数学美，微微地醉……数学美，凝固的诗，永恒的规。数学美，智者的心，灵动的轨。数学是体操，陶冶性情锤炼思维。数学是武器，攻城破关无坚不摧。数学是文化，清风化雨绽放红梅。唱不尽鬼斧匠神工，道不完曲径通精微。且不说三大危机困千年，且不说数学史上建丰碑，声光电磁生物克隆创奇迹，月宫折桂星际揽胜追先辈。啊！数学美，细细地品，数学美，微微地醉……

第二，捕捉细节，深度刻画。要善于引导学生捕捉教材中的细节，要么是一个动作，要么是一种表情，要么是一句话语，要么是一处风景，等等。以此为依托，联系上下文和学生已有经验，在学生心灵上去"刻画"丰富的意象。如，在教学《村居》一文时，就可以扣住一个"醉"字来展开教学：

师：我也认为"醉里"一句最有情趣，两位老人会聊些什么呢？和同桌讨论讨论，再分角色练习表演。

生：老头子，你看看我们的儿子多勤劳呀，你看老二的手艺多好啊！今天编织的鸡笼一定会卖个好价钱。

生：老伴啊，这辈子我们总算没白活，你看我们这儿的环境多么优美，空气多么清新，再加上三个儿子又是那么听话，那么孝顺，我们过的简直是神仙的日子，我啊，知足喽！

生：你看看我们的小儿子，多么可爱啊，他正在池边剥莲蓬吃呢。

这个教学片段中，让学生围绕"醉"来展开想象，进行外显，有利于在学生心目中刻画出醉在村居生活之中的心灵意象。

第三，紧扣主旨，丰盈形象。有的作品直接点明了文章的主旨和意义，学习这样的作品，可以从主旨句入手，寻找体现主旨的形象，在不断丰盈中构筑心灵意象。"像闻到玫瑰花香味那样去感知思想。"（艾略特）比如，辛弃疾有一首词叫《西江月·夜行黄沙道中》："明月别枝惊鹊，清风半夜鸣蝉。稻花香里说丰年，听取蛙声一片。七八个星天外，两三点雨山前。旧时茅店社林边，路转溪桥忽见。"这首词的主要旨意，可从"丰年"二字明了。因此，在指导学生构筑心灵意象时，可以从"丰年"二字入手来展开教学。首先让学生自行阅读，探讨：这首词写出了怎样的"丰年"？然后启发学生从"听丰年""看丰年""说丰年"与"想丰年"等维度去展开阅读，在学生心灵中构筑起独特的"丰年"意象。单就"说丰年"而言，有一位老师这样来教学：

师：稻花香里说丰年。谁在说丰年？可能怎样说？

生：青蛙在说丰年，青蛙齐鸣正在演奏丰收的赞歌。

生：稻花在说丰年，好像在说："你看我们长势多好，今年肯定是一个丰收之年。"

生：是农民在说丰年，他们一边纳凉一边闲谈："今年风调雨顺，稻子长势不错，会有一个好收成。"

生：是词人辛弃疾在说丰年，作者享受着夏夜的美景，看着长势很好的稻子，十分高兴，吟诗作赋说丰年。

师：是呀，青蛙、稻花、农民、作者都在说丰年，这诉说声随着稻花香弥散开来，飘荡出去，让整个夜晚，整个黄沙道中都充满着喜悦、甜美的气氛。

这里，教师以"谁在说丰年？可能怎么说？"的提问启发学生想象，把丰年的意象韵味十足地刻画了出来，一定会给学生留下深刻的心灵印迹。

第四，关注感知，对话引申。学生学习教材后，即使还无法生成完整、清晰的心灵意象，但是初步的感知总是有的。教师可以将指导的基石建立在学生的这些初步感知上，通过理答等方式，一步步在学生心灵中构筑其完善的意象。比如，《二泉映月》一文中，有一个至关重要的意象，即阿炳"双目失明"。当学生对这个词语有所感知和关注以后，某位教师展开了这样的教学：

师："双目失明"，短短的四个字，对于没有体验的人来说，也许只是一个词语而已，但对阿炳来说，是怎样的打击啊！请同学们闭上眼睛体验1分钟。

师：一片漆黑，一片漆黑，沉浸在一片漆黑之中，阿炳再也看不见了，看不见什么了？

生：看不见美丽的月夜。

生：看不见他的二泉，看不见流水。

生：看不见美丽的二胡，看不见游人。

生：看不见静影沉璧的美景，树木葱茏的惠山。

师：这些，阿炳都看不见了，但一路走来，他听到了什么？

生：听到了凄风苦雨。

生：听到了别人的责骂：滚开，别挡着我的道！

生：听到了别人的冷嘲热讽！

师：是啊，由于双目失明，阿炳再也看不到这美好的一切，在听到来自外界的声音的同时，他更听到了自己内心的声音……

生：（音乐响起，学生齐读）渐渐地，渐渐地，他似乎听到了深沉的叹息，伤心的哭泣，激愤的倾诉，倔强的呐喊……

师：阿炳叹息什么？哭泣什么？倾诉什么？呐喊什么？请拿起你的笔写

一些阿炳的心理活动。

生：……（略）

师：这就是阿炳！饱尝人生艰辛的阿炳！满心悲愤的阿炳！自强不息的阿炳！虽然双目失明毁了他的美好生活，但也成就了不朽的音乐，为后人所称道。

"双目失明"在课文中是一个核心意象，并且这个核心意象包涵着一个核心的意念。这位教师的教学将学生的注意力集中在这个核心意象上，然后再延伸拓展，让学生深入阿炳的内心世界，不但在心目中建立起了阿炳的形象，更将二泉映月镌刻在他们的心灵深处。

第五，互文参照，共生意象。文本与文本之间有关联的意象之间有可能构成一种互文关系，这种互文关系具有"互涉""互为释义"等特点。互文见义，让一个意象可以涉及整个人类的文明史。因此，指导学生互文参照，可以帮助他们更好地理解教材，构筑更为丰富的心灵意象。人教版五年级下编入了唐朝吕岩的古诗《牧童》，其中后两行是："归来饱饭黄昏后，不脱蓑衣卧明月"。"卧明月"的意象在古今诗词中多有涉及，怎样生成这里的"卧明月"意象呢？有一位教师是这样进行教学的：

师："卧明月"在古诗词中经常出现，我们找出几句来对比读一读，看看你有什么不同的感觉？

生读：

醉罢卧明月，乘梦游天台（李白）

拂开冰簟（diàn），小床独卧明月（朱敦儒）

归来饱饭黄昏后，不脱蓑衣卧明月（吕岩）

师：三句给你的感觉一样吗？

生：不一样。

生：李白卧明月是在醉了之后，有一种任随思绪漫游的快乐。

生：朱敦儒卧明月，打开冰凉的席子，独自一人，有一种孤独、凄凉的感觉。

师：吕岩的诗中，牧童在什么样的情境中"卧明月"？

生：黄昏时候，吃饱饭以后。

生：放了一天牛，将牛拴住以后。

师：这时候，感觉会怎样？

生：放松、轻松，自由自在。

生：美美地享受休息的时光。

生：牧童"卧明月"，心情是轻松、惬意的。

师：正因为这样，所以他"不脱蓑衣卧明月"。同样是"卧明月"，但在诗句中所要表现的情绪却截然不同。同学们在阅读诗词的时候，能联系整首诗、整首词的情境来分析，很好。

同样是"卧明月"，在不同诗词中所表达的意蕴不一样。执教老师让学生对比来体悟，对于丰盈学生的意象是会有好处的。在互文参照中共生意象。这是一种十分美好的阅读境界！

第六，转换时空，意象再造。对于有些教材来说，距离学生的生活比较远，或者学生对教材的时代背景不了解，教师可以将教材的意象放在另外的时空中去，引导学生在对比、引申中再造意象。让学生的心灵在转向中回归，在释放中丰盈！比如，某教师教学《但愿人长久》一文，就有这样的巧妙处理：

师：孩子们，要是在现代，你和手足感情这么深，在中秋之夜，你会怎么做？

生：我会打电话。

师：怎么说？

生：弟弟，我想你！你一个人在外，要多保重哟！

生：我会发一封电子邮件，对弟弟说，"秋天天气凉了，你要多穿点衣服。你不要担心我，密州这个地方虽然偏僻，但，人很好！"

生：我会提前给弟弟寄一盒中秋月饼，重庆宾馆生产的那种。（众笑）

生：我也会给弟弟发一封邮件，对他说，"祝你中秋快乐！"

生：我会坐飞机去看弟弟，和他一起看月亮。

生：我会给弟弟寄一张贺卡，在贺卡上写上祝福的话。

师：可在距今900多年前的宋朝，科学技术十分不发达，没有电话，没有电脑，没有因特网，没有飞机，手足相隔千里，山重水隔，就是寄一封信，也要数月才能收到，更不用说寄月饼了，早在路途中霉变了。苏轼又能做什么呢？

　　生：在心里想！

　　生：默默地想：但愿人长久，千里共婵娟！

　　学生对苏轼的时代了解甚少，因此，对"但愿人长久，千里共婵娟"体会不深。于是，教师将手足之情放到古代和现在两个时空中，让学生去想象。学生心灵意象在时空转换中得以生成。意象就好像一只活泼的小鸟，一旦闯入心灵，就会亮翅飞翔。教师应当让意象这只活泼小鸟在学生心中飞翔！因为正是这些心灵意象铸就了一个人的心根，激发了一个人蓬勃的创造力和关于人生的深层次思考。

吟咏之间，"点化"珠玉之声
——在心意流淌中滋育心根

儿童发展心根，不仅仅需要"吸收"文化的养料，也需要向外的"表达"。在某种意义上说，"表达"是另一种形式的"吸收"。因此，儿童说话、作文不仅仅是学习语言，也不仅仅是学会表达，还是滋育心根的好形式。教师在指导儿童课堂作文时，一是要让儿童心灵中那鲜活的意动汩汩流淌出来，倾泻于纸面上，写出个性十足的作文；二是要借助流淌出来的"言语"，对儿童心根进行培育。在儿童吟咏之间，点化心灵，碰撞出成长的珠玉之声。

丰富儿童"原初意象"

所谓"原初意象"，指的是儿童接触世界留在心灵中最初的意象。一个儿童，如果接触面太窄，在童年尤其是3～8岁心灵发展的高峰期，意象贫乏，对他今后的心灵发展会有一定的影响，并直接影响他们的作文。因此，我们要让儿童在这个阶段充分地动起来，充分地玩耍，充分地接触世界，积淀丰富的个人体验。然而，遗憾的是，现在不少家长或者教师过早地让儿童与那些鲜活的世界脱离，一头埋进书堆里，学作文变成了背诵作文书，依样画葫芦的机械劳动。不仅致使儿童写不出什么好作文来，还影响儿童身心健康，早早地枯竭了儿童创作的兴趣和创造的源泉。夸美纽斯说，"自然发展一切均从根柢开始，不从别处入手。""除非有了基础或根柢，自然不在任何事物上面起作用。"试想，如果儿童没有丰富的原初意象，怎能有丰富的心灵，怎能有鲜活的意动？就好像树木没有良好的根柢一样，怎能健康地发展，又怎能有丰富的表达？因此，课堂教学要不断丰富儿童的"原初意象"。

作文启蒙于"涂鸦"

有一句话说，"功夫在诗外。"儿童作文也是如此，其功夫要用在儿童正式作文以前。前期准备充分了，儿童作文就顺理成章了。当儿童用崭新的眼睛看世界，用崭新的耳朵听世界，用崭新的鼻子嗅世界时，他们往往会生出一种想要表达的欲望，希冀把这个绝妙的世界在美丽的图案中，在嘹亮的歌声中，在动人的童话中，在稚气的游戏中和在与万事万物的对话中表现出来。为此，我们可以让小学低年级的儿童写"涂鸦作文"，即用自己喜欢的方式，或色彩，或线条，或文字，或歌声，或言语来表达自己所感知的世界。

儿童涂鸦作文，关键是培养儿童表达的兴趣和习惯，因此，只要儿童想表达，就让其自由的表达，不设任何框框，真正做到"想'写'就'写'"。

如果，我们以这位校长的态度来指导儿童涂鸦作文，一定也能收到意想不到的效果。

满足"搜寻和做梦"心理

皮亚杰在分析儿童为什么乐此不疲地做游戏时说，游戏"就是把真实的东西转变为他想要的东西，从而使他的自我得到满足。他重新生活在他所喜欢的生活中，他解决了他所有的一切冲突。尤其是他借助一些虚构的故事来补偿和改善现实世界"。其实，儿童作文何尝不是如此。如果我们让儿童作文成为一种心理满足的实践，他们一定也会乐此不疲地写作的。就儿童的年龄特征来看，对事物的搜寻和探索，以及做梦，是他心灵所需要的。为此，我们可以把儿童作文变成一种"搜寻和做梦"的行动。比如，让儿童写写自己探索的发现，写写虚构的故事或者寓言，等等。这样，儿童就可以展开想象，吐露心曲。13岁的中国姑娘范炜用英文写的寓言小说《剑鸟》被全球第二大出版机构哈珀·柯林斯出版集团看中，在美国上市一周，引起很大的反响。在写作过程中，范炜借阅了大量的书籍，并且上武术班学习，以保证描写格斗场面的精确性。她写作的过程其实就是自我搜寻和做梦的过程。而事实上，许多儿童都有过这样的尝试，只是由于教师或家长的指导错位将之扼杀在摇篮中罢了。

创设"练笔机会"

儿童不爱作文，很大程度上是无话可说，非要他们写作，只好瞎编乱造，作文成了远离他们实际生活的一项训练，一种任务，而不是需要。要改变这种情况，就必须让作文成为他们生活密不可分的一部分。其中，创设随时用笔表达的机会，就是让儿童把作文变成自觉行为的重要方式。比如，同学之间有什么重要的话要说，可以让他们写写纸条；寒暑假，要求儿童给老师、同学写写书信；班级管理中，让儿童轮流写写班级日记；某个同学生病了，让其他儿童写一个故事或童话，减轻同学的痛苦；儿童迟到了，让他写一个说明，等等。这些都是儿童生活中的事情，真实、具体，只要教师抓住时机，引导得法，儿童是会乐意表达的。请看一个案例：

一堂语文公开课，教师问学生："花儿为什么会开？"第一个学生说："她睡醒了，想看看太阳。"第二个学生说："她一伸懒腰，就把花骨朵顶开了。"第三个学生说："她想和小朋友比比，看谁穿得漂亮。"突然，有个学生问："老师，您说呢？"老师想了想，说："花儿特别懂事，她知道小朋友都喜欢她，就仰起脸，笑了。"其实，教师课前准备的答案是："花儿开了，因为春天来了。"

由此可见，儿童是天生的"语言学家"和"浪漫主义作家"。如果让儿童把这样的对话记录下来，一定是一件有意思的事情。这样，作文就会变成了儿童"川流不息的生命"（小原国芳）。

鼓励抒写"真性情"

人们所说的话，所写的文，在本质上就是心灵之声、生命之声。古人云，"感人心者，莫先乎情。"教师指导儿童作文时，也要鼓励儿童捕捉心灵的顿悟，写出自己的独特感受，即所谓"真性情"文字。千万不要倡导所谓"高尚""正统"的空文章。然而，事实上不少教师不自觉地助长了不好的作文风气。曾经听一位朋友谈到这样一件事：

孩子写了一段话，"今天早上，我们排好队，参加升旗仪式。红旗升起来时，我的手伸在裤兜里，把山楂上的茸毛抹下来。"老师给他打了个"丙"，还批评他升国旗时态度不严肃。孩子回去之后，咬着笔杆不知写什么才好。最后，他终于硬着头皮写下了这句话："星期天，我把红领巾洗得干干净净，又鲜艳又美丽。"作文交上去了，内心却惶惶不安，因为事实上他并没有这么做。本子发下来一看，他得到的是"甲"。

学者张文质的话值得我们好好玩味，"要让孩子写出见性见灵的文字、真正的有生命力的文字，就要尊重儿童的视角。把儿童当作有独立价值的人来肯定，而不是依附于成年人的定义、概念而存在。尊重儿童的视角，其价值在于对个体的尊重，还给孩子看的权利、表达的权利，让孩子对自己的判断产生自信心。这样孩子的作文才会有个性，有创造性。"由此可见，教师对儿童作文的态度，就是一种导向，一种指导，一种教育。只要我们对儿童"真性情"的文字大加鼓励，就能促使儿童真实地写出自己的愿望、情感、思想、意识，以及追求、理想和价值判断来。

规范采取"渐入式"

大凡作文，总有一定的规范，否则达不到对话、交流的目的。儿童作文，虽然更多的是给自己看，是一种练习，但最终要走向交流思想，表达心意的目的。因此，儿童作文也不能一味地写"放胆文"，还需要有一定的规范。但是，这种规范不是全景式的，更不是一次性的，而是需要采取"渐入"的方式来达到规范的目的。何谓"渐入式"？这里指的是在儿童开始作文时，尤其是启蒙阶段，基本采取不规范的态度，让儿童大胆作文，自由作文，只培养其兴趣。

一旦儿童对作文产生了浓厚的兴趣，并且开始自觉自愿地写作以后，教师可以根据儿童的具体作文相机地给予指导，将一些写作规范告诉儿童。并随着年级的升高，加大指导的力度，渐渐地提高写作规范的要求，达到"随风潜入夜，润物细无声"的境界。

当然，这需要教师对儿童早期的作文抱有更加敞亮的态度：以儿童的视角来看待儿童的作文，不要用成人的标准，甚至是文学的标准来要求儿童的作文；以宽容的态度看待儿童的作文，允许其幼稚、残缺，甚至是漏洞百出；以发展的眼光看儿童作文，对不同阶段的儿童提出不同的要求。教师千万不要做一些无用意的规定，甚至是有悖儿童作文规律的规定。有一个故事讲：

教师要求儿童写日记，规定必须在200字以上。有一个孩子写道："今天妈妈让我出去买菜，我问多少钱一斤，卖菜的说5角，我说：真便宜啊真便宜，真便宜啊真便宜……"写完后交给组长，组长数了数还差四个字，于是这位孩子又在后面加了一句，"真便宜啊"。

这个故事无疑是对教师无意义的规定的极大讽刺。在某种意义上说，儿童作文中"怪现象"是被不恰当的教学方式"逼"出来的。

实施"心理辅导"

如果儿童作文真正做到了"我手写我心"，那么教师就可以从他们的作文中洞识儿童的心灵世界，发现儿童心里的矛盾、困惑，以及其他的一些心理状态，并对此展开富有针对性的心理辅导，促进儿童心灵健康的发展。比如，某位孩子到上海借读一年，今年又回南京复读，开学没几天，老师就布置了一道作文题《开学啦》让全班学生写。他在作文里大发牢骚："星星还是那颗星星，月亮还是那个月亮，学校还是那所学校，老师还是那位老师……就是自己的地位改变了，在上海是中队委，回南京却成了老百姓，我不服气！"针对这样的"性情"文字，教师首先要肯定孩子敢说真话的勇气，然后针对其心理状态做一些引导，让他认识当班干部的目的、意义，以及为什么会出现"成了老百姓"的原因，等等，鼓励他继续努力，日后为班级作贡献。如此这般辅导以后，还可以让他把当下的新思考写出来，进一步练习语言表达。著名教育家苏霍姆林斯基曾经说过："我们教师们与之打交道的，是自然界中最敏感的东西！那就是小孩的大脑！当你想到大脑时，就要想象这是一株挂着露珠的娇嫩的玫瑰，要做到摘下花朵而又不使露珠跌落，需要多么的小心谨慎！"因此，可以以作文为依托对儿童实施心理辅导，将辅导和儿童作文吐露心声结合起来。

夯实"文化根底"

成人的生活是基于童年的。1990年，安徒生儿童文学奖得主托莫德·豪根曾说："童年是我们借以相互交流和与年轻交流的主要源泉，也是了解我们自己和全人类的基本源泉。"加斯东·巴什拉在《梦想诗学》中写道："以其某些特征而论，童年持续于人的一生。童年的回归使成年生活的广阔区域呈现出蓬勃的生机。首先，童年从未离开它在夜里的归宿。有时，在我们心中，会出现一个孩子，在我们的睡眠中守夜。但是，在苏醒的生活中，当梦想为我们的历史润色时，我们心中的童年就为我们带来了它的恩惠。必须和我们曾经是的那个孩子共同生活，而有时这共同的生活是很美好的。从这种生活中人们得到一种对根的意识，人的本体存在的这整棵树因此而枝繁叶茂。"正因为如此，本着对儿童一生负责的态度，教师要以儿童作文为凭借全面夯实儿童的文化根底，使之一生受用。有一个儿童写日记，第一天的内容是："我今天到我妈单位玩，玩得好高兴呢。"第二天的内容是："昨天我到我妈妈单位玩，玩得好高兴呢。"第三天的内容是："今天我又想起前天我到妈妈单位玩，玩得很高兴。"很显然，这个儿童的文化生活太贫乏。教师要多组织一些文化活动，让儿童参与其中，形成丰富的文化感受，这样，就不会写出那样乏味的日记来了。如此一来，作文就会真正成为儿童生命世界中的一块绿原，精神世界中的一片蓝天，心灵世界中的一股甘泉。对儿童来说，文化犹如土壤，"愈是深深地扎下，愈是高高地伸展，愈是与泥土为伍，愈是有云彩做伴"。其作文也会更有内涵，更有新意。

启迪"人生智慧"

儿童作文，是儿童对世界，对人生认识的表露。教师可以据此启导儿童领悟人生的智慧，过一种有意义的生活。但是人生智慧并不是固定不变的，需要我们不断地去寻觅，正如一部电影中的女主角说的那样，"人生本来是完美无瑕的，像一个又圆又红的苹果，但现实的人生就像苹果被从中切开来成了两半，于是人生的意义就是寻觅，寻找适合自己的另一半，找到之后，才再次合成人生的完美"。教师要结合儿童的作文，指导他们思考一些关于"我""他人"及人生智慧的问题。当然要做到深入浅出。有这样一个案例：

一位孩子在作文中写道，面对一个无赖的纠缠，心理十分苦恼。他的语文教师就给他讲了这样一个故事，启迪他去思考。故事说：一个老伯在市场卖萝卜，一只兔子走过来，说："老板，给一个萝卜吃吃！"老伯说："没有，走开。"兔子走了。第二天，兔子又来了，说："老板，给一个萝卜吃吃！"老伯觉得很烦，说："没有，走开！"第三天，兔子又来了，说"老板，给一个萝卜吃吃！"老伯生气了，说："你有完没完，明天再来，我用剪刀剪了你的长耳朵！"第四天，兔子又来了，说："老板，你有剪刀吗？"老伯说："我一个卖萝卜的，哪来的剪刀？"兔子连忙说："老板，给一个萝卜吃吃！"……故事讲完了，那位儿童开心地笑了，然后若有所悟地走开了。

这位教师是高明的。如果让这位儿童将老师所讲的故事和自己听后的感想写下来，又达到了作文练习的目的。

落笔反思，美如余晖染窗棂
——"论语"式记录、咀嚼与生长

学生是课堂学习的主体。"好记性不如烂笔头。"让学生养成记录师生关键对话，并反复咀嚼、玩味的习惯，是促使心根生长必不可少的重要环节。在这方面，2500 年前的《论语》给予我们智慧的启迪，孔子的弟子不但向孔子学习，而且还记录下经典的言论，反躬自省，养成道德、智慧和才能。我们的课堂教学不妨学学这"古老的一招"。在各门学科的课堂教学中，提倡学生作"论语"式笔记，这一落笔反思的过程，就像夕阳余晖染红窗棂那样美不胜收，永存学生的记忆中。

"论语"式笔记的要义与特征

像《论语》一样作笔记，简称"论语"式笔记。"论语"式笔记并不是要儿童写出《论语》一样的笔记，也不一定要求儿童了解《论语》，而是教师要求学生采取和"论语"一样的方式笔记，即记录师生对话，促进学习成长。将"论语"二字放进"论语"式笔记这个概念里，主要是突出《论语》的精神，要求教师借助《论语》这部伟大作品的形式，指导学生笔记。对学生而言，无需涉及"论语"式笔记这个概念，只告诉和要求学生"记录师生关键对话"就行了。

"论语"式笔记有三个基本要义：一是以师生课堂学习为笔记的主要内

容，就像《论语》一样，虽然谈论的对象无所不包，天下之事都可涉及，但均出自师生交流对话之中；二是以记录言行，尤其是言谈为笔记的主要形式，就像《论语》一样，采用语录体和对话体成文；三是以记录成长、培育心根为笔记的主要目的，就像《论语》一样，记载了万世师表孔子及其学生的教育活动，探讨的问题虽多，但根本点在"育人"，既记录了教师关于道德、知识、思想的言论，也记录了学生的疑问、思考和认识提高的过程。

"论语"式笔记有三个基本特征：一是话题具体。就像《论语》一样，每一则记录都围绕一个具体的话题展开，集中记录师生各自的看法，比如，子贡问曰："有一言而可以终身行之者乎？"子曰："其恕乎！己所不欲，勿施于人。"（《卫灵公》）就是围绕什么是需要终身牢记的话来展开的。二是形式不拘。就像《论语》一样，片言只语，不要求成篇成章，比如，子曰："学而时习之，不亦说乎？有朋自远方来，不亦乐乎？人不知而不愠，不亦君子乎？"（《学而》）就一句话也成文章。三是贵在促学。就像《论语》一样，注重记录下学习过程中那些有价值的所闻所思所感所得，比如，子曰："学而不思则罔，思而不学则殆。"（《为政》）这些学习笔记，记录下了孔子精到的见解，给学生以启迪。

"论语"式笔记的可能与价值

《论语》是一部博大精深的作品，素有"半部《论语》治天下"之说。儿童能记下像《论语》一样笔记吗？这似乎不可思议，但尝试实践，反复琢磨之后，我发现，不但能，而且还会收到独特的滋育心根的效果。

儿童之所以能进行"论语"式笔记，一是由儿童本能所决定的。乔姆斯基认为，语言跟直立行走一样，是人类本能的一部分。新生儿童，只要在一定的语言环境中生活，不用教，就能说某种语言。笔记只不过是将口头语言变成书面语言而已。与学龄儿童语言交流得最多的是老师、同学。将这些交流对话有选择性地记录下来，就是"论语"式笔记。二是由儿童文化所决定的。恩格斯曾指出，"正如母腹内的人的胚胎发展史，仅仅是我们动物祖先从虫啄开始的几百万年的肉体发展史的一个缩影一样，孩童的精神发展是我们动物祖先，至少是比较近的动物祖先的智力发展的一个缩影，只是这个缩影更加简略一些罢了。"由此可见，儿童文化在某种意义上与人类早期文化有着惊人的相似，儿童的心理重演了尼采所说的"人类早期的功课"。《论语》和其他中西方许多早期的作品一样，采用的是语录体和对话体，这是人类文化形成初期的表达方式。按照人类文化复演理论，儿童笔记适合采用《论语》的成文方式。三是由儿童学习所决定的。听教师讲课，与教师、同学交流是儿童主要的学习方式。"我手写我口，我手写我心。"有什么样的生活，就有什么样的笔记。儿童就地取材，"论语"式笔记既可行，又经济。四是由儿童成长所决定的。儿童成长不仅需要学习，更需要思考，不仅需要接受，更需要创新。在这个过程中，学生一定有不少值得记忆的东西，这为"论语"式笔记提供了丰富的素材。

儿童"论语式"笔记，是对学习生活的记录、咀嚼和再发现，在促进儿童心根发展上具有独特的价值。一是促进知识获得。师生谈话，尤其是课堂交流，会广泛涉及知识。"论语式"笔记，要求儿童将那些与教师、同学之间印象深刻的谈话记录下来，无疑可以帮助学生复习和巩固所学知识。二是促进智慧生成。在某种意义上，"论语式"笔记是学生对学习活动的回顾和反思。瓦茨曾说过："反躬自省是通向美德和上帝的途径。"反思成就智慧。儿童将师生对话记录下来的过程，既是一个深化认识的过程，也是一个生成智慧的过程。三是促进习惯养成。坚持"论语"式笔记，可以帮助儿童养成认真倾听、勤于思考、回顾整理等良好的学习习惯。当然，也只有养成了认真倾听、勤于思考、回顾整理的习惯，才可以记录下精彩的对话，表达独特的见解，形成完整的精神世界。四是促进道德内化。"论语"式笔记，不仅可以记录知识学习的过程，也可以记录道德谈话的过程。这无疑可以帮助儿童"道德反刍"，将道德观点、实践等内化成他们的道德精神。五是促进自我成长。指导儿童"论语"式笔记，就是指导儿童关注自己的学习过程，热爱智慧的交流对话，积淀生动的学习感受。坚持数年，儿童必然会掌握多彩的学习方法，积淀丰富的学习经验，形成强大的学习能力，从而走上自我发展、自我成长的道路。总之，儿童与教师相处，上课听讲、提出疑问、讨论交流，师生对话中有大量有价值的东西，是可以记录的，也是可以通过记录促进学生学习和心根的发展的。

"论语"式笔记的前提与指导

推进儿童"论语"式笔记，不仅仅是"写"的问题，而且是关涉儿童整个学习生活的系统工程。教师要把握规律性，富于创造性，在重要关节点上着力。

优化师生和生生对话是前提。巧妇难为无米之炊，没有交流对话，就没有"论语"式笔记。"论语"式笔记是建立在师生、生生之间交流对话的基础上的。各科教师都有优化这种对话的责任。一是提高对话的鲜活度。死气沉沉、例行公事的对话味同嚼蜡，难以给儿童留下深刻的印象，也就激不起他们以此为素材进行笔记的欲望。教师要想方设法使课堂对话、课外交流等鲜活起来。例如，有位孩子记录了这样一段精彩对话："今天上《竹石》一课，黄老师提问：'同学们，如果你们是竹子，你会说什么呢？'我们都在思考，张晓强忽然站起来说，'有石头抱着我，我不怕风，也不怕雨'。黄老师接过话头，微微一笑说：'说得太好了，如果我是竹子，我还会对石头说，你以为你真的很帅吗？你以为我真的会喜欢你吗？我只是为了生存才抱着你的！'黄老师话还没说完，我们已经笑得直不起腰了。"正是有了这样鲜活的课堂对话，才会有精彩的"论语"式笔记。二是提高对话的深刻度。师生、生生之间对话是否深刻，决定着是否给儿童留下难忘的印象，儿童是否写出好的笔记来。教师要千方百计把儿童的思维引向"深水区"，启迪他们的智慧。例如，有位孩子在笔记中写道："王老师在黑板上工工整整地写下了'诚实'两个字，下面的我们开始交头接耳。忽然有位同学站起来说：'诚实就是不说谎、不撒谎。这么简单的词语也需要讲吗？'可王老师却笑眯眯地解释道：'诚实不仅是不说谎，而且只有诚实的人才能得到别人的信任，而得到别人的信任是比任何东西都宝贵的财富。'听完了老师的解释，刚才那位同学红着脸羞愧地低下了头。我也明白了，王老师是要在最后一节课上教给我们比知识更重要更宝贵的东西——做人的道理。"很显然，教师关于诚实的解释高于儿童的认知，给他们留下了深刻的印象，成为笔记的素材。三是提高对话的温暖度。师生、生生之间的温情对话，往往会在儿童心目中留下美好印象，成为笔记的重要内容。例如，有位孩子写下了这样一段话：

"课间玩耍的时候，我的脚被倒下来的椅子扎了一道口子，疼得我差点哭出声来。这时候刘老师走过来，亲切地对我说：'来，拉着老师的手，但愿你的痛苦能转移到我身上，老师替你扛着。'我的心一热，暖流传遍全身，痛苦在一瞬间减轻了不少。"四是提高对话的震撼度。师生、生生之间的对话，醍醐灌顶，能给儿童心灵以震撼，他们一定会乐于写进笔记里。比如，某教师让孩子们先写下自己最亲近的 5 个人的名字，再一个个划去，当这个人被划去就相当于他离开人世，要求孩子们说出划去的理由和感受，结果给孩子心灵极大的震撼，经历了这样的过程之后，写出了富有人生哲理的笔记。

遵循儿童学习规律是基石。指导儿童进行"论语"式笔记，要坚持这样几个基本原则：一是先放胆再规范的原则。在儿童笔记初期，教师重在激发儿童兴趣，放手让他们去记录师生、生生之间的对话，想写什么就写什么，想怎么写就怎么写，不作任何过多的要求。比如，可以不要求笔记字数。当学生爱写、敢写师生交流对话以后，再启发学生选择印象深刻的、有意义有价值的对话来写。换一句话说，先"笔记涂鸦"，再"艺术表现"。二是先实录后加工的原则。儿童开始记录师生交流对话时，可以记"流水账"，将师生的话语"原原本本"地记录下来，"泼洒"到笔记本上。当孩子能把语句写通顺、意思基本表达下来以后，再指导他们围绕话题，对交流话语进行选择取舍，突出表达重点，进行文字加工。三是先语录后对话的原则。儿童开始笔记，只要求记下教师、同学给自己印象最深刻的话，或者自己说的最有感触的话。然后再教给孩子们对话写作的四种形式（对话人在前、对话人在中、对话人在后，以及省略对话人），让他们学着用这样几种形式去记录师生对话。四是先记言后记事的原则。儿童笔记起步阶段，只要求他们记录下师生对话就可以了。当孩子能流畅地"记言"之后，再要求孩子简单描绘对话的环境，以及产生对话的事件过程。

引导儿童咀嚼生活是关键。"论语"式笔记看似对师生学习生活的记录，而实质上所涉及的内容十分广泛。凡是可以进入儿童学习视界的东西都可以成为"论语"式笔记的内容。说到底，师生对话是对生活世界的讨论，而"论语"式笔记是这种讨论的延续、咀嚼和再发现。因此，教师在修改或者指导儿童修改笔记时，要引导儿童做好这方面的工作。一是引导儿童理解生活。通过对生活现象的讨论，提高儿童的认识水平，激发他们对生活的热爱，增强他们创造美好生活的才能。二是拓宽儿童认知视野。根据儿童实际，以生活话题为线索，引进古今中外有代表性的人物、作品，丰富孩子们对生活的看法，启发他们"择其善者而从之"，逐步形成自己的人生观、世界观。三是启发儿童发现生活。通过交流对话、笔记表达，帮助儿童发现生活的奥秘，学会适应生活、享受生活、创造生活。四是丰富儿童生活情感。通过对生活中发生的事件的了解、分析，让学生"设身处地"想问题，拨动最隐秘的情感，并将这种情感表达在笔记里。五是引导儿童有选择地参与生活。不但参与到对生活重大事件的讨论中来，而且能根据自己的实际，有选择地参与到某些生活中，将"论""语"与行动有机地结合起来，培养儿童的创新精神和实践能力。

以笔记滋育心根是目的。笔记本身并不是教学的目的。"论语"式笔记的根本目的也不在于要记录下师生的对话，像《论语》一样流传千古，而是通过让孩子记录日常师生对话，学会表达，学会思考，积累知识，丰盈心灵，增长才干。一句话，育人才、培心根是笔记的根本目的。因此，"论语"式笔记指导不限于笔记，也不止于笔记。当儿童写好笔记以后，教师还有大量工作要做。一是检验儿童学习情况。通过孩子们对师生对话的记录和反思，了解孩子掌握知识、形成道德、思想、思维等情况。二是有针对性地指导儿童学习。根据"论语"式笔记所了解的情况，有的放矢地纠正儿童的错误认识，教给思维方法，修正语言文字，提高他们的学习、思考和创新能力。三是反思和改进教育教学。"论语"式笔记是教师检验自己教育教学的"镜子"，可从中分析成功和失误之处，改进教育教学。教师切不可将这宝贵的"财富"放过。四是有选择地"再笔记"。针对那些需要重点帮助和指导的儿童，教师要以"论语"式笔记为载体，进行个别或者小群体谈话，就某个话题引发孩子们讨论，然后让他们"再笔记"，将对话所获记录下来。

参考文献

1. 王阳明. 传习录［M］. 广州：广州出版社，2001.

2. 陈·真谛译. 金七十论［M］. 成都：四川人民出版社，1998.

3. 高新民. 人心与人生——广义心灵哲学论纲［M］. 北京：北京大学出版社，2006.

4. 怀特海. 教育目的［M］. 北京：教育科学出版社，1997.78.

5. ［日］齐木深、［英］乔治·汉弗瑞著，刘颖译. 心灵简史［M］. 北京：中国友谊出版公司，2006.

6. 孔子. 论语［M］. 太原：山西古籍出版社，1999.

7. 雅斯贝尔斯. 什么是教育［M］. 北京：教育科学出版社，1998.

8. 清·梁启超. 论幼学［M］. 太原：山西古籍出版社，1982.

9. 南朝刘勰. 文心雕龙·神思［M］. 北京：文艺出版社，1996.

10. ［美］史迪芬·平克. 语言本能［M］. 北京：北京大学出版社，2002.94.

11. ［美］约翰·塞尔. 心、脑与科学. 上海：上海译文出版社，2006.

12. 毕淑敏. 毕淑敏文集［M］. 福州：海峡文艺出版社出版，2001.

13. 柳宗元. 种树郭橐驼传［M］. 上海：华东师范大学，2001.

14. 华生. 行为主义［M］. 北京：人民教育出版社，2001.

15. 叶维廉. 比较诗学［M］. 台湾：台湾东大图书公司，1983.

16. 杨万里. 习斋论语讲义序［M］. 太原：山西古籍出版社，1992.

17. ［美］A.J. 赫舍尔著，隗仁莲，安希孟译. 人是谁［M］. 贵阳：贵州人民出版社，2009.

18. ［美］罗伯特·梅斯勒著，周邦宪译. 过程——关系哲学［M］. 贵阳：贵州人民出版社，2009.

19. 苏霍姆林斯基. 给教师的一百条建议［M］. 教育科学出版社，2000.

20. 子思. 中庸 [M]. 太原：山西古籍出版社，1999.

21. 叶圣陶. 叶圣陶全集 [M]. 成都：四川教育出版社，1994.

22. 王树人. 回归原创之思——"象思维"视野下的中国智慧 [M]. 南京：江苏人民出版社，2005.

23. [美] 霍华德·加德纳著，张开冰译. 未受学科训练的心智 [M]. 北京：学苑出版社，2008.

24. [美] 霍华德·加德纳著，张开冰译. 受过学科训练的心智 [M]. 北京：学苑出版社，2008.

25. 司马云杰. 心性灵明论 [M]. 西安：陕西人民出版社，2006.

26. 杨成寅. 太极哲学 [M]. 上海：学林出版社，2004.

27. 彭孟尧. 人心难测——心与认知的哲学问题 [M]. 北京：生活·读书·新知三联书店，2006.

28. 龙宝新. 幸福与教育 [M]. 北京：教育科学出版社，2009.

29. 海云继梦. 非常心经 [M]. 海口：海南出版社，2009.

30. [美] 威廉·卡尔文. 大脑如何思维 [M]. 上海：上海世纪出版集团，2007.

31. [印度] 克里西那穆提著，胡因梦译. 爱的觉醒 [M]. 深圳：深圳报业集团出版社，2006.

32. 刘晓东. 儿童文化与儿童教育 [M]. 北京：教育科学出版社，2006.

33. 埃德加·莫兰著，陈一壮译. 复杂性理论与教育问题 [M]. 北京：北京大学出版社，2004.

34. [印度] 泰戈尔著，张明权等译. 人生的亲证 [M]. 上海：上海文化出版社，2006.

35. 刘坚. 时代呼唤心灵教育与心灵科学 [J]. 教育研究，1997.（1）.

刘云生：显山露水的教育言说者

刘云生老师是我的导师，也是我十分熟悉和仰慕的渝派名师之一。生活中的他儒雅、澄净、低调、平和，言语不多。然而，一旦走上讲台，尤其是发表教育演讲，他整个人一下子就被激活了，"吟咏之间，吐纳珠玉之声；眉宇之前，舒卷风云之色"，就像他生活的重庆城那样"显山露水"。每每此刻，我都会十分庆幸能成为刘老师的徒弟，更十分庆幸能多次聆听刘老师的教育演讲。

"像劲风一样雕琢思想"

刘老师到过国内 20 多座城市演讲，作报告，所演讲的内容几乎涵盖了学校教育的方方面面，学校文化与哲学、教学领导与管理、教师成长与心理健康、班主任工作与语文教学，等等。不论什么内容的演讲，他都坚持做到"一般不说话，不说一般话，说话不一般"，用他自己的话说就是："我就是我，我演讲要说的就是'我'理论，而不学街边小贩，总是卖他人的'产品'"。

讲语文教学，他有"心根"理论。他指出："如果说人是宇宙的心，那么，心根则是人的精神内核。心根幽处，人生命喷涌的源泉，宇宙存在和变革的力量之基。心根丰，则人丰；人丰，则宇宙丰，我们生存的世界则虎虎有生气。语文教学宜转向心灵，滋育心根。"努力构建"语言文字在儿童那里鲜活起来了、文本意象在儿童那里丰富起来了、语言感悟在儿童那里深刻起来了、情感体验在儿童那里充盈起来了、语文技能在儿童那里发展起来了"的心根语文。

讲课堂观察，他有"四连环"理论。他认为："一堂课，犹如一根在风中飘摇的苇草，看似简简单单，一览无余，实则姿态万千，内涵丰韵"，只有经历"观察""诠释""消解""建构"四个环节，才算完成了基本的课堂观察。

讲学校管理，他有"行为选择模型"理论。他建构了"历史—变革""事件—文化""亲密—复杂""历程—嬗变""结构—手段"等优选模型。

正因为如此，听众对他演讲的一致评价就是"思想深刻，见解独特"，正如一位听众给他发的短信所言，"您所想，也是我们所想，但您想得更远、更深、更独特；您所做，也是我们所做，但您做得更真、更美、更智慧"。

而这是刘老师永不满足，不断求索的结果。他18岁中师毕业即和10余名同伴承包山区村小开展"农村村小教学整体改革"，继而建构"学习最优化的学校"，至今已有30余项课题获国家或省级奖，出版教育专著12部，发表论文300多篇。20多年来，无论在农村还是城市，他都毫不停歇，一直头顶教育改革的"星光"，追寻着"适合学生的教育"，像劲风雕琢山石一样雕琢自己的教育思想，一层层剥去虚伪的、招摇的、臆想的、落伍的理论，建构鲜活的教育思想和富有创意的教育实践模式。"你这辈子是停不下来的！"一位自称能看手相的好友，仔细端详他满是纹路的手后，这样说道。

"像火山一样喷射激情"

只要与刘老师简单接触，就可以知道他是一个性情中人。有一次，他到广州讲学，吃早点的时候，服务员推着餐车过来，一边叫他选早点，一边介绍各式早点的风味和营养。他忽然冲着服务员大喊三声"妙妙妙"。周围的食客瞬间投来不解的目光。同行者问他："妙从何来？"他才解释："课堂教学如果能够提供'自助餐'，让学生选择多好啊。当然，也离不开教师像服务员推荐早点一样——推荐！"

像这样的小插曲在刘老师的生活中还有很多，但都不足以折射他盛满激情的心灵。唯有走进他的课堂，听他演讲，才能真正感知他心灵世界有多充盈，有多少激情在奔流，有多少梦想在生长，有多少真爱在延展！不信？

请听他在广东省首届班主任论坛上作《班主任：心根与文化》演讲中的一段实录——

什么是文化？远远的一棵古树，孤孤独独在那里站立了一千年，都没有文化，但只因你在它的树荫下演绎了一段浪漫的故事，所以显得很有文化。或许这还复杂了一点，要是你是西施，只需你看上它一眼，它就有了文化。要是你是羽扇纶巾的周瑜，文思泉涌的苏轼，风流倜傥的唐伯虎，只需在树下小坐一会儿，它也就有了文化。要是一叶宋朝的扁舟，耐得住孤寂，荡着丝绸一样的流水，摇过元，摇过明，摇过清，摇进当今的时代，那定是不可多得的文化。说到底，文化就是人化，被人化的自然，被人化的社会，被人化的世界，都是文化的外在形式。

再听他在杭州"全国小学语文名家课堂及演讲活动"中的"义愤填膺"——

儿童作文还在生活的土壤里萌芽，他们就将儿童快速地拉入被设定的生活，于是，山，水，鸟，虫，离儿童远了；嬉戏，游戏，野游，梦想，被设计了。儿童成长的草稿一下子成了干瘪而枯燥的正文，其作文的生命灵性也丧失殆尽了。儿童作文还才破土，甚至还没有长出几片嫩芽，他们就开始给定幼苗的形态了，一厢情愿地给儿童作文搭架子，画样子，人为缩短儿童"蒙昧摸索"的作文时间。殊不知，作文"早产"，既苦了儿童，又苦了教师和家长。儿童作文野性还没有充分张扬出来，他们就开始修枝剪叶了，告诉儿童这样不行，那样不能，大小清规戒律一起上，将儿童言语生命死死捆绑在理性的十字架上。刹那间，儿童变得忐忑，变得惊惶，作文的兴趣沿着严厉的指责碎裂成颗粒，在不经意间滑落……

难怪有一位叫"云卷花开"的网友听了刘老师的教育演讲，在博客上这样写道："云生，真教师也；云生，真男人也！"而我情不自禁地在后面跟帖："云生，活火山也！虽然在农村村小工作了10年，担任校长、教育官员等管理工作10余年，但真性情没有被磨灭，有着吐不完的情丝和梦想！"

"像年轮一样镌刻故事"

刘老师教育演讲有说不完的教育故事，有时一场报告就像故事会。一个

名 师 物 语

个鲜为人知的教育故事活脱脱地"蹦"出来，让人久久不能忘记。有些故事，像风景画一样唯美——

有一天，我正在批改作业，一位学生跑进办公室告状，说班上的赵伟扬言，长大了要娶一位俄罗斯姑娘。我听后，把赵伟叫到办公室进行了谈话。

"俄罗斯姑娘美吗？"

"美。"

"你是从哪儿知道的？"

"我是从电视上、网上和画报上看到的。"

"真了不起！长大了能娶一个俄罗斯姑娘的确也不错。可你想过自身条件吗？"

"没有。"

"想想，怎样才能使自己成为一个让俄罗斯姑娘喜爱的人？"

"要身体好、有知识、有文化……"

"有了这些还不够。还要懂外语，才能交谈呀！"我最后调侃地说。

有些故事，充满教育智慧——

记得有一年我接任了一个比较调皮的班级，六一儿童节来临之际，我对全班同学说，"我想送一个礼物给大家，大家要不要？想要的请举手。"全班同学都把手举起来了。"大家想要得到礼物，好，但大家必须答应我一个要求。愿意吗？""愿意！"全班同学齐声回答。于是，我接着说，"好，我想送给大家一个鸡蛋项链。大家把它挂在脖子上一天，放学后，谁的鸡蛋没有碎，谁就得奖。"快放学时，我把全班同学召集到自己身边，数了数鸡蛋：全班42个同学还有20个同学鸡蛋完全没破，其中有5个同学的鸡蛋破了一个口子，其余的全都碎了。于是，我让同学们谈谈体会。同学们的话匣子打开了，"我们一天要保护一个鸡蛋都这么困难，班主任要管好42个同学，多不容易啊！""生命多脆弱啊！鸡蛋本来可以变成一只小鸡，鸡蛋碎了，一个生命就没有了！"……

这些故事之所以鲜活，之所以独特，是因为它们来自于刘老师亲历的教育活动，来自于刘老师长期教育田野考察的记录。只要翻看刘老师书房里那上百本研究笔录就不难发现其中的奥妙，因为他随时都如树的年轮一样记录着身边发生的教育故事！

"像云彩一样演绎诗意"

刘老师在《在诗与思中走向研究型教师》一文中写道："人的存在，是诗，也是思。教师要以诗与思的方式在教育与生活中存在。"每每读到这里，我都会想起刘老师在给重庆市幼儿园园长所作的教育科研报告中讲的一个故事。他说：在一个月亮高悬树梢的夜晚，有一对夫妇紧紧依偎在自家的阳台上，丈夫是一位文学家，触景生情，柔柔地说："今天晚上月光很好！"说完后，注视着妻子，期待有美好的语句从妻子的嘴里吐出。没想到的是，妻子随口而出："明天好洗被子！"丈夫顿觉索然无味。我想，刘老师断不会成为故事中的"妻子"，定会是诗意盎然的"丈夫"，因为"他本是云中生"。

刘老师的诗人气质，诗意表达方式在他的演讲中得到充分展示。有时，我甚至不相信他是在作教育演讲，而是在现场作诗，现场吟诵。你听，他在太原如是说——

我时常这样幻想着：童心就像一片片飘飞的雪花，我愿意张开双臂，去拥抱这上天恩赐给人世间的精灵，那一片片很细很小的花瓣，不停地落在我的脸上，冰冰凉凉的，一直通透到我的"心根"下。

你听，他在西安如是说——

一粒米大小的花朵，虽然小得你可以忽略，但你无法阻挡它随风而来的香味。学生班级世界中的每一个细节都如同不起眼的小花一样，随时传达出班级文化的味道。重构班级文化，要从培植这些"小花"开始。

你听，他在武汉如是说——

真正的语文，有星星一样的眼睛和苍穹一样的湛蓝与高远。闪烁的星星在每个儿童心里都是一种呼唤，那放飞的思想在若隐若无的光波上滑翔。天际的空阔和地平线的坦荡让每个儿童心胸洞开。于是，从每个儿童心儿吹出的馨风在这天地间翻飞、碰撞与交融，发出生命击节的轻盈回响。

你听，他在长春如是说——

学校文化，每时每刻都裸露在学校的动与静中。即使用最美丽柔软的丝绸包裹，用最坚韧厚重的钢铁镶嵌，也无法抵御文化的自由绽放。那随着时

名师物语

间漂流而弥漫的学校文化哟，无时无刻不透过学校的一砖一瓦、一花一草，以及人们的一言一行显现出来。因此，我们要善于从学校历史长河里漂流下来的每一朵浪花，每一片叶子中去捕捉和提炼学校的特色文化。

在我的学习笔记中还有许多这样诗意盎然的语句。我想无需再多举例子，仅这些只言片语，任何读者都可以从中窥视刘老师的诗心和诗情。"刘老师的诗意来自何处？"我曾这样试探地问过他。他笑而不答。接触多了，我才慢慢地知道：他有丰厚的文学底蕴。读师范的时候，他读完了整个图书馆的"古今中外诗歌"作品，在学校是出了名的"校园诗人"和"文学发烧友"。工作以后，参加汉语言文学自学考试，依次获取了专科、本科文凭，继而获取了在职硕士学位。直到今天，诗词歌赋、散文小说仍然是他阅读的重要内容。

聆听刘老师的教育演讲不仅能感受到这些拂面而来的"道"味、"情"味、"诗"味和"趣"味，还有"哲"味和"禅"味。他曾深情地说："教师要大胆地迈开'心'的步履，在中国传统文化的河流中，沿溪溯源，在每一个泉眼的深处，都会看到文化的花瓣于思考的缝隙中开放"，"打开我们的心扉，阅读本土文化的诗句，翻看本土文化的篇章，把本土文化摊在眼前，让语丝涌动波澜，让笑靥圆润灿烂，让陈旧如风叶飘散……自己的心便有了根的情怀！"我想，这也是刘老师显山露水教育言说的根基所在！

晏筱婉

《名师工程》系列丛书

征 稿 启 事

《名师工程》系列丛书是西南师范大学出版社策划、组织出版的大型系列教育丛书。丛书以新课程下的新教学为背景，以促进施教者的教育能力为落脚点，以提高教育质量、提升教师水平为宗旨。

丛书首批推出的"名师讲述""教学提升""教学新突破""高中新课程""教师成长""大师讲坛""教育细节""创新语文教学""教育管理力""教师修炼""创新数学教学""教育通识""教育心理""创新课堂""思想者""名师名课""幼师提升""优化教学""教研提升""名校长核心思想系列""名校工程""高效课堂""班主任专业化"等系列，共130多个品种，其余系列也将陆续出版。为了让广大教师有一个交流、借鉴的机会，同时也为了给广大教师提供更多、更好的图书，《名师工程》系列丛书编辑出版委员会特向全国教育工作者征集稿件。

稿件要求：

1. 主题鲜明、新颖，有独创性。

2. 主题以提升教育能力为主，也可适当外延。

3. 主题要有一定规模、有典型案例支撑。

4. 案例要贴近教育实际，操作性强。

5. 文章、书稿结构清晰，语言精彩。

书稿作者在选题确定之后，请及时与我们做好沟通，具体事宜确定好之后再进行创作；也欢迎用已经完稿的稿件投稿。一线教师如希望参与图书案例的创作，可联系我社策划机构，由策划机构备案，在适合的图书中参与创作。

真诚欢迎各位教师踊跃投稿。

联系方式：

西南师范大学出版社高教分社

电话：023-68254356　　　E-mail：zcj@swu.cn

西南师范大学出版社高教分社北京策划部

电话：010-68403096

E-mail：guodejun1973@163.com

西南师范大学出版社
《名师工程》系列丛书目录

系列	序号	书　　名	主编	定价
创新语文教学系列	1	《曹洪彪新概念快速作文》	曹洪彪	30.00
	2	《小学语文：享受对话教学》	孙建锋	30.00
	3	《小学语文：名师教学目标落实艺术》	刘海涛　王林发	30.00
	4	《小学语文：名师魅力教学设计艺术》	刘海涛　王林发	30.00
	5	《小学语文：名师魅力课堂激趣艺术》	刘海涛　豆海湛	30.00
	6	《小学语文：单元整体教学构建艺术》	李怀源	30.00
	7	《小学作文：名师情趣课堂创设艺术》	张化万	30.00
思想者系列	8	《心根课堂——让教育随学生心灵起舞》	刘云生	30.00
	9	《做一个纯粹的教师》	许丽芬	26.00
	10	《率性教书》	夏　昆	26.00
	11	《为爱教书》	马一舜	26.00
	12	《课堂，诗意还在》	赵赵（赵克芳）	26.00
	13	《今日教育之民间立场》	子虚（扈永进）	30.00
	14	《教育，细节的深度反思》	许传利	30.00
	15	《追寻教育的真谛——许锡良教育思考录》	许锡良	30.00
创新课堂系列	16	《个性化课堂教学艺术：小学语文》	商德远	30.00
	17	《如何实现三维目标——让学生与文本共鸣的诵读教学》	张连元	30.00
	18	《想说　会说　有话可说——突破作文瓶颈的三维教学法》	杨和平	30.00
	19	《综合课的整合创新教学》	周辉兵	30.00
	20	《如何打造学生喜欢的音乐课堂》	张　娟	30.00
	21	《理想课堂的构建与实施——一个教研员眼中的理想课堂》	张玉彬	30.00
	22	《小学语文：决定教学质量的关键策略》	李　楠	30.00
	23	《用〈论语〉思想提升数学教育智慧》	胡爱民	30.00
	24	《童化作文——浸润儿童心灵的作文教学》	吴　勇	30.00
高效课堂系列	25	《用什么提高课堂效率——有效数学课必须关注的10大要素》	赵红婷	30.00
	26	《让作文更轻松——小学作文高效教学36锦囊》	李素环	30.00
	27	《让研究性学习更高效——研究性学习施教指导策略》	欧阳仁宣	30.00
	28	《让母语融入学生心灵——提升学生语文素养的高效施教艺术》	黄桂林	30.00
班主任专业化系列	29	《神奇的教育场——打造特色班级文化创新艺术》	李德善	30.00
教研提升系列	30	《教师怎样做小课题研究——高效助力教师专业化成长》	徐世贵　刘恒贺	30.00
	31	《今天我们应怎样评课》	张文质　陈海滨	30.00
	32	《今天我们应怎样进行教学反思》	张文质　刘永席	30.00
	33	《一节好课需要的教育智慧》	张文质　姚春杰	30.00
优化教学系列	34	《让教学更生动——激发兴趣让学生快乐认知》	朱良才	30.00
	35	《让教学更高效——策略创新让教学事半功倍》	孙朝仁	30.00
	36	《让教学更开放——拓展延伸让学生触类旁通》	焦祖卿　吕　勤	30.00
	37	《让教学更生活——体验运用让学生内化知识》	强光峰	30.00
	38	《让知识更系统——整合与概括让学生建构体系》	杨向谊	30.00
	39	《让思维更创新——思辨与发散让学生思维活跃》	朱良才	30.00

系列	序号	书　　　　名	主编	定价
名校长核心思想系列	40	《做一个智慧的校长》	孙世杰	30.00
	41	《成为有思想的校长》	赵艳然	30.00
名校系列	42	《好学校，从关注每个学生开始 ——石梅小学优质教育多元感悟》	顾　泳　张文质	30.00
幼师提升系列	43	《全国优秀幼儿健康教育活动课例评析》	教育部教育管理信息中心	30.00
	44	《全国优秀幼儿艺术教育活动课例评析》	教育部教育管理信息中心	30.00
	45	《全国优秀幼儿社会教育活动课例评析》	教育部教育管理信息中心	30.00
	46	《全国优秀幼儿语言教育活动课例评析》	教育部教育管理信息中心	30.00
	47	《全国优秀幼儿科学教育活动课例评析》	教育部教育管理信息中心	30.00
名师名课系列	48	《名师如何炼就名课》（美术卷）	李力加	35.00
教师修炼系列	49	《班主任工作行为八项修炼》	杨连山	30.00
	50	《教师心理健康六项修炼》	李慧生	30.00
	51	《教师专业化五项修炼》	杨连山　田福安	30.00
	52	《课堂教学素养五项修炼》	刘金生　霍克林	30.00
	53	《高效教学技能十项修炼》	欧阳芬　诸葛彪	30.00
	54	《教师新师德六项修炼》	王毓珣　王　颖	30.00
教学创新数学系列	55	《小学数学：名师教学目标落实艺术》	余文森	30.00
	56	《小学数学：名师高效教学设计艺术》	余文森	30.00
	57	《小学数学：名师易错问题针对教学》	余文森	30.00
	58	《小学数学：名师魅力课堂激趣艺术》	余文森	30.00
	59	《小学数学：名师同课异教》	林高明　陈燕香	30.00
	60	《小学数学：名师抽象问题艺术教学》	余文森	30.00
教育通识系列	61	《用心做教师——青年教师快速成长的十大定律》	王福强	30.00
	62	《做最受学生欢迎的老师》	赵馨　许俊仪	30.00
	63	《做有策略的校长——经典寓言与学校管理智慧》	宋运来	30.00
	64	《做有策略的教师——经典故事中的教育启示》	孙志毅	30.00
	65	《从学生那里学教书》	严育洪	30.00
	66	《突破平庸——提升教育质量的31个跳板》	严育洪	30.00
	67	《教育，诗意地栖居》	朱华忠	30.00
	68	《好班规打造好班级》	赵　凯	30.00
	69	《做学生成长的引领者——学生终身成长的素质培养》	田祥珍	30.00
	70	《如何管出好班级——突破班级管理的四大瓶颈》	刘令军	30.00
	71	《青春期性教育教师实用手册》	闵乐夫	30.00
教育细节系列	72	《名师最具渲染力的口才细节》	高万祥	30.00
	73	《名师最有效的沟通细节》	李　燕　徐　波	30.00
	74	《名师最有效的激励细节》	张　利　李　波	30.00
	75	《名师培养学生好习惯的高效细节》	李文娟　郭香萍	30.00
	76	《名师人格教育的经典细节》	齐　欣	30.00
	77	《名师营造课堂氛围的经典细节》	高　帆　李秀华	30.00
	78	《名师最有效的赏识教育细节》	李慧军	30.00
	79	《名师最有效的批评细节》	沈　旎	30.00

系列	序号	书 名	主编	定价
教育管理力系列	80	《名校激励管理促进力》	周兵	30.00
	81	《名校安全管理执行力》	袁先激	30.00
	82	《名校师资团队建设力》	赵圣华	30.00
	83	《名校危机管理应对力》	李明汉	30.00
	84	《名校校本研究创新力》	李春华	30.00
	85	《学校文化力建设策略》	袁先激	30.00
	86	《名校长核心教育力》	陶继新	30.00
	87	《名校长高绩效领导力》	周辉兵	30.00
	88	《名校行政管理细节力》	杨少春	30.00
	89	《名校教学管理提升力》	张韬 戴诗银	30.00
	90	《名校学生管理教导力》	田福安	30.00
	91	《名校校园文化构建力》	岳春峰	30.00
教育心理系列	92	《做最好的心理导师——中学生心理健康咨询手册》	杨东	30.00
	93	《每天学点教育心理学》	石国兴 白晋荣	30.00
	94	《学生心理拓展训练与指导》	徐岳敏	30.00
	95	《好心态成就好学生——学生心理问题剖析与对症教育》	李韦遴	30.00
大师讲坛系列	96	《大师谈教育心理》	肖川	30.00
	97	《大师谈教育激励》	肖川	30.00
	98	《大师谈教育沟通》	王斌兴 吴杰明	30.00
	99	《大师谈启蒙教育》	周宏	30.00
	100	《大师谈教育管理》	樊雁	30.00
	101	《大师谈儿童人格塑造》	齐欣	30.00
	102	《大师谈儿童习惯培养》	唐西胜	30.00
	103	《大师谈儿童能力培养》	张启福	30.00
	104	《大师谈早恋与性教育》	闵乐夫	30.00
	105	《大师谈儿童情感教育》	张光林 张静	30.00
教师成长系列	106	《学学名师那些事》	孙志毅	30.00
	107	《给新教师的建议》	李镇西	30.00
	108	《教师心灵读本：成为有思想的教师》	肖川	30.00
	109	《教师心灵读本：教师，做反思的实践者》	肖川	30.00
高中新课程系列	110	《高中新课程：教师角色转变细节》	缪水娟	30.00
	111	《高中新课程：班主任新兵法细节》	李国汉 杨连山	30.00
	112	《高中新课程：教学管理创新细节》	陈文	30.00
	113	《高中新课程：更有效的评价细节》	李淑华	30.00
教学新突破系列	114	《把教学目标落实到位——名师优质课堂的效率管理》	冯增俊	30.00
	115	《拿什么调动学生——名师生态课堂的情绪管理》	胡涛	30.00
	116	《零距离施教——名师和谐师生关系的构建艺术》	贺斌	30.00
	117	《一个都不能落——名师提升学困生的针对教学》	侯一波	30.00
	118	《让学习变得更轻松——名师最能吸引学生的情境设计》	施建平	30.00
	119	《让知识变得更易学——名师改造难学知识的优化艺术》	周维强	30.00
教学提升系列	120	《方法总比问题多——名师转变棘手学生的施教艺术》	杨志军	30.00
	121	《用特色吸引学生——名师最受欢迎的特色教学艺术》	卞金祥	30.00
	122	《让学生爱上课堂——名师高效课堂的引导艺术》	邓涛	30.00
	123	《拿什么打开思路——名师最吸引学生的课堂切入点》	马友文	30.00
	124	《没有记不牢的知识——名师最能提升学生记忆效果的秘诀》	谢定兰	30.00
	125	《让学生的思维活起来——名师最激发潜能的课堂提问艺术》	严永金	30.00

系列	序号	书　　　名	主编	定价
名师讲述系列	126	《施教先施爱——名师讲述班主任的核心教导力》	杨连山　魏永田	30.00
	127	《在欢乐中成长——名师讲述最具活力的课堂愉快教学》	王斌兴	30.00
	128	《让学生做自己的老师 　　——名师讲述如何提升学生自主学习能力》	徐学福　房　慧	30.00
	129	《引领学生高效学习 　　——名师讲述如何提高学生课堂学习效率》	刘世斌	30.00
	130	《教育从心灵开始——名师讲述最能感动学生的心灵教育》	张文质	30.00